湖南省哲学社会科学基金项目（12YBA
湖南商学院学术著作出版基金资

审计报告行为风险机制研究

张 艳 著

经济科学出版社

图书在版编目（CIP）数据

审计报告行为风险机制研究/张艳著. —北京：
经济科学出版社，2013.5
 ISBN 978-7-5141-3405-6

Ⅰ.①审… Ⅱ.①张… Ⅲ.①证券市场-审计-风险管理-研究 Ⅳ.①F239.65

中国版本图书馆 CIP 数据核字（2013）第 095943 号

责任编辑：漆　熠　侯晓霞
责任校对：隗立娜
责任印制：李　鹏

审计报告行为风险机制研究

张　艳　著

经济科学出版社出版、发行　新华书店经销
社址：北京市海淀区阜成路甲 28 号　邮编：100142
总编部电话：010-88191217　发行部电话：010-88191522
网址：www.esp.com.cn
电子邮件：esp@esp.com.cn
天猫网店：经济科学出版社旗舰店
网址：http://jjkxcbs.tmall.com
北京欣舒印务有限公司印装
710×1000　16 开　13 印张　220000 字
2013 年 5 月第 1 版　2013 年 5 月第 1 次印刷
ISBN 978-7-5141-3405-6　定价：28.00 元
（图书出现印装问题，本社负责调换。电话：010-88191502）
（版权所有　翻印必究）

前　言

　　审计质量问题是审计研究领域的永恒主题，审计报告是审计工作的最终结果，也是判断审计质量的载体。在现代风险导向审计模式下，整个审计过程都是围绕审计风险的评估展开的，据以进行审计计划，确定审计程序的时间、范围和性质，并根据实际情况不断地修正风险评估结果，进行审计计划的调整，最后在一个可以接受的风险水平基础上发表审计意见，审计报告行为本质上成为一种风险决策行为，审计报告是审计师对各种风险因素权衡的结果，即各种制度安排及运行机制相互作用的外在表现。

　　从审计风险产生的原因来看，主要来自审计程序性风险和程序外的独立性风险两个方面，即审计的专业能力和独立性。当前审计研究领域沿着审计独立性和审计判断两个分支延伸就是分别从这两个方面探讨降低审计风险，提高审计质量的途径。本书的研究目的主要是对影响审计报告行为的风险机制进行分析，并利用实证的方法来检验这一机制的运行情况。我们的研究从审计风险理论入手，通过审计报告行为决策模型构建，具体描述了审计师出具审计报告行为的风险决策过程，揭示了审计市场影响审计报告行为的两大机制——法律风险机制和市场声誉机制的作用机理和运行效率问题，并以中国证券市场2001～2005年这一特定时期为背景进行实证考察，验证了我们提出的理论假设。在法律风险机制和声誉机制运行效率低下的环境中，我国审计师报告行为具有显著的独立性风险特征。同时，审计师判断审计意见类型时的决策绩效较低，对重要性判断的一致性不高，体现为在判断事项及重要性水平两方面都缺乏普遍共识。从这些研究成果可以推测我国审计报告的信息含量并不高，审计师出具非标准审计报告主要依据客户的经营风险，这一特征往往可以从公开可得的财务指标等信息获得，审计报告所提供的"私有信息"非常有限，并且审计师出具审计意见的判断一致性较低，也妨碍了公众依据审计意见对公司报告价值作出准确的评价，从而降低了审计报告的价值。

  本书的特点是以实证研究为主，但在研究设计中还存在不少的欠缺之处，我们期望读者的批评指正，并在未来的研究中能够得到进一步改进。

张艳
2013 年 4 月

目　　录

第1章　绪论 ·· 1
　1.1　研究动机 ·· 1
　1.2　研究思路与研究方法 ··· 3
　1.3　本书结构与主要内容 ··· 5
　1.4　特色与贡献 ··· 7

第2章　审计风险理论的发展回顾 ·· 9
　2.1　早期文献中的审计风险 ·· 9
　2.2　审计风险的概念化 ·· 11
　2.3　对审计风险因素的研究 ·· 12
　2.4　总结分析 ·· 20
　2.5　主要概念的界定 ··· 22

第3章　审计风险与审计报告行为决策模型 ····································· 24
　3.1　风险决策理论基础 ·· 24
　3.2　审计报告行为的两个阶段 ··· 28
　3.3　审计风险与审计报告决策模型 ··· 31

第4章　审计报告行为风险环境考察 ··· 43
　4.1　审计市场法律机制与声誉机制 ··· 43
　4.2　我国审计市场法律机制效应考察 ·· 47
　4.3　我国审计市场声誉机制效应考查 ·· 54
　4.4　本章小结 ·· 67

第5章 财务报表审计报告行为风险因素考察 ·················· 69
  5.1 审计准则对出具审计意见的相关规定 ·················· 69
  5.2 非标准审计报告内容分析 ·················· 72
  5.3 审计报告行为风险因素回归分析 ·················· 75
  5.4 本章小结 ·················· 104

第6章 财务报表审计报告中的重要性判断 ·················· 106
  6.1 重要性、一致性与审计风险 ·················· 106
  6.2 文献回顾与研究假设 ·················· 107
  6.3 模型介绍与研究设计 ·················· 110
  6.4 实证结果 ·················· 112
  6.5 本章小结 ·················· 131

第7章 内部控制审计报告行为 ·················· 132
  7.1 内部控制审计制度的产生背景 ·················· 132
  7.2 内部控制审计制度的目标定位 ·················· 134
  7.3 内部控制审计制度的构建逻辑 ·················· 139
  7.4 内部控制审计的价值功能 ·················· 141
  7.5 内部控制审计报告行为考察 ·················· 146

第8章 研究结论与未来审计职业的发展 ·················· 154
  8.1 主要研究结论 ·················· 154
  8.2 讨论与启示 ·················· 155
  8.3 我国未来审计职业的发展 ·················· 161

附录 ·················· 166
参考文献 ·················· 183
后记 ·················· 202

第1章 绪　　论

1.1　研究动机

审计质量问题是审计研究领域的永恒主题，审计报告与审计质量直接相关，审计师出具审计报告决策行为的动机、影响因素及决策绩效都是一些很让人感兴趣的话题。

实务中整个审计过程都是围绕审计风险的评估展开，并据以进行审计计划，确定审计程序的时间、范围和性质，其间还需根据实际情况不断地修正风险评估结果，进行审计计划的调整，最后在一个可以接受的风险水平基础上发表审计意见。在实施审计程序中由于审计判断的存在、审计固有的缺陷、内外部各种因素对独立性的干扰等，造成了审计风险的不可避免性，作为现代资本市场信息可靠性最后防线的审计职业时刻面临着巨大的风险压力，审计报告行为本质上成为一种风险决策行为。

现代风险决策理论认为个体的风险决策行为取决于决策环境、决策者的风险态度（或偏好）以及认知能力[①]这三个主要因素的共同影响，同时风险态度又被另外两个因素——决策环境和决策者的认知能力——所决定，后两个因素的变化将影响风险态度的变化，因此，个体的风险决策行为是一个异常复杂的过程，特定环境下哪些风险因素会对审计报告行为产生影响、如何产生影响则是一个实证的问题。

国内外围绕审计报告的研究已经有相当长的时间，其中直接相关的研究主题包括以下三个方面：一是对审计报告类型影响因素及动机的研究，其中专门针对

---

① 即决策者当时所面临的信息集。

持续经营审计报告的研究形成了一个重要分支；二是研究审计报告与诉讼之间的相关性；三是研究市场对审计报告的反应，或者说审计报告的信息含量研究。其中第二类研究可以看作是从事后的角度研究审计报告的诉讼风险因素，因此对审计报告的研究是沿着"动机/影响因素—经济后果"这一逻辑展开的。第一类研究最初主要集中在寻找影响审计师出具非标准审计报告的各种可观察的公司特征变量，建立审计意见预测模型是这类研究的主要目标，后来再进一步延伸到关于审计师选择审计意见类型的独立性风险及审计判断研究领域，探讨提高审计质量的制度以及专业能力途径。其中，对审计意见预测模型的研究具有以下重要意义：(1) 由于审计判断过程的不可重复，对审计决策作出符合实际的检验就异常困难，通过审计报告研究建立审计意见预测模型可以推测在特定的审计环境下，一个"标准"的审计师出具某种审计意见的可能性，并以此作为审计质量的衡量基准，这对于事后审计责任的认定具有重要意义；(2) 审计师可以利用审计报告预测模型作为风险管理决策的辅助工具，有助于将审计风险保持在一个可接受的水平，如在业务承接阶段评估客户的潜在风险，在审计计划阶段确定高风险领域，在审计业务最终的复核阶段作为质量控制的工具等；(3) 在公开可得的数据基础上通过审计报告模型预测审计意见类型，可以检验审计意见对于市场来说是否为新信息，这对于研究审计报告的信息含量非常重要 (Lennox, 1999)。

从行为的角度研究审计报告并分析这种行为的影响因素除上述作用之外具有更深层次的含义，其主要目的并非是建立审计意见预测模型，而是探寻不同因素尤其是制度性因素对审计报告行为的影响差异以及这种差异背后的制度原因，这对分析及解决中国资本市场上长期存在的财务信息造假泛滥问题具有特别重大的意义。如果以前者为研究目的，则侧重于找到与审计意见类型更相关的变量因素，尽可能地提高模型的解释力度，无需关注各影响因素之间的结构性问题。如果以后者为研究目的，各影响因素之间的结构性问题就是关键，模型的解释力度反而不是最主要的。[①] 不同的因素类型对应着不同的行为激励，特定的因素类型结构对应着特定的制度结构。审计报告行为在本质上是一种风险决策行为，审计报告就是审计师对各种风险因素后果进行权衡的结果，实质上也就是各种外在制度安排及运行机制相互作用的最终表现，通过比较不同类型风险因素对审计报告行为的影响差异可以揭示出审计师在特定环境中的行为动机，这既为判断审计报

[①] 当然我们并不否认实证研究中提高模型的解释度是非常重要的，我们只是想说明，在这里提高模型的解释度不是此研究角度的根本目的，而更多的是增进研究质量的手段。

告质量及信息含量提供了直接的证据支持，同时也能够检验各种制度的综合运行效果，并发现不同制度运行的效率差异，单纯对审计报告（或审计意见）类型的预测研究无法实现后一个研究目标，而从促进制度的进步来看，后者显然更为重要。

审计师对财务报告出具审计意见时包括审计意见类型和事由两个方面，因此审计报告行为就涉及两种不同的分类：一种是按出具事由分类，如标准审计报告、持续经营审计报告、诉讼风险审计报告或其他；另一种是按出具审计意见类型分类，如标准无保留意见、无保留加强调段、保留（加强调段）意见、无法表示意见、否定意见审计报告等。从这两种分类视角对审计报告行为进行考察，其研究目的和研究方法都有着显著的差异，前一种分类旨在考察不同风险因素对审计报告行为的影响差异，后一种分类按严重性程度有着等级之分，旨在考察某种风险因素的重要性差异对审计报告行为的影响。结合这两种角度可以更为全面地对审计报告行为特征进行考察。之前对审计报告及影响因素的研究广泛采用二分类的方法，并没有严格区分这两种分类，如将审计报告划分为标准与非标准审计报告，或者将其划分为标准与持续经营审计报告，如果仅仅是寻找预测审计意见的影响因素，这种研究方法尚且可行，但如果要深入分析不同因素对审计报告行为的作用机制，这种模糊的分类就容易造成理论逻辑上的混乱。

基于以上思考，本书的研究目的是以审计风险理论为基础，从理论上探讨影响资本市场审计报告行为的风险因素及作用机制，并以我国审计师面临的风险环境为背景，分别从财务报表审计与内部控制审计两个方面采用实证研究方法具体考察影响我国审计师报告行为的风险因素类型及其影响差异，以探悉行为动机背后的制度原因。期望该研究结果有助于我国资本市场相关审计制度的完善。

1.2 研究思路与研究方法

1.2.1 研究思路

本书研究的一个基础思想是结合审计风险理论的发展将影响审计报告行为的具体风险因素划分为审计程序性风险因素和独立性风险因素，相比较于单独某个因素与审计报告之间的相关性检验，这种结构性的划分更能够揭示出普遍的、呈规律性的行为特征，有利于进一步分析审计师的行为动机。研究主要分为两大部分：理论研究和实证研究。

理论研究部分，首先，在回顾审计风险理论发展的基础上，阐明审计风险与审计报告行为研究两者之间的理论渊源；其次，通过相关理论和构建模型，对审计报告行为重新进行了阐释，从理论上分析了审计风险因素对审计报告行为的作用机制。

实证研究部分，利用我国资本市场数据对理论部分的观点进行检验。我们选择了2001~2005年这一时间段的数据。2001年是中外资本市场的一个特殊时点，或者说是一个重要的分水岭，以"安然事件"为导火索的系列上市公司财务造假事件给全球资本市场带来了巨大震动，引发了社会公众对上市公司及审计师的信任危机。在此背景下处于震中的美国率先作出反应，对资本市场相关制度进行了重大改革，其标志性成果就是颁布了《萨班斯—奥克思利法案》，揭开了重塑资本市场财务信息披露的法律、制度环境的序幕。该法案是1930年以来美国证券立法中最具影响的法案，其意义不亚于1933年《证券法》和1934年《证券交易法》，美国总统布什在签署该法案的新闻发布会上称这部法案为"自罗斯福总统以来美国商业界影响最为深远的改革法案"，可见其重要性和影响力。继美国之后，其他国家包括中国也开始在本国陆续制定类似的法律和制度，2001年甚至被称为中国资本市场的"监管年"。"政策市"是中国资本市场的一个显著特征，各个市场主体行为与政策变化之间具有高度相关性，因此选择这一特殊时期作为本书实证分析的研究背景，更容易观察审计师行为特征及其动机。在这部分，我们首先对当时我国的审计风险环境进行考察，包括对法律风险机制与声誉机制实际运行状况进行考察，这两个运行机制不仅是审计独立性风险的两个最主要的影响因素，同时也是此后分析具体审计报告行为的监管和市场环境基础。其次对审计报告行为的主要风险因素进行直接考察，这部分内容分三步进行：第一步，考察各类型风险因素对是否出具非标准审计报告行为的影响；第二步，考察各类型风险因素对出具持续经营意见及其他非标准审计意见这两种不同性质（或事由）的非标准审计报告行为的影响是否存在差异；第三步，分别以持续经营意见及其他非标准意见为样本，考察各类型风险因素对出具审计意见类型重要性判断决策的影响。最后针对内部控制审计（鉴证）专门进行了研究，对内部控制审计报告行为进行了描述与分析。

1.2.2 主要研究方法

本书在研究方法上采用了规范研究与实证研究相结合的方法，并以实证研究为主，尽可能通过客观、翔实的数据分析来描述我国的审计报告行为并发现其中呈规律性的特征。在规范研究方面，本书结合审计风险理论的研究发展成果，构建了一个审计师与客户管理者之间的两期双边议价模型，描绘了审计报告阶段双方的利益冲突和谈判过程，并进一步分析了这一过程中审计风险因素对审计报告决策行为的作用机制。在实证研究方面，本书以我国 2001 年以后的时期为研究背景，分三个方面考察了我国审计报告行为特征。首先，应用卡方（χ^2）检验方法及多元线性回归模型对审计报告行为所处的风险环境进行了考察；其次，应用内容分析法、二分类 Logit 回归模型及无序多分类 Logit 回归模型对出具非标准审计报告行为的风险因素及差异进行了检验；最后，应用有序多分类 Logit 回归模型检验了各类型风险因素对出具非标准审计报告意见类型重要性判断决策的影响。

1.3 本书结构与主要内容

本书的整体结构包括五大部分八章内容，具体安排及主要内容介绍如下：

第一部分即第 1 章"绪论"，阐述了本书的选题动机、研究的基本思路、主要研究方法、文章的结构安排以及本书的主要贡献等。

第二部分是理论分析部分，包括第 2 章"审计风险理论的发展回顾"和第 3 章"审计风险与审计报告行为决策模型"，是下一部分实证研究的理论基础。第 2 章对审计风险理论研究的源起及发展进行了回顾、分析和总结，旨在阐明审计风险研究与审计报告行为研究两者之间的理论渊源，并完整地理解审计风险的含义。第 3 章通过理论分析和构建模型两种途径描述了在审计报告阶段审计师与客户管理者双方之间的利益冲突和谈判过程，阐释了审计风险因素在审计报告决策行为中的作用机制，其中审计"重要性"概念在连接两者之间发挥了关键性的作用。

第三部分是实证检验部分，包括第 4 章"审计报告行为风险环境考察"、第 5 章"财务报表审计报告行为风险因素考察"以及第 6 章"财务报表审计报告中的重要性判断",实证考察了我国财务报表审计报告行为的风险环境及主要风险影响因素。其中第4章针对我国审计报告行为所处的风险环境中的两大机制——法律风险机制和市场声誉机制进行了理论分析和实证检验,这两种机制的实际运行状况既是诱发审计独立性风险的主要因素,也是其后两章分析审计报告行为的基础环境。同时,在这一章还附带考察了审计市场竞争因素对声誉机制的影响;第5章对审计师是否出具非标准审计报告行为的主要风险因素进行了考察,在这一章不仅考察了影响非标准审计报告行为的主要风险因素,而且进一步考察了这些因素在不同性质的非标准审计报告行为中存在的差异;第6章考察了各风险因素对出具不同意见类型的非标准审计报告行为的重要性判断的影响及判断一致性问题。

第四部分即第7章"内部控制审计报告行为",专门针对内部控制审计制度进行了研究,包括对该制度的提出背景、目标定位、构建逻辑、观点分歧进行了较为全面的理论分析,对我国上市公司内部控制审计现状和特征进行了整体性描述和总结分析,并结合对内部控制信息披露的供给行为特征的分析,考察了内部控制审计报告的信息含量和内部控制审计的价值功能。

第五部分即第8章"研究结论与未来审计职业的发展",总结了全书的主要研究结论,对实证研究过程中的一些主要发现进行了讨论分析,最后指出了研究的局限性和未来的研究发展方向,对我国未来审计职业的发展进行了展望。

综上所述,本书的研究思路与内容的逻辑结构如图1-1所示。

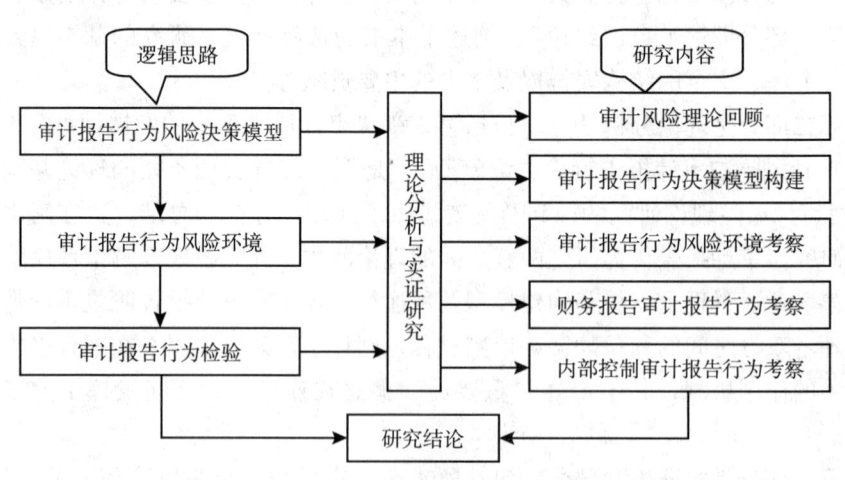

图1-1 本书研究思路与研究内容逻辑结构图

1.4 特色与贡献

本书的特色和贡献主要表现在以下四个方面。

（1）本书从理论上阐释了审计风险因素与审计报告行为两者之间的作用机制，对审计报告决策行为的两个阶段进行了完整的描述，并进一步明确了被此前研究所忽略的两个问题：其一是审计产品的特殊性质对审计风险的双重影响效应，即放大风险和抑制风险两个截然相反的功能，正是这种双重效应使得法律风险机制与声誉机制成为影响审计报告行为动机的最重要的两种风险因素，其实际运行效率决定了审计报告行为的激进程度；其二是从审计"重要性"的角度对审计风险与审计报告行为之间的作用机制进行分析，即在审计报告阶段，审计师与客户管理者双方之间的博弈焦点和本质在于出具审计意见类型的标准——重要性水平的高低而非审计意见类型，后者不过是这一标准的外在表现形式，而此前对审计报告行为的研究将双方争论的重点均放在审计意见类型上，忽略了审计"重要性"这一重要概念在其间的联结作用。

（2）对于审计报告影响因素的研究尽管由来已久，但研究者甚少从审计风险因素的类型全面系统地进行实证考察，因此很难得到规律性的研究结果，本书在一定程度上弥补了这种不足。本书研究的全面和系统性不仅体现在所涵盖的具体风险因素类型及其结构性划分上，而且体现在审计报告行为的分析视角上。之前对审计师是否出具非标准审计报告或者是否出具某一类型的非标准审计报告（如持续经营意见审计报告）的影响因素的研究或者是进行泛泛的检验，或者是仅关注某一方面，如审计独立性，缺乏有意识地从审计风险类型的角度探讨各种风险因素对审计报告行为的共同影响及差异，因此不能更进一步地揭示出两者之间的作用机制，而从政策制定的有用性来看，后者显然更为重要。本书结合审计风险理论研究发展以及对非标准审计报告内容分析的结果，对具体的风险因素进行了整合，建立了适合我国制度背景的审计意见模型，在此基础上对变量之间的相关性进行检验，发现了不同风险因素类型对不同审计报告行为影响效应上的呈规律性的特征差异，更深入地揭示了现实中审计报告行为动机。

在审计报告行为的分析视角上，本书同时考察了审计师出具不同意见事由的审计报告行为以及出具不同意见类型的审计报告行为，这两个不同分析视角的结合有利于全面勾勒出当前我国审计师的报告行为特征。从前者来看，本书突破了国内研究仅仅从两分类的角度（即是否出具非标准审计报告或是否出具持续经营意见审计报告）检验审计报告行为的影响因素，[①] 在对审计师是否出具非标准审计报告影响因素的基础上，进一步考察了这些因素在不同性质的非标准审计报告行为中存在的差异。从后者来看，审计报告重要性判断是衡量审计质量的关键因素，也是导致审计风险的直接原因，而有关这方面的实证研究是国内研究的薄弱环节，仅有的数篇经验性研究文献在研究内容及方法上均存在很大的局限性，[②] 本书在这方面做出了尝试性的改进。

（3）本书系统地对当前内部控制审计制度中存在的理论问题进行了总结和剖析，对一些争论性问题如内部控制审计的定位问题、构建逻辑问题、内部控制审计与财务报表审计的关系等问题提出了独到的见解，同时进一步通过文献分析法对基于我国资本市场数据的研究结果进行了总结和分析，提出了进一步完善我国内部控制审计制度建设的建议。

（4）在研究方法上，本书主要采用了经验研究的方法，旨在从群体性行为的角度考察我国审计报告行为中普遍的、呈规律性的特征。针对不同的审计报告行为研究视角，本书不但采用了审计报告研究中常见的二分类 Logit 回归模型，还采用了国内外审计报告研究文献中鲜见的无序多分类 Logit 回归模型和有序多分类 Logit 回归模型，这些模型的灵活应用为实现本书的研究目的打下了坚实的基础，同时也是促进未来研究的一种有益的尝试。并采用实证研究的方法对我国审计市场 2001～2005 年这一特定期间的法律责任机制及声誉机制的实际运行状况进行了考察，为之前的理论研究提供了证据支持。[③]

[①] 实际上国外有关审计报告的研究文献大部分也是采用这种研究视角和方法。
[②] 具体参见第 6 章文献回顾部分。
[③] 如刘峰、许菲（2000），刘峰（2001），刘峰、张立民、雷科罗（2002）从理论上分析了我国审计师面临的低法律风险对审计质量的影响。

第2章 审计风险理论的发展回顾

审计风险概念尽管由来已久，似乎早已是"其义自明"，但对审计风险范畴的界定至今仍然没有统一的认识，国内理论界对这一概念时时引发争议。在此本书对审计风险的相关理论发展进行简单回顾与分析，并在此基础上阐明审计风险与审计报告行为研究之间的理论渊源，同时也澄清有关审计风险概念认识上的误区。

2.1 早期文献中的审计风险[①]

早期文献中对审计风险的理解主要是描述性的，没有形成明确的概念，甚至很少采用"审计风险"这一术语，而是使用诸如"信赖"（confidence）、"可靠性"（reliability）和"或然性"（probability）等词语。如 AICPA 原统计抽样委员会（the Committee on Statistical Sampling, CSS）在《统计抽样与独立审计》（1962）及《统计抽样与公认审计准则之间的关系》（1964）中均使用了"信赖"一词。莫茨和夏拉夫在《审计理论结构》（1961）一书中，在论及审计意见、单项认定审计、测试与抽样时反复使用"或然性"一词，但他们实际上是指审计风险。如他们提到审计经验表明额外风险往往与某些特定的交易、资产或部门相联系，导致差错和舞弊的或然性，审计师应额外关注这些事项，这种风险实质上就是之后发展的审计风险模型中的"固有风险"。

最初有关审计风险的理论研究源于统计抽样方法在审计实务中的应用，其中

---

① 这部分有关文献资料主要参考了：Janet L. Colbert. 1987. Audit Risk—Tracing the Evolution. Accounting Horizons, September：49–57；James J. Tucker, Ⅲ. 1989. An Early Contribution of Kenneth W. Stringer：Development and Dissemination of Audit Risk Model. Accounting Horizons, June：28–37.

Kenneth W. Stringer 是一位不能不提到的先行者，他的很多研究思想对其后的审计理论和实务都产生了深远的影响。1957 年 Stringer 参加了 DH&S 的一项"抽样计划"（Sampling Plan）研究工作，他发现当时的审计文献缺乏明确的审计概念与审计实务中所应用的统计抽样方法的两个重要概念：精确度和可靠性（precision and reliability）相对应，这使得审计实务缺乏相应的理论基础，随后，Stringer 提出了在精确度与"重要性"以及可靠性与"审计师可能出具不恰当审计意见的风险"（或者说审计师有多大把握出具审计意见）之间建立逻辑联系的观点，并认为可靠性水平等于（1 – 抽样风险）。此后，Stringer 进一步提出了审计应用领域抽样结果的可靠性同审计风险之间的关系与其他应用领域的区别。他认为统计抽样在审计应用中的不同之处在于审计推论不仅仅取决于实质性测试抽样的结果，还可以通过其他审计程序以获取更多的证据，如内部控制系统评价可以为整体财务报表的精确性提供额外证据，因此，审计师可利用不同来源的证据来支持其审计意见（Stringer，1961，1962）。这也就意味着审计风险不仅仅来源于实质性测试统计抽样风险，还来自于其他审计程序，研究这些不同测试程序之间的相互关系及其与总体审计风险之间的关系成为了以后审计风险模型的起源。

早期文献还注意到了审计风险的不同类型。Elliott 和 Rogers（1972）将审计风险划分为 α 风险和 β 风险，α 风险又称为误拒险，是指当财务报表本身是公允的，但审计师却认为其中含有错误；β 风险又称为误受险，是指财务报表本身含有重大错报，审计师却发表了无保留意见的风险。Elliott 和 Rogers 所定义的 β 风险基本上与后来 AICPA 在 SAS47 中的审计风险概念相一致。另一种是对审计风险层次的类型划分，1973 年美国会计协会（AAA）发表了《基本审计概念公告》，其中对"可信性"程度（credibility）的解释是"某一认定或声明是真实或有效的可能性"，审计人员除了要设定单项声明的可信性程度，还应设定与整体审计意见相关联的可信性程度。这种将审计风险划分为总体层次和认定层次的思想一直影响着以后的理论研究和实务工作。

这一时期对审计风险的认识主要是审计实务经验积累过程中的一种感性认识，这种认识经历了从审计实质性测试中的抽样风险到包括其他审计程序中的审计风险，并关注到审计风险在实际中的应用问题，提出了从单项认定的可信性、多项认定的联合可信性、整个审计意见的可信性三个层次来设定风险水平。这一阶段的研究虽然只是为我们提供了一些零碎的、描述性的观点，却为此后的研究奠定了基础。

2.2 审计风险的概念化

2.2.1 现代审计风险概念

从 20 世纪 70 年代后期到 80 年代初期,审计风险概念以及审计风险模型研究开始形成比较系统的理论,这些研究结果基本上构成了我们现在的审计准则中有关审计风险理论的核心。

Anderson(1977)较早明确提出了区分总体层次和个别会计余额层次的审计风险,并将总体层次的审计风险定义为"(审计人员)未能检查出财务报表存在错误的风险",这一定义相当于后来的"检查风险"。Warren(1979)认为总体审计风险是"因审计人员没有检查出财务报表中存在的实质性错误而发表了不恰当审计意见的可能性",个别层次的审计风险包括两部分:(1)会计处理过程中发生实质性错误的可能性;(2)审计人员未能检查出上述实质性错误的可能性。Warren 对审计风险的定义与后来审计准则中的概念基本上已经没有多大的差别。

美国 AICPA 在《审计业务中的审计风险和重要性》(SAS47,1983)中提出将审计风险划分为总体风险(overall audit risk)和个别风险(individual audit risk)两个层次,并将审计风险(总体风险)定义为"审计人员对于含有重大错报的财务报表,无意地未能适当修正审计意见的风险",这一定义一直沿用至今,Graham(1985)指出 SAS47 的主要贡献就是正式描述了审计风险概念及各组成要素。国际审计准则对审计风险的定义为"审计风险是指财务报表存在重大错报而审计师发表不恰当审计意见的风险"(ISA200)。我国审计准则(2006)对审计风险的定义与此相同。

2.2.2 审计风险概念的其他观点

随着人们对审计风险因素的认识逐步从审计程序内部发展到审计程序之外,对审计风险概念的定义也出现了不同的观点,即强调从出具审计意见行为后果的角度来定义审计风险。如谢志华(1990)认为审计风险是指"在审计业务过程中,由于各种难以或无法预料,或者无法控制的审计缺陷,使审计结论与实际状况相偏离,以致审计组织将蒙受丧失审计信誉,承担审计责任的可能性"。① 胡春元(1997)区分了三种层次的审计风险定义,其中,第一层次"未能察觉出重大错误的风险"是一种最狭义的审计风险,"审计师发表了不适当的意见的风险"是第二层次,第三层次是一种完整的审计风险概念,"应从广义上解释,即不仅包括审计过程的缺陷导致审计结果与实际不相符而产生损失或责任的风险,而且包括营业失败可能导致公司无力偿债,或倒闭所可能对审计人员或审计组织产生伤害的营业风险"。② 谢荣(2003)认为"审计风险是指审计人员经过对企业的财务报表进行审查后,对财务报表的公允性发表了不恰当的审计意见而可能导致的行政责任、民事责任和刑事责任风险"。③ Johnstone(2000),Colbert等(1996),Huss and Jacobs(1991)将审计师的风险评估划分为审计风险、客户经营风险和审计师的经营风险三种类型。其中,审计风险的定义与美国 AICPA 的定义相一致,客户经营风险是指公司在短期或长期内经济状况可能发生恶化的风险,审计师的经营风险(或审计业务风险,audit engagement risk)是因(特定)审计业务可能导致审计师损失的风险,即 Johnstone 等分别从审计行为及行为后果两方面对审计风险进行了描述,国内学者朱小平、叶友(2003),陈正林(2006)也曾做了类似的划分。实际上这种划分只是对前面两种观点的一种折中的做法。

上述文献研究显示,"审计风险"概念一开始就与审计报告行为相联系,如 Stringer(1960)将"可靠性"描述为"审计师可能出具不恰当审计意见的风险",这一思想一直延续至今。在此基础上同时展开了对审计风险因素,特别是审计风险模型的研究。

2.3 对审计风险因素的研究

2.3.1 审计风险模型的变迁

审计风险模型是对审计风险的种类或要素及其关系的描述,是风险导向审

---

① 谢志华. 审计管理(第1版). 北京:中国商业出版社,1990:168.
② 胡春元. 审计风险研究. 大连:东北财经大学出版社,1997:39-44.
③ 谢荣. 论审计风险的产生原因、模式演变和控制措施. 审计研究,2003:4.

中处于核心地位的一部分（萧英达等，2000），① 发展审计风险模型的主要目标是量化对审计风险的评价，达到"对审计风险及要素进行管理以提高审计效率"的目标（SAS47）。

1. 美国 SAP54 中提出的审计风险模型及扩展

AICPA 在《审计程序公告 54 号——审计师对内部控制的研究与评价》（SAP54，1972）中提出了一种量化审计风险的公式：

$$S = 1 - \frac{1-R}{1-C} \tag{2-1}$$

其中，S 代表实质性测试的可靠性；R 代表审计师期望达到的总体可靠性；C 代表内部控制或其他相关因素的可靠性。

这一公式的目的是通过事先确定审计师期望达到的总体可靠性水平和对内部控制评价后得到的可靠性水平来设定一个恰当的实质性测试的可靠性水平。但由于当时对审计风险模型的应用还存在较大的争议，SAP54 只在附录中列出了上述公式。

Stringer（1975）根据 SAP54 所提出的"实质性测试的可靠性取决于详细测试（tests of details）的可靠性及分析性复核（analytical review）的可靠性或者两者的综合"，在上述模型的基础上提出了一个扩展模型：

$$S = 1 - (1-D) \times (1-A) \tag{2-2}$$

其中：S 代表实质性测试的可靠性；D 代表详细测试的可靠性；A 代表分析性复核的可靠性。

将式（2-1）代入式（2-2）：

$$R = 1 - (1-C) \times (1-A) \times (1-D)$$

SAP54 在附录中还指出了没有包含在公式（2-1）中另一种风险因素——"在缺乏满意的内部控制情况下财务报表存在重大错误的风险"，即我们后来所熟悉的固有风险概念。Anderson（1977）建议将这一风险因素纳入风险模型，Warren（1979）因此进一步提出了以下公式：

$$1 - R = (1-S) \times (1-C) \times (ME)$$

其中，ME 代表在缺乏内部控制情况下审计师对财务报表存在实质性误差的可能性的主观评价。

---

① 萧英达，张继勋，刘志远. 国际比较审计（第一版）. 立信会计出版社，2000.

2. 加拿大特许会计师协会（CICA）提出的审计风险模型

加拿大特许会计师协会（CICA, 1980）建议审计师在计划实质性测试时应考虑联合风险，这种联合性风险是四个风险因素的产物：固有风险、控制风险、其他审计程序的风险和实质性测试风险，这四种风险由审计师主观判断为高、中、低三种情况，最后再转化为定量化指标以设定实质性测试的风险水平，用公式表示为：

联合性风险 = 固有风险 × 控制风险 × 其他审计程序的风险 × 实质性测试风险

其中，"其他审计程序的风险"等同于此前 Stringer 所定义的分析性复核的可靠性。

3. 美国 SAS39 和 SAS47 中提出的审计风险模型

对审计风险模型研究的总结并系统性地阐述各审计风险要素之间的相互关系这一工作是由美国审计准则委员会发布的两个审计准则公告完成的，即《审计抽样》（SAS39, 1981）和《审计业务中的审计风险和重要性》（SAS47, 1983），其中确定的审计风险要素及模型在国际审计和保证准则委员会（IAASB）于2003年做出新的修订之前一直处于主流地位。

SAS39 提出了个别认定层次的终极风险概念（ultimate risk）："审计师未能检查出会计账户或交易类别中存在的超出了可容忍误差的错误金额的风险"，可容忍误差是指"特定的会计账户或交易类别中存在的不至于导致财务报表发生实质性错报的错误金额"。终极风险的计量化公式为：

$$UR = IC \times AR \times TD$$

其中，UR 代表可容忍的终极风险；IC 代表内部控制风险，内部会计控制系统未能检查出超出了可容忍误差的差错的风险；AR 代表分析性复核风险，分析性复核程序和其他相关实质性测试未能检查出超出了可容忍误差的差错的风险；TD 代表详细测试风险，错误接受详细测试的抽样风险。

SAS39 认为审计风险由抽样风险和非抽样风险两部分构成，但如果审计质量控制是有效的，非抽样风险将是微不足道的，因此模型中并没有包含非抽样风险。实质性测试中的抽样风险包括误受险和误拒险，符合性测试中的抽样风险包括过度信赖险和信赖不足险。SAS39 还在附录中提到了固有风险，即与特定的会计账户或交易类别相关联的内部会计控制的缺乏而导致错误金额超过了可容忍误差的风险，但由于这一风险难以量化或者量化成本太高，一般设定为最高风险水平1，没有纳入终极风险模型，因此实际的审计风险水平可能会低于风险模型的计算值。

SAS47将审计风险描述为固有风险、控制风险和检查风险的函数，其中，固有风险是指假定不存在相关内部控制时，某一账户或交易类别单独或连同其他账户、交易类别产生重大错报或漏报的可能性；控制风险是指某一账户或交易类别单独或连同其他账户、交易类别产生错报或漏报，而未能被内部控制防止、发现或纠正的可能性；检查风险是指某一账户或交易类别单独或连同其他账户、交易类别产生重大错报或漏报，而未能被实质性测试发现的可能性。SAS39同SAS47两者的区别就在于前者不包括固有风险，并且将检查风险细分为分析性复核风险和详细测试风险两种类型。虽然SAS47没有提出一个明确的公式来整合这些风险因素，但它指明了以SAS39为参照，因此，可以推测其审计风险模型为：

$$审计风险 = 固有风险 \times 控制风险 \times 检查风险$$

SAS39和SAS47还第一次官方地提出从总体风险和单项风险两个层次划分风险评估，其重要意义在于使审计师能够将审计风险概念从理论应用到实践，总体风险用于计划整个审计业务，单项风险用于制定特定项目的审计策略，审计师通过控制单项层次的风险来达到较低的总体层次风险（Colbert，1987）。20世纪80年代美国职业界就是在这一风险模型基础上建立了风险导向审计模式。但是，这一审计风险模型也遭到了众多学者的批判，如风险模型中三要素的相互独立性、三要素之间的乘法结构关系以及三要素对总的"感知审计风险"（perceived audit risk）的效应是否具有同等性都受到了质疑（Libby，1981；Cushing and Loebbecke，1983；Kinney，1984，1989；Graham，1985），Graham认为尽管固有风险和控制风险在概念上可以区别，但要在实践中将二者区分开来几乎是不可能的，并且在风险模型中审计师能够进行客观量化的只有一种风险：抽样风险，其余风险只能靠主观判断，这种将主、客观的风险评估混合在一起的方式无法为精确性提供依据。许多实证研究结果也表明这一模型在实践中从未获得过真正的严格应用（Daniel，1988；Strawser，1991；Dusenbury et al.，2000）。Lemon等（2000）对大会计公司的审计实务方法进行了考察，发现这些公司用统一的"经营风险"[①]评价来代替对固有风险和控制风险因素的分别进行评价。

---

① "经营风险"是指公司未达到其经营目标的风险。

4. 国际准则委员会对审计风险模型的修订

国际审计和保证准则委员会（IAASB）于 2003 年 10 月发布了 3 个新的国际审计风险准则：《国际审计准则》第 315 号（ISA315）"了解被审计单位及其环境并评估重大错报风险"，ISA330"针对评估的重大错报风险实施的程序"，ISA500（修订）"审计证据"，并据此对其他相关准则作了相应的修订。我国 2006 年发布并于 2007 年 1 月 1 日起实施的新审计准则中的 4 个准则第 1101 号"财务报表审计的目标和一般原则"、第 1211 号"了解被审计单位及其环境并评估重大错报风险"、第 1231 号"针对评估的重大错报风险实施的程序"和第 1301 号"审计证据"也进行了类似的修订。与原来的审计风险准则相比，新审计风险准则对审计风险的定义并没有实质上的变化，所体现的也仍然是风险导向审计，本次修订的最大变化和核心内容就是重构了审计风险模型，从原来的三因素模型转变为二因素模型：

$$审计风险 = 重大错报风险 \times 检查风险$$

其中，重大错报风险是指财务报表在审计前存在重大错报的可能性；检查风险是指某一认定存在错报，该错报单独或连同其他错报是重大的，但注册会计师未能发现这种错报的可能性，检查风险是审计程序本身的有效性及其应用有效性的综合。新风险模型突破了特定审计程序的限制，更具有普适性，同时对审计风险因素的关注重点及评价方式也发生了本质上的变化，从审计客户财务报表特定交易、账户项目认定层次的风险以及内部控制风险转变为对审计客户外部及内部整体性环境风险因素的了解和评估，并以此确定这些风险因素对财务报表层次和认定层次的影响，在原准则中，总体审计风险是一系列子项目的个别风险评估后的综合结果，新准则却是将评估后的总体风险贯彻到之后的审计程序，引导审计师紧紧围绕评估的重大错报风险来设计和执行审计程序，这种方式或许更能够有助于实现 SAS47 曾希望达到的"对审计风险及要素进行管理以提高审计效率"的目标。

审计风险模型以简洁的方式概括了审计程序中的主要风险因素及相互关系，如果抛开模型本身的结构性问题[①]，审计风险模型清晰地描述了审计程序中的风险来源，尤其是提供了如何对审计程序内部的风险评价加以量化的解决思路。但

---

① Libby（1981）通过一项审计决策行为的研究认为审计风险模型用乘法结构并不能很好地描述各种风险因素之间的关系，相比之下，加法结构或许更为恰当。

显而易见，审计风险模型的风险因素构成仅仅限于审计程序中的风险，包括审计程序本身的缺陷以及审计师应用能力缺陷（如审计判断能力）所带来的风险，不能完全解释和预测现实中审计报告风险决策行为，审计独立性与审计质量的相关性研究在审计研究领域始终占据重要地位就是一个明显的例子，这意味着必须从更为完整的意义上来考虑和整合审计风险因素。

2.3.2 独立性风险及其影响因素的实证研究

审计独立性与审计报告决策行为密切相关，审计师在出具审计报告时就面临潜在的独立性风险。审计独立性的研究一直以来都是审计理论和实务研究的重点，早在莫茨和夏拉夫 1961 年出版的《审计理论结构》一书中提出的八条审计基本假设中便有两条含有独立性假设，即第二条"审计人员与被审单位管理者之间没有必然的利害冲突"和第七条"审计人员会尽职尽责地检查财务资料以发表独立的审计意见"，① 并专设了两章分别探讨审计人员的"独立性"和"道德行为"问题。但在实践中，审计独立性风险一直无法避免，尤其是 2001 年继"安然事件"之后的遍及世界范围的大规模公司财务造假丑闻使公众的注意力再次聚焦这一问题。

关于审计独立性，最著名的莫过于 DeAngelo（1981）所下的定义：审计师对外披露所发现的财务报告问题的条件概率。关于审计独立性风险的解释主要有以下几种代表性观点：

Goldman 和 Barlev（1974）较早对独立性风险产生的根源进行了分析，他们认为审计独立性风险主要取决于审计师抵制客户压力的能力，当审计师面临来自客户的压力时，其审计报告行为不仅仅是取决于审计准则标准，而是冲突双方力量对比的函数。其中，客户的力量来自于有权雇佣或解聘审计师、决定审计价格和审计工作环境，这三种力量来源都是经济意义上的。审计师的力量来自于审计服务解决问题的能力、审计的受益方和职业道德规范约束。对于客户来说，审计服务越是程序性的（routine），职业解决问题的能力越弱，客户不需要依赖特定的审计师，客户就可以轻易地替换审计师；当审计的受益方是第三方而非客户公司，受益方和付费方的分离导致客户拥有绝对的力量。这种力量对比使得双方实际上处于一种不对称的结构，客户有着相对优势（见表 2-1）。

---

① ［美］罗伯特·K·莫茨．［埃及］侯赛因·A·夏拉夫著．文硕等译．审计理论结构．北京：中国商业出版社，1990：53.

表2-1　　　　　　　　　审计师与客户的力量对比

受益者	需解决的问题	
	非程序性的（nonroutine）	程序性的（routine）
客户（付费者）	最高	中等
其他方	低	最低

随后，Nichols和Price（1976）进一步对这一问题进行了讨论，他们借鉴了Emerson（1962）提出的"一方对另一方的力量优势来自于对方对自己的依赖性"这一思想，构建了审计师与客户的双方关系模型，并在此基础上分析了双方在就审计报告发生冲突的情形下的力量对比：

$$Pab = Dba \qquad (2-3)$$
$$Pba = Dab \qquad (2-4)$$

等式（2-3）表示公司a对审计师b的力量P（power）等于审计师b对公司a的依赖性D（dependence），等式（2-4）表示审计师b对公司a的力量P等于公司a对审计师b的依赖性D。Nichols和Price认为在审计业务中审计师与客户之间的力量不平衡是因为双方之间的依赖模式不同，由于A对B的依赖性与B可以满足A的期望收益成正比，与A可以从B之外的其他方获取同样收益的机会成反比，即依赖性取决于双方相互之间的价值评价和选择空间。从价值评价来看，客户的价值（如审计和其他服务收费）与审计师的需求相一致，但是特定审计师的价值（如专家才能）与客户的需求并不相一致，客户本身并不关注审计师是否最有能力以及财务报表披露是否因此更为精确，而是希望审计后的财务报告能够对第三方产生符合其期望的影响，在这个意义上，对客户来说，任何一个具有执业资格的审计师都是相似的，而审计师要获取新的客户或其他收入来源却要困难得多，因此，客户比审计师具有更大的选择空间。不同的依赖模式就导致了一种有利于客户而不利于审计师的不对称力量关系，虽然审计服务的程序化程度有助于提高审计师职业判断的"刚性"，意味着客户可能难以找到一个态度更为"缓和"的替代者，可以缓解审计师的独立性风险（而非Goldman和Barlev所认为的会加大独立性风险），但却非根本性原因，审计师与客户之间的依赖模式不会因为审计服务的程序化程度而发生根本性改变。

DeAngelo（1981）的"准租"理论从审计师的经济动机角度阐释了独立性风险问题，她认为由于签约成本的存在，在位审计师与其竞争者相比具有相对的技术优势和交易成本优势，因此在以后的期间签约时就更有优势，这些相对的优势是审计师与特定客户相关联的资产，可因此获得未来的"准租"，但如果客户中止合约，审计师就会丧失未来的"准租"，因此，"准租"会有损审计师的独立性。

Goldman 和 Barlev，Nichols 和 Price 及 DeAngelo 在一个高度简化的环境中，即只考虑客户—审计师双方关系的情形下精辟地揭示了审计独立性风险产生的根源，并暴露出现有审计制度的固有缺陷，这种缺陷使得审计受到各种"内在的与独立性相悖的因素的影响"，"审计没有任何内在的特点能使怀疑论者接受其诚实性和独立性"。[1] 在这样的形势下，如果没有其他制度的保障，审计职业能够持续发展到今天是不可想象的。Johnstone 等（2001）曾对审计独立性风险的环境前因、缓解因素及后果进行了系统分析，并认为存在独立性风险的环境前因并不必然意味着审计质量的降低，一系列制约因素的共同作用可以对独立性风险的产生发挥有效的缓解作用，如公司治理机制（董事会制度和审计委员会）、外部监管（准则制定和惩戒）、会计公司政策与文化以及审计师的个人品质等。国际会计师联合会（IFAC）从三个方面提出了独立性防护措施：执业环境、法律制度和第三方的监督。简而言之，独立性风险的防范机制包括道德约束、监管及惩戒三个方面，前两者的力量最终来源于事后的惩罚。20 世纪 70 年代以后学术界转入对审计独立性具体影响因素的实证研究，研究者围绕审计独立性这一主题进行了不计其数的实证检验，深入而广泛地考察了在审计师与客户的力量对比函数中加入了其他因素后对审计报告决策行为的影响。这些影响因素主要包括独立性风险诱发因素和抑制因素两种类型，前者如审计收费、其他服务收费、审计任期、涉及复杂会计事项判断等，后者如诉讼风险、声誉损失、审计委员会、行业专长等，其中针对诉讼风险和声誉（品牌）这两种因素的研究最为普遍而持久，公司治理因素在近期的研究中也日益受到重视。这些研究主要体现在以下方面（但不限于）：（1）审计报告类型的影响因素及预测性研究；（2）审计师规模与审计独立性（审计质量）的相关性研究；（3）不同法律体制下审计质量差异研究；（4）诉讼与审计失败的相关性研究；（5）诉讼风险和声誉约束效率的比较研究；（6）审计意见购买研究。这些研究结果表明实务中独立性风险是影响审计报告行为的重要性因素，如何有效地抑制独立性风险是保证审计质量的关键。

---

[1] ［美］罗伯特·K·莫茨，［埃及］侯赛因·A·夏拉夫著. 文硕等译. 审计理论结构. 北京：中国商业出版社，1990：279.

2.4 总结分析

从审计风险理论研究的发展来看,有两个鲜明的特点:其一,审计风险始终与审计报告行为相关联,是指审计师发表不恰当审计意见的可能性。这是因为审计目标就是"人类为了建立对某种标准的遵循性而进行的评价过程,结果是得出一种意见(或结论)"(尚德尔,1978),[①] 审计的最终结果就是出具审计意见,因此,审计的各种风险因素最终都会体现到审计意见上来(胡春元,1997);[②] 其二,两者之间的这种关联性主要遵循从审计程序内在缺陷即技术层面的角度来展现,并由此来分析风险因素并管理风险,审计风险模型就是这一思想的集中体现,或许这也是很多人坚持审计风险是一种技术性程序风险的缘故。但在审计实践中,人们对审计风险因素的认识逐步从审计程序发展到审计程序之外的制度因素,主要体现在对审计独立性风险及其影响因素的研究。

对于上文中审计风险概念的两种观点,朱小平、叶友(2003)曾将其概括为"意见不当论"和"损失可能论",并认为从审计报告行为结果来定义审计风险,是将审计风险不恰当地扩大并超出了审计程序之外,偏离了审计风险作为程序风险的本质,"审计风险产生于具体的审计过程之中,它的边界应仅仅包括固有风险、控制风险与检查风险这三项风险,而不是指审计人员与会计师事务所可能承担的损失……'损失可能论'的根本性错误就在于把审计过程的技术性程序风险当作了事务所自身所面临的商业风险这一种实质性内容风险"。[③] 与这一观点相反,我们认为将审计风险的本质限于程序性风险是一种片面的观点,从审计报告行为后果来定义审计风险的观点是对"意见不当论"这一思想的扩展,两者并不相悖,同时也有助于更完整地理解和管理审计风险,这是因为:

(1)综观国内外学者对风险的研究,主要有两种视角:不确定性视角和损失

[①] [美]C.W.尚德尔著,汤云为、吴云飞译.审计理论.北京:中国财政经济出版社(第一版),1992:4.

[②] [美]罗伯特·K·莫茨、[埃及]侯赛因·A·夏拉夫著.文硕等译.审计理论结构.北京:中国商业出版社,1990:38.

[③] 朱小平,叶友,"审计风险"概念体系的比较与辨析,审计与经济研究,2003.5.作者在文中从审计风险模型的三个因素:固有风险、控制风险和检查风险三个子概念来检验上面两种不同的审计风险概念,这犯了根本性的逻辑错误,SAS47对风险模型的构建原本是根据其审计风险的定义得来,用一种角度定义的基本概念所构建的一组子概念来检验从另一角度定义的同一基本概念是不符合逻辑的,其结论并不能站住脚。

性视角，在两种视角下，不确定性和损失性都是风险的两个最基本特征。Vlek 和 Stallen（1981）曾对风险的定义进行了归纳整理，认为具有代表性的定义包括：①损失的概率；②期望的损失，即可能损失的概率与大小的乘积；③风险是指在特定客观情况下，在特定的期间内，某种损失发生的可能性[①]。在应用研究领域，对风险的定义通常包括了风险因素、风险事件和风险结果三个要素，其中风险因素是风险事件发生的客观条件，风险事件是导致风险结果的直接原因，风险结果是给风险主体带来的直接影响，三者缺一不可，"风险是在一定时间内，以相应的风险因素为必要条件，以相应的风险事件为充分条件，有关领域承受相应的风险结果的可能性"。[②] 审计风险是风险在审计领域的一种特定表现，除了在具体的风险内容上有其特殊性外，本质上与一般的风险并无二致，要完整地理解审计风险必须从风险构成的三个要素入手，审计师出具不恰当审计意见的行为如果不和行为的损失后果相联系，则就无所谓风险。"意见不当论"只是对"风险事件"本身进行了定义，并非一种全面的审计风险概念。

（2）审计准则在性质上属于职业技术规范和指南，旨在对审计师的具体执业行为加以指导，因此在描述审计风险以及构建风险模型时，都是侧重于从技术层面来加以分析，审计风险模型中的风险因素构成也仅仅限于审计程序风险，这从审计准则的性质来看并无不妥，但因此认为审计风险只是一种技术性程序风险就有失偏颇了。从更广泛的审计执业规范来看，审计准则、审计职业道德规范、审计质量控制准则三者作为审计师执业规范的一个相对完整而严谨的理论体系，在基本概念和内容上具有内在的一致性和关联性，其中，与出具审计报告行为相关联的除了审计风险概念外，还包括"独立性"和"审计责任"，[③] 后者是指如果审计师在审计过程中没有尽到"应有的职业关注"，就要承担相应的责任。尽管在审计风险准则与风险模型中主要是对审计程序中的技术性风险进行了规定，但在职业道德规范及质量控制准则中则详尽讨论了审计师的独立性问题，并对独立性风险提出了大量的应对措施，独立性风险是引发不当审计意见行为的重要因素之一是会计职业界普遍认可的事实，但显然，审计准则中提出的风险模型要素，无论是三因素模型中的固有风险、控制风险和检查风险，还是两因素模型中的重大错报风险和检查风险均没有包含独立性风险。而独立性风险通过"审计责任"

[①] Vlek, CAJ, PJ Stallen. 1981. Rational and personal aspects of risk. Act a Psychological, 45: pp. 273 – 300.
[②] 宋明哲. 风险管理. 台北：三中华企业管理发展中心，1984.
[③] AICPA 早在 1954 年的《公认审计标准》中就曾明确指出"在审计人员的姓名与财务报表联系起来的所有场合下，审计报告均应明确记录审计人员检查的性质和审计人员承担责任的程度"。

与审计程序外部的制度环境有着无法分割的关系，与审计师的损失后果预期更是具有互为因果性，单纯从审计程序内部风险要素的角度无法涵盖审计风险的全部内容。因此，如果仅仅在审计准则框架内部将审计风险理解为一种程序性风险是可行的，但如果仅仅以审计准则框架为依据来理解审计风险则是片面的。

(3) 随着审计职业的发展，人们日益认识到审计风险不仅仅来自于审计程序，还受到审计程序外部环境因素的影响，尤其是法律制度因素和市场竞争因素，这些因素主要是通过审计行为后果预期的方式对审计师决策行为产生作用。实证研究对审计风险的理解基本上是从行为后果的角度，对审计风险评价及决策行为的实证研究普遍遵循"期望法则"，即从审计师对其决策行为可能产生的收益及损失的权衡（trade off）入手来展开分析。具体到审计报告行为，国内外研究者对包括审计程序风险与审计程序外部的风险因素都进行了广泛研究，并沿着两条不同的方向发展：一条主要集中于引发审计师独立性风险的外部环境因素，尤其是对法律责任及诉讼风险的研究从 20 世纪 70 年代一直延续至今；另一条对审计程序风险因素的研究间接地体现在两个研究分支上：审计师行业专长（audit firm industry expertise）和审计判断与决策（Judgment and Decision Making, JDM），数量相对少得多。由此可见，如果仅仅将审计风险理解成为审计内部的程序性风险，理论研究和实证研究在审计风险内涵及外延的界定上就会存在严重的脱节。

综上所述，审计风险行为虽然产生于审计过程之中，但审计风险本身却不仅仅产生于审计过程之中，它包括了审计程序风险和独立性风险两方面，后者主要受到外部法律制度因素和市场竞争因素的影响。完整地描述审计风险概念应包括风险的前因和后果，即审计风险是以不当审计意见行为为基本风险事件，以可能承担的法律责任及其他损失为风险结果的一种风险，因此完整意义上的审计风险概念是指审计师对所审计的财务报表发表不恰当审计意见而导致损失的可能性。

2.5 主要概念的界定

为了不同文中引用文献造成概念冲突和行文的方便，我们在本书中仍沿用了习惯上的狭义审计风险概念，即仅仅从审计风险事件的角度将审计风险定义为"审计师对所审计的财务报表发表不恰当审计意见的可能性"，该定义不仅仅包括 α 风险，也包括 β 风险。很多人认为财务报表本身是公允的，但审计师却认为其中含有错误（即 α 风险）这种情况会遭到客户的强烈抵制因而在现实中很少发生，因此在研究中一般不讨论这种情况，但实际上"公允"性是建立在公认会计准则的基础上的，[①] 由于审计师与管理者之间的判断差异与信息不对称的存在，使得很多时候公认会计准则"这种既定目标并未获得完全公认"，[②] 双方在"公允"性的判断标准上出现分歧是一种常态。再者，专业判断并不是影响审计风险的唯一因素，由于决策环境、认知能力以及风险态度等因素差异的影响，审计师在出具审计意见时的"保守"性行为并非是一种罕见的行为，在特定环境下甚至是一种很普遍的行为，将其排斥在外，不利于全面分析审计报告行为的动机，我们在下文的研究中将更详细地谈到这一点。另一个概念是审计业务风险，是指因特定审计业务可能导致审计师损失的可能性，这是一个更为广义的审计风险概念，它不仅包括审计风险可能引发的损失可能性，也包括即使在没有发生审计失败的情况下，由于客户的原因审计师被卷入到诉讼之中或遭到责难而发生损失的可能性。

此外，在本书中"审计师"即"会计师事务所"，两者不加区分。

---

① 沙列文等（1985）曾指出"有足够的理由说明，公认会计原则是衡量财务报表的既定标准，标准审计报告中的'公允'二字只有与公认会计原则联系起来，才富有内容"，p. 20。
② 杰里·D·沙利文等著，《蒙哥马利审计学》（第十版），《蒙哥马利审计学》翻译组译，p. 17。

第3章 审计风险与审计报告行为决策模型

审计报告是审计工作的最终体现,审计报告质量(尤其是审计意见类型的判断质量)直接与审计质量相关。从审计的本质来看,审计报告行为是一种典型的风险决策行为,其行为结果最终体现为所确定的重要性水平和与之相应的审计意见类型,重要性水平的确定有着多种选择,并因此会导致不同的审计风险及损失后果。

3.1 风险决策理论基础

根据风险决策理论,风险决策是决策者在包含不确定性特别是风险的环境中对所确定的多个选择对象(或者说"前景")的选择问题,一个前景是具有正概率的一系列结果,决策行为就取决于前景中的两个要素——结果和概率。冯·诺伊曼和摩根斯坦(Neumann and Morgenstern,1944)提出的期望效用函数最大化理论是传统经济学中应用最为广泛的风险决策理论,该理论认为每个决策方案的效用值等于决策的可能结果(x_i)乘以发生概率(p_i),即 $EU = \sum p_i U(x_i)$,决策者偏好效用值最大的方案。如果两个方案:行为 A 和行为 B,行为 A 是以概率 p_i 获得 x_i,行为 B 是以概率 q_i 获得 y_i,当且仅当行为 A 所导致的效用函数期望值大于行为 B 所带来的期望值时,决策者将选择行为 A 而放弃行为 B,即决策者更偏好行为 A,用数学方式表示为:

$$\sum p_i U(x_i) > \sum q_i U(y_i), A > B \tag{3-1}$$

期望效用理论包含了两个假定:一是偏好不变假设,个人的风险偏好是稳定的,决策主体可因此划分为风险回避、风险中性和风险偏好三种类型;二是决策者是理性的，决策者有能力正确地估计相关随机事件发生的概率，并能理性地从众多的备择方案中挑选出期望效用最大的那一个。

而在其后的行为经济学研究中发现上述两个假定都有其局限性，无法完全解释现实中个人的风险决策行为，如"偏好逆转"现象（Allais，1953；Kahneman and Tversky，1979，1981，1983）。Kahneman 和 Tversky（1979）在"前景理论"（Prospect Theory）中从心理学的角度对个体风险决策行为进行了描述，他们认为主体对价值的确定更多是一种主观感受，主体是根据偏好点来估价，而不是价值曲线。在事先确定的一个价值零点即参照点上，决策造成的结果大于参照点的部分为收益，低于参照点的部分为损失，不同的决策构架将产生出不同的参照点，价值相对于这个参照点便有不同的收益（或损失）变化，这种变化将改变人们对价值的主观感受和价值函数，从而改变人们的偏好，即个体的偏好会随着对价值的主观感受而发生改变。基于上述发现，前景理论构建了新的价值函数代替期望效用理论中的价值运算法则，以各个可能性结果 x_i 的主观价值 $V(x_i)$ 与决策权重 π 的乘积来计算一个不确定结果的效用值，即：

$$V = \sum \pi(P_i)V(x_i) \qquad (3-2)$$

其中，V 为决策者主观感受的价值，它和参照点有关，π 为决策权重，是主观概率 p_i 的函数。Kahneman 和 Tversky 在大量实验研究的基础上总结出了下面的价值函数曲线（见图 3-1）。

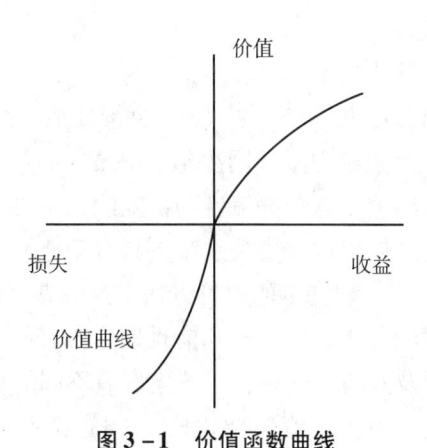

图 3-1 价值函数曲线

上述曲线以"零"（即价值参照点）为拐点，收益区域为凹型，损失区域为凸型，损失区域的曲线比收益区域的曲线更加陡峭。价值函数曲线的特征直观地描述了前景理论关于主体风险决策的三个基本原理：(1) 收益和损失是一个相对概念而非绝对概念，比起绝对条件下的结果，人们通常对结果偏离某些非连续偏好水平的方式更敏感，因此主观价值取决于相对某个参照点所引起的变化的绝对值，参照点的改变会引起价值运算的改变；(2) 主体对收益和损失的偏好刚好相反，当面对收益时，相对于不确定性的结果，主体对于确定性的结果会过度重视，以至于高估确定性收益，低估或有收益。但当面临损失时则正好相反，即对于损失选择，主体是风险偏好的，对于收益选择，主体则有风险规避倾向，主体具有受益时保守而受损时冒险的行为特征；(3) 损失曲线的斜率要大于收益曲线，表明对同样大小的收益和损失所产生的影响，人们似乎认为损失的影响更大一些，主体对损失比对收益更敏感。除了上述价值运算规律外，Kahneman 和 Tversky 还发现了概率运算的三个特征：高估极小概率；亚确定性；边界效应[1]。价值运算规律与概率运算规律结合可以解释风险决策中的许多特殊现象。

对于上述两种理论研究的分歧，普罗特（Plott，1996）提出了另外一种理论解释——"被发现的偏好"假说[2]，他认为个体选择行为具有阶段性，在不同的阶段个体对周围信息的认识能力不同，出现偏好不一致性就是由于处在不同阶段的个体的认知偏差引起的，经过一定时间的反馈、练习之后，个体能够充分地认识环境中包含的信息（包括其他人的选择），其选择行为就会趋于稳定并反映出一致的偏好，即随着个体认知能力的提高，其行为选择将从非理性逐步过渡到理性阶段。

上述风险决策理论反映了个体风险决策行为的不同状态——理想状态和现实状态，从中可以归纳出以下几个特征：(1) 决策环境、决策者的风险态度（偏好）以及认知能力这三个主要因素共同决定了决策者的最终决策行为，风险态度又被另外两个因素——决策环境和决策者的认知能力所决定，后两个因素的变化将影响风险态度的变化，使得这一决策系统更具有动态性特征；(2) 在个体的风险决策中"期望法则"是一种基本的评价方法，这一点即使在行为经济学研究中也仍然没有被抛弃，比较期望效用理论和前景理论的效用（价值）函数，两者只是在对客观风险的结果及其概率的转化形式上有着不同的理解方式，但个体的决策最终仍取决于估算的效用（价值）期望值；(3) 按照传统经济学观点，财富

---

[1] 指个体对临近不发生事件和确定性事件的交界处这一突变范围的评价能力受到限制，其决策权重或者被忽视或者被夸大，难以确定。

[2] 具体可参见于泽，黄淳. 风险决策理论的新进展. 经济理论与经济管理. 2004.9.

的变换方向不会影响价值的诱导,但心理学研究则显示收益因素和损失因素在个体行为决策中具有不对等性特征,当 X>0 时,V(X) < -V(-X),这意味着个体将极力避免损失(Thaler,1985)。这一结论在很多行为研究领域都得到了证实。[①]

风险决策理论的发展显示了个体风险决策行为的复杂性,对这一行为作出解释时,描述性方法和标准化的决策模型方法都是必要的,正如 Tversky 和 Kahneman(1986)所指出的期望效用理论刻画理性行为,前景理论描述实际行为,实际上两种理论都是必需的。当前很多应用经济学研究领域(也包括审计领域)大量采用了实验和理论建模相结合的研究方法也反映了这种融合趋势。本章的以下部分将具体针对审计报告风险决策行为进行分析,之前的学者对审计师出具审计报告的行为曾进行了很多理论分析,如 Moore 和 Scott(1989)以理论模型的方法分析了审计师面临的法律风险以及这种风险的约束条件(如财富不足)在多大程度上可能影响审计师对审计质量的选择和审计合谋行为。Dye(1991)构建了一个包含审计准则、法律责任和事务所财富三因素的审计决策行为模型,以证明事务所财富对审计质量的保障作用。Antle 和 Nalebuff(1991)以及 Zhang(1999)从客户和审计师双方的角度建立了双边议价模型,前者认为在双方产生分歧的情况下,追加审计程序成本及其分担方式是约束双方自行其是的重要因素,并促使双方最终达成一致;后者在不考虑追加审计程序的情况下,以 DeAngelo(1981)的"准租理论"为基础构建了一个单期的双边议价模型,以证明"准租"的大小如何影响最终的对外报告价值和审计独立性。这些理论模型的共同特征表现为主要采用传统的期望效用理论模型来分析审计报告决策行为并试图推导出一个精确的均衡点。而实际上根据心理学对个体风险决策行为的研究,最终的均衡点取决于个体对不确定性结果的主观价值判断,这种判断结合不同的认知能力和概率估计,理论上的均衡点与现实可能根本不同,因此本书在下文中更多地采用了描述性的方法,融合当前风险决策理论的研究成果,深入分析了影响审计报告决策行为的各种风险因素及其作用机制。

---

① 如消费者行为学中很多实证研究结果表明相对于感知利得因素,感知风险因素对消费者购买行为更具解释力度。Havlena 和 Desarbo(1991)研究表明消费者对待风险态度的不同,会造成消费者感知风险、感知利得和减少风险行为的差异。Kotler(1997)指出消费者改变、推迟或取消购买决策在很大程度上是受到感知风险的影响。Mitchell(1999)证实了消费者购买时倾向于减少其感知风险而不是最大化其感知利得。

3.2 审计报告行为的两个阶段

审计报告行为是一个两阶段的决策过程：第一阶段是专业判断过程，基于审计后发现的重大错报风险判断是否应出具非无保留意见，第二阶段是对已发现的重大错报风险与其他风险因素的综合考虑和权衡，最终决定是否出具非无保留意见（Krishnan，1996）。其中，前一阶段取决于审计师对财务报告错报的重要性判断，体现了审计师的专业能力，后一阶段取决于审计师对审计风险损失与收益的权衡，体现了审计师的经济动机以及与管理者双方的力量对比。

3.2.1 重要性、审计风险与审计报告行为

重要性是指"如果一项错报单独或连同其他错报可能影响财务报表使用者依据财务报表作出的经济决策，则该项错报是重大的"（审计准则第 1221 号，2006）。重要性包括数量和性质两个方面，重要性水平就是对前者的一种量化指标，是判断某项错报是否属于重大的临界点金额。重要性是贯穿整个审计程序的一个重要概念，尤其是在审计计划以及审计报告阶段（Holstrum and Messier, 1982）。由于客观重要性水平的不可知性，审计师需要运用职业判断在审计计划阶段对财务报表层次和各类交易、账户余额、列报（包括披露）认定层次的重要性进行评估并确定一个可接受的重要性水平，以发现在金额上重大的错报。在审计报告阶段，审计师应就所确定的重要性水平与在审计过程中已识别但未更正错报的汇总数（包括已识别的具体错报和推断误差）相比较和评估，如果财务报告中的错报超过了所确定的重要性水平，该错报就是重大的，审计师应考虑出具非无保留意见类型的审计报告。在其他条件相同的情况下，重要性水平是考虑审计意见类型的判断标准，同样一类事项，因为其错报超出重要性水平的程度可能被出具不同的审计意见类型，而同样大小的错报，也会因为审计师确定的重要性水平不同而可能被出具不同的审计意见类型。

重要性水平与审计风险相关，对于特定的审计单位，重要性与审计风险之间存在反向关系，重要性水平越高，审计风险越低；重要性水平越低，审计风险越高。严格地说，这里的重要性水平是指客观重要性水平，如果所估计的重要性水平偏离了客观重要性水平，估计重要性水平越高，得出错误结论的风险越高，估

计的重要性水平越接近客观重要性水平,则得出错误结论的风险越低。因此,"审计师无法通过不合理地人为调高重要性水平,降低审计风险,因为重要性是依据重要性概念中所述的判断标准确定的,而不是由主观期望的审计风险水平决定"[1]。实际上,审计师对客观重要性的主观估计总会有一定的偏差,其估计精确度体现了审计师的专业能力差异,如果偏差在可容忍的误差范围内,则不会影响审计判断质量,如果偏差超出了可容忍误差的上临界点,就会将财务报告中原本重大的错报当成非重大的,导致"误受险",如果偏差超出了可容忍误差的下临界点,就会将财务报告中原本非重大的错报当成重大的,导致"误拒险",误受险与误拒险都会导致审计风险。除了专业判断能力的限制外,误受险与误拒险也会因为审计师对风险权衡后的重要性水平的调整而发生,并体现出审计师选择审计报告策略行为时的激进(保守)程度。激进的审计报告行为源于激进的财务报告行为这一概念,后者是指客户在财务报告中报告比公司实际价值更高的价值水平,两者偏离的程度越高,其报告行为越激进,当审计师接受客户的激进财务报告行为时,我们相应地称为激进的审计报告行为。当审计师采取激进的审计报告策略时,所确定的重要性水平较高;相反,当采取相对保守的审计报告策略时,所确定的重要性水平较低,如果确定的重要性水平低于客观重要性水平的下临界点时就会产生过度保守性,这种情况往往是在审计师预期审计业务风险很大之时而采取的一种事前的风险防范行为。审计师过度保守和过度激进行为都会导致公司审计价值对公司真实价值的严重偏离,都意味着审计风险的增加和较低的审计质量。当审计师高估了公司的实际价值,将会引导投资者的过度投资;反之,当审计师低估了公司的真实价值,就可能导致投资不足,无论是哪种情况都不利于资本市场进行合理的资源配置,最终造成投资者及社会福利的损失,但审计师因此可能面临的审计风险损失却并不是对称的,同样大小的高估误差比低估误差更可能导致投资者损失,审计师也更容易被认定负有过失责任(Scott,1973,1975;Pierre and Anderson,1984)。虽然如此,在实务中过度保守报告行为相对较少发生,一是因为所确定的重要性水平越低,管理者提出的报告价值与审计师的估计价值之间的差异可能性更大,这通常意味着审计师要进一步扩大测试范围、追加审计程序、收集更多或者质量更高的审计证据以说服管理者,这必然会增加审计成本和谈判成本,削弱事务所的竞争能力;二是因为审计师的保守行为更容易招致客户的抵制和惩罚,Krishnan(1994),Krishnan 和 Stephens

---

[1] 转引自张龙平、聂曼曼,试论重要性审计准则的运用问题(上),审计月刊,2006.10.

(1995，1996) 发现发生审计师更替的公司其审计师的报告行为更为保守。但无论是上述何种情况，审计师出于经济上的权衡，都将努力在重要性水平与审计风险水平之间取得平衡，使得审计风险处于一种可接受的或者说期望水平，在这一水平，审计业务收益将不低于可能产生的审计业务损失。

3.2.2 风险权衡、独立性与审计报告行为

对财务报告错报重要性的专业判断只是确定审计意见类型的潜在因素，如何保证审计师将财务报告中存在的错报如实对外披露，即审计师的独立性问题，是确定最终审计意见类型的实现因素，也是审计领域一个长期的话题。审计独立性程度取决于审计师对审计报告行为后果的利益权衡，即审计风险损失与收益的对比，并体现为最终所确定的重要性水平和审计意见类型。

审计作为财务报告信息披露质量的鉴证和监督机制，审计师与客户管理者具有不同的激励动机，这也是审计报告对财务报告具有价值增值的原因所在。财务报告对外报告的价值传递了有关公司管理业绩与投资价值的信号，这一信号与管理者以及投资者之间的利益密切关联，会计数据或者是制定管理者报酬的直接依据，或者间接地通过股价影响管理者报酬，管理者就有激励报告更高的价值以最大化其利益；同时，不实的报告价值将传递错误的投资信号，并因此给投资者造成重大损失。为了缓解管理者与投资者之间的信息不对称，审计师的功能就是对管理者报告价值进行审核，对其真实性发表审计意见并承担相应的审计责任，出于审计风险损失后果的考虑，审计师就有动机查知财务报告中的所有重大不实方面并对外报告。投资者根据审计师出具的审计意见类型判断管理者所报告价值的实际价值，对"不清洁"的报告价值给予相应的折扣，财务报告的实际价值将是报告价值减去相应的折扣价值。因此，如果审计师与客户在财务报告对外披露的价值上存在分歧就会导致直接的利益冲突，为了达成一致，双方会进行谈判，审计师要求客户调整所报告的价值，缩小同自己的估计值之间的差异（因为审计师认为自己的估计值与公司真实价值相比是无偏的）或者说缩小错报到一定的重要性水平之下，否则就可能出具非无保留意见，以降低审计风险。对于客户而言调低报告价值或被出具非无保留意见都可能产生不利的经济后果，客户就会向审计师施加压力，如以某种事后惩罚作为要挟以达到最大化报告价值并避免被出具不利的审计意见的目的，如果审计师不能抵制客户的压力，审计独立性就会受到损害。因此，在审计报告决策的第二阶段是一个双边的博弈过程，博弈的焦点就在

于出具审计意见类型的标准——重要性水平的高低,审计意见不过是这一标准的外在表现形式,对于同样大小的错报(或者说某个报告价值水平),如果审计师屈从于客户的压力,就会放宽标准,在一个较高的重要性水平上选择相对"缓和"的意见类型;反之,就会在一个较低的重要性水平上选择更为严重的意见类型,这也就是为什么审计过程中所确定的重要性水平往往成为事后审计师过失责任认定的主要依据。对使用者来说,被出具清洁审计意见的对外报告价值与审计师对公司真实价值的无偏估计偏离程度越大,审计报告的价值就越低。

3.3 审计风险与审计报告决策模型

我们在一个两期的基础上展开分析审计报告决策行为,这是因为审计师与客户在任期上并没有任何固定的合同,审计报告行为也不是客户更替审计师的唯一理由,很多时候出于特殊业务(如发行新股)、公司发展、成本等考虑都可能更替审计师,因此审计师在出具审计报告时更可能只是考虑其决策行为对于下一任期的影响。虽然如此,这一分析框架也可扩展到多期。

3.3.1 审计师与客户之间的冲突与谈判

在审计报告过程的两个阶段,参与人是审计师与客户,双方中只有客户知道公司的实际价值 V,只有审计师知道审计后的估计价值 V_e,双方面对的是不完全的信息。在第一阶段,客户提出一个报告价值 V_c,因为客户是偏好较高的报告价值的,因此,$V_c \geq V$。假设审计师确认已经对客户实施了所有必要的审计程序,不需要再扩大测试范围或追加审计程序,即审计师认为自己对公司实际价值 V 的审计估计值 V_e 是无偏的,V 是居于区间 $(V_e - e, V_e + e)$ 上的均匀分布函数,$[-e, e]$ 是审计师所确定的偏离公司实际价值的可容忍误差的上下临界点,也是判断财务报告错报的重要性水平和是否出具非标准审计意见的阈值点。假设:

$$V_c - V_e = M$$

如果 $M \in (-e, e)$,双方不会产生冲突,财务报告的报告价值为 V_c,审计师出具标准无保留意见的审计报告,财务报告的实际价值为 $V_T = V_c$。

$M < -e$ 这种情况在审计报告阶段不会出现,因为审计师可以推测管理者可能存在的机会主义行为,管理者提出的报告价值低于审计估计值更可能源于审计

程序未能检查出某些潜在的错报,因此在审计过程中就会对审计计划(包括重要性水平)加以调整,以检查出更低金额的错报。即使在无法追加审计程序加以确认的情况下,出于谨慎性原因,审计师也不太可能要求客户调高报告价值。这时,财务报表的报告价值为 V_c,审计师出具标准无保留意见的审计报告,财务报告的实际价值为 $V_T = V_c$;

如果 $M > e$,财务报告错报超出了审计师所确定的重要性水平上临界点,双方发生冲突并转入下一阶段的博弈。在这一阶段,审计师面临两种选择:调整或者不调整已确定的重要性水平,如果将最终确定的重要性水平表示为 e_1,则其调整范围为 $e \leqslant e_1 \leqslant M$,审计师根据调整后的 e_1 出具审计意见,财务报告的实际价值就取决于双方在此基础上选择的报告价值 V_r 与审计意见类型,即 $V_T = (1 - \gamma)V_r$,其中 V_r 是客户愿意接受的最后报告价值, $V_e \leqslant V_r \leqslant V_c$; $0 \leqslant \gamma \leqslant 1$,是投资者根据审计意见对 V_r 的折扣率,γ 是 e_1 的减函数,当 e_1 越大,V_r 被出具非标意见的可能性越小,γ 越小。

3.3.2 谈判结果分析

1. 只考虑审计师支付函数的结果分析

DeAngelo(1981)指出由于签约成本(包括启动成本和交易成本[①])的存在,在位审计师与其竞争者相比,具有相对的技术成本优势和交易成本优势,从而在未来的审计业务中可获得与特定客户相联系的"准租"(预期审计收费高于可免成本的差额),包括正常利润及因"在位优势"获得的超常利润,因此在审计市场竞争环境下,对客户的经济依赖使得保留客户成为审计师最直接的激励动机。但当审计风险增加时,相对于审计失败可能引发的损失(主要表现为承担的法律赔偿责任和声誉损失),准租所带来的收益被逐步侵蚀,丧失客户的威胁将变得越来越不重要,即审计师的报告行为取决于失去客户风险与审计失败产生的法律责任风险和声誉损失风险之间的权衡。因此在考虑两期的情况下,一项审计业务的净收益包括当期的审计收费、审计成本、该项审计业务可能导致的损失以

---

① 如引起监管方的注意、市场负面反应等。很多研究均发现市场对客户更替审计师更多是一种负反应,即使这种更替发生在从小所转换为大所时,其正向反应也不具有显著性(Eichenseher, Hagigi and Shields, 1989; Johnson and Lys, 1990; Fried and Schiff, 1981; Smith, 1988; Nichols and Smith, 1983; Davidson and Gribbin, 1999)。

及保持下一任期可能获取的净收益——客户给与审计师的"准租",即审计师的支付函数为:

$$NET_{ji} = \sum_{n=1}^{2} \frac{(P-C-L)_n}{(1+g)^{n-1}} \quad (3-3)$$

其中,NET_{ji} 为审计师 i 执行客户 j 审计业务的净收益,P 为审计收费,C 为审计成本,L 为该项审计业务可能导致的损失,g 为折现率,n 为审计任期(n = 1, 2)。

Kahneman 等的研究结果表明个体对不确定性收益及损失的主观评价并不一致,因此会导致偏好逆转的现象,因此有必要将审计师可能获取的收益部分同可能发生的损失部分分别加以定义,以便于此后的分析,这与消费者行为学将"感知价值"分解为"感知风险"和"感知利得"两个方面相类似(Zeithaml, 1988)。故将式(3-3)重新表述为:

$$NET_{ji} = P_1 - C_1 - p \times L_1 + (1-q) \times E_2 \quad (3-4)$$

其中,L 为该项审计业务可能导致的损失的折现值,p 为发生概率,E 为下一任期可能获取的"准租"的折现值,q 为失去客户的概率(或者说更替审计师的概率)。其他变量定义与上同,下标表示任期。

从审计师的支付函数来看,由于 $L_1 = p \times (AL + BL)$,其中 AL 为法律赔偿金额,BL 为声誉损失,p 为相应的发生概率,即审计业务风险,它包括两部分:审计风险和固有风险,后者是指即使在没有发生审计失败的情况下审计师仅仅因为与客户之间存在审计业务关系而导致损失的可能性,这种风险通常源于客户的经营失败并因此牵连到审计师而导致法律风险或声誉损失。因此,

$$p = R + AR \quad (3-5)$$

其中,R 为审计风险,AR 为固有风险。如果客户经营风险为 MR,AR 可表示为 MR 的一个增函数形式,即:

$$AR = f(MR) \quad (3-6)$$

审计风险 R 是一种潜在的风险,它是否会转化为现实风险并最终导致审计风险损失在很大程度上取决于审计失败识别机制的有效性,识别机制越有效,发现审计失败的概率越大。审计失败的识别机制有多种方式,一种是正式的质量监督机制,如证监会等监管机构对会计师事务所的年检制度和审计质量抽查、同业复查(peer review)、诉讼等,这些方式均涉及对审计质量的事后鉴定;除了这些正式的制度安排外,另外一种重要的识别机制是市场自发产生的,即企业经营失败引致审计失败的暴露,企业的经营风险越大,审计失败被发现的可能性越大。

重要性水平是出具审计意见类型的判断标准,审计师最终所确定的重要性水平 e_1 是审计风险 R 产生的直接原因,它与专业判断能力和独立性相关。由于客观重要性水平是不可知的,在第一阶段审计师认为自己对公司实际价值的估计值是无偏情况下,即 e 处于客观重要性水平的上下临界点之间时,审计风险 R 就取决于第二阶段对 e 的调整大小, e_1 高于 e 的程度越大, R 越大。同时 e_1 也对事后的审计质量鉴定产生影响,虽然审计质量在事后难以验证,但如果渎职行为过分,则是很容易判定的。

如上所述,假设以发现审计失败的概率 β 代表识别机制的有效性,实际审计风险为:

$$TR = \beta \times R \qquad (3-7)$$

其中, β 是 e_1 及 MR 的函数,可表示为 $\beta(e_1, MR)$,并且:

$$\frac{\partial(\beta(e_1, MR))}{\partial e_1} > 0, \quad \frac{\partial(\beta(e_1, MR))}{\partial MR} > 0$$

R 是 e 和 e_1 的函数,可表示为 $R(e, e_1)$,并且:

$$\frac{\partial(R(e, e_1))}{\partial e_1} > 0$$

审计师支付函数中的准租部分 $(1-q) \times E_2$, q 是失去客户的风险,它是重要性水平 e_1 的递减函数,在其他条件相同的情况下, e_1 越高, q 越小。 E_2 必定不为负,即 $E_2 \geq 0$,否则,审计师会选择主动辞聘,并在 e 的重要性水平上出具当期的审计意见,这时 $V_T = V_e$ 。

在式(3-2)中,审计收费 P_1 在审计初期确定,并不因为审计报告的类型进行事后调整,审计成本 C_1 是一种沉没成本,两者均不影响审计师的报告决策行为,审计师的报告策略和议价能力仅仅受到预期的法律责任、声誉损失以及与下一期准租的影响。综合以上公式,可以将审计师的支付函数表示为:

$$\begin{aligned}NET_{ji} &= (1-q) \times E_2 - p \times L_1 \\ &= [1 - q(e_1)] \times E_2 - [\beta(e_1, MR) \times R(e, e_1) + f(MR)] \times (AL + BL)\end{aligned}$$

$$(3-8)$$

最大化净收益的条件为:

$$\frac{\partial NET_{ji}}{\partial e_1} = -(AL+BL)\left[R(e, e_1) \times \frac{\partial \beta(e_1, MR)}{\partial e_1} + \beta(e_1, MR) \times \frac{\partial R(e, e_1)}{\partial e_1}\right] - E_2 \times \frac{\partial q(e_1)}{\partial e_1} = 0$$

$$(3-9)$$

即：$\dfrac{E_2}{AL+BL} = \dfrac{R(e,e_1) \times \dfrac{\partial \beta(e_1, MR)}{\partial e_1} + \beta(e_1, MR) \times \dfrac{\partial R(e,e_1)}{\partial e_1}}{-\dfrac{\partial q(e_1)}{\partial e_1}}$ (3-10)

上式表明，在一定的风险环境下，e_1 的均衡点取决于客户所能给予的准租大小，其期望值由实际审计风险曲线与失去客户风险曲线两者边际函数之间的对比关系决定，其中审计风险与审计失败识别机制的有效性以及两者之间的交互效应决定了实际审计风险曲线。我们以图 3-2 进行分析，图中，水平线 d 表示审计师执行特定客户审计业务的固有风险，不随 e_1 的调整而变化。K 是总的审计业务风险，实际审计风险曲线 K_0 是重要性水平的递增函数，并呈边际递增特征，失去客户风险曲线 L 是重要性水平的单调递减函数，并呈边际递减特征。由于审计质量的难以判断，审计师确定的重要性水平和客观重要性水平之间具有相当大的一块模糊区域，或者说"灰色区域"，在这一区域中，审计风险具有很大的不确定性，事后的责任认定也非常困难，当 e_1 处于该区域时，e_1 的增加所增加的实际风险较小。随着 e_1 调整程度增大，审计风险加大，事后责任认定也比较容易，审计失败被发现的概率急剧上升，实际审计风险随 e_1 的增加边际递增。而对于客户来说，双方之间的聘任关系并不唯一地取决于审计师报告行为，审计师出具审计报告时的"保守性"仅仅是现实中替换审计师的可能性理由之一，很多时候出于更替成本、双方对等关系等考虑都可能削弱更替审计师的动机，因此随着 e_1 调整程度增大，失去客户风险呈边际递减趋势。e_0 是失去客户风险与审计业务风险之间的均衡点。在法律风险机

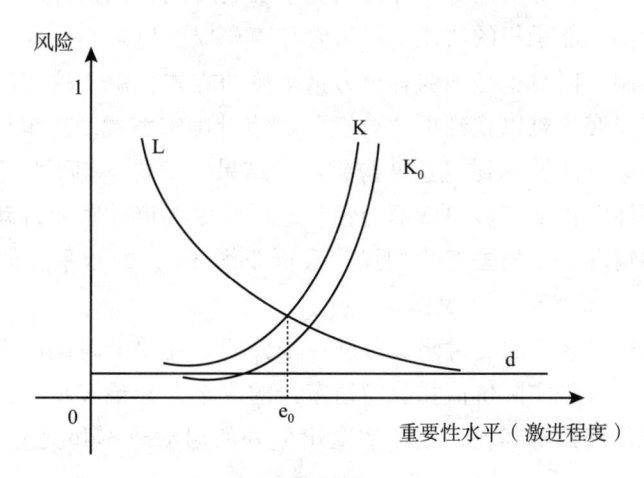

图 3-2

制和声誉机制存在的条件下,如仅仅从可能发生的绝对数额来看,单个客户的准租与审计风险损失两者之间显然相差极度悬殊,同时,由于个体对或有损失更加敏感,因此只有当等式(3-10)右边非常小时,准租才可能弥补审计风险损失,即 e_1 的位置将极大地向 e_0 的左侧偏移,在此位置,失去客户的边际风险远远高于实际审计风险的边际风险。

2. 考虑双方支付函数的结果分析

在上述分析中只关注了客户对审计师的力量而忽略了审计师对客户的力量,从而可能会高估审计师最后所确定的重要性水平。在第二阶段的谈判中,双方的议价能力取决于各自的支付函数及效用值,其中替换审计师、决定审计风险损失的市场及制度因素是双方决策函数中的共同影响因素,动态地分析它们在双方之间的交互作用(interaction)能够更准确地描述现实中双方的"相机"选择行为。审计师与客户之间的签约成本不仅使审计师可能获得未来的"准租",并且还使得审计师拥有与特定客户相关联的资产,这种资产的特殊性质意味着审计师与客户之间是一种双边垄断关系,任何一方都可以以中止聘约来威胁另一方,客户可以中止这一关系使得审计师丧失未来的准租,审计师也可以中止这一关系使得客户不得不承担更换审计师的额外启动成本和交易成本,因而双方都有动机维持目前的关系并期望从中获益(DeAngelo,1981)。可见,签约成本改变了审计师更替因素在双方支付函数中的单向作用,更替审计师将同时降低双方的效用。审计市场竞争及制度因素也发挥了类似的双向影响效应,审计师可能承担的法律责任风险和声誉损失风险不仅仅是审计独立性风险的约束机制,同时也是削弱客户力量来源的方式,由于这些外生约束机制的存在,意味着客户难以找到更"合意"的审计师来替代现任审计师,客户更换审计师并不必然能够达到"意见购买"的结果,却要承担更替审计师的额外成本,基于理性的预期,客户就不会轻易地采取更替审计师的行动。因此在其他条件不变的情况下,失去客户的风险会低于图3-2的水平,即曲线 L 向左移至 L_1 处,同时 e_0 移至 e_2(见图3-3)。

下面我们通过客户的支付函数做进一步分析。在单个时期内客户的支付函数为当期的财务报告实际价值扣除聘请审计的成本,如果客户聘任的是新审计师,与聘任现任审计师相比,他需要支出额外的启动成本和交易成本(DeAngelo,1981),即:

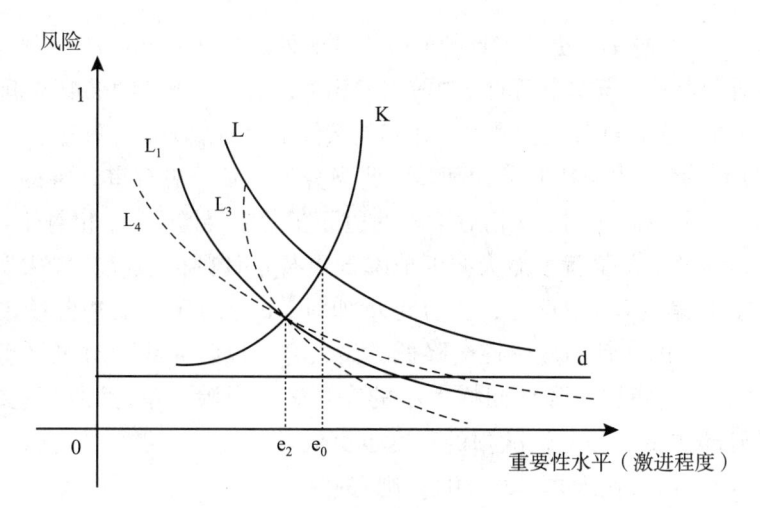

图 3-3

如聘任现任审计师 i，$NET_j = V_{Ti} - P$，其中 V_{Ti} 是 e_1 的单调递增函数；

如聘任新任审计师 l，$NET_j = V_{Tl} - P_l - I$，其中 V_{Tl} 是假设客户公司的实际价值不变，聘任新审计师 l 所得到的实际报告价值。P_l 是审计收费，I 是更换审计师所发生的额外成本。

在两期的条件下，客户的支付函数为：

$$NET_j = V_{Ti} - P + \frac{q \times (V_{Tl} - P_l - I) + (1-q) \times (V_{Ti} - P)}{1+g} \quad (g\text{ 为折现率})$$

(3-11)

式（3-11）的最大化条件为：

$$\frac{\partial NET_j}{\partial e_1} = \frac{\partial V_{Ti}(e_1)}{\partial e_1} + \frac{\frac{\partial q(e_1)}{\partial e_1} \times (V_{Tl} - P_l - I - V_{Ti} + P)}{1+g} = 0 \quad (3-12)$$

即：

$$\frac{\partial q(e_1)}{\partial e_1} = -\frac{\frac{\partial V_{Ti}(e_1)}{\partial e_1} \times (1+g)}{(V_{Tl} - V_{Ti}) - (P_l - P + I)} \quad (3-13)$$

由式（3-13）可以看到，q 相对于 e_1 的边际变动率除了受到实际报告价值的边际变动率的影响外，还会受到购买审计意见的实际制度约束成本（包括法律成本和声誉损失）以及更替审计师所发生的额外成本的影响。当审计师面临的制度约束成本加大［同时也意味着等式（3-10）右边的分子更大］，购买审计意

见的收益 $V_{Ti} - V_{Ti}$ 越小。更替审计师所发生的额外成本部分 $P_l - P + I$ 则与审计市场竞争、外部监管、资本市场的反映等因素相关，如新任审计师采取"低价揽客"竞争方式分担了公司部分更替成本。在其他条件不变的情况下，只有当 $V_{Ti} - V_{Ti} > P_l - P + I$ 时，客户才会替换审计师，因此当分母为负，更替审计师的纯收益为负，$q = 0$；当分母减小时，q 相对于 e_1 的边际变动率会增大，q 相对于 e_1 的变动更敏感，e_1 的微小调整就可能大幅度地降低更替审计师的风险，失去客户风险曲线相对更陡峭（L_3）；反之，当分母增加时，q 相对于 e_1 的边际变动率会减小，q 相对于 e_1 的变动的敏感性会降低，失去客户风险曲线相对更平坦（L_4）。这意味着 L_3 与 L_4 相比，降低同样大小的丧失客户风险，审计师在重要性水平上所做的让步更低，独立性减损的程度也更低。

将式（3-13）代入式（3-10），则有：

$$\frac{E_2}{AL+BL} = \frac{\left[R(e, e_1) \times \frac{\partial \beta(e_1, MR)}{\partial e_1} + \beta(e_1, MR) \times \frac{\partial R(e, e_1)}{\partial e_1}\right] \times \left[(V_{Ti} - V_{Ti}) - (P_l + I - P)\right]}{\frac{\partial V_{Ti}(e_1)}{\partial e_1} \times (1 + g)}$$

(3-14)

其中，$V_{Ti} - V_{Ti}$ 是 $\left[R(e, e_1) \times \frac{\partial \beta(e_1, MR)}{\partial e_1} + \beta(e_1, MR) \times \frac{\partial R(e, e_1)}{\partial e_1}\right] \times (AL + BL)$ 的内生变量。因此，在其他条件相同的情况下，即不考虑 $P_l + I - P$，准租的期望值取决于可能发生的法律风险及声誉损失风险损失，后者由法律风险机制、声誉机制及其运行效率所决定。

3.3.3 进一步讨论

1. 审计产品性质与独立性风险

对客户的经济依赖是产生审计独立性风险的根源（Goldman and Barlev, 1974；Nichols and Price, 1976；DeAngelo, 1981），20 世纪 70 年代之后对独立性影响因素的许多实证研究表明诉讼风险和声誉损失是影响审计独立性的两个显著的激励因素，这部分动机甚至明显超过了对客户的经济依赖（Antle, 1982, 1984；Gibbins, 1984；Farmer et al., 1987；Lord, 1992；KaSalle et al., 1996；DeFond et al., 2002；Craswell et al., 2002）。法律风险和声誉对审计独立性风险的这种显著影响效应源于审计产品的特殊性质，这种特殊性质放大了单个客户的审计风险，使得这一风险潜在的法律责任或声誉损失远远超出对单个客户的经济依赖。首先，由于审计过程的不可重复，审计质量即使在事后也难以验证，审计产品具有"信任品"的性质，针对这种情况，投资者通过观察审计师和客户的关系来选择独立性较高的审计师，[1] 在这种市场机制下，审计师宁愿保持较高的独立性以建立良好的声誉赢取更多的客户，因此，审计市场从本质上来说是一个"声誉"市场，审计风险后果在声誉机制的作用下具有传递性，放大了单个客户的审计风险。Simunic 和 Stein（1990）在讨论审计师的客户选择策略时，曾经从客户组合（client portfolio）的角度讨论了审计风险问题，他们将审计师拥有的客户看做是一组"风险资产"的组合，并认为对审计风险的定义及衡量应当以客户组合为单位而不是以单个客户为单位，单个审计业务风险会传递给其他审计业务，从而引起整个客户组合的风险变化。DeAngelo（1981）的"准租"理论也体现了这一观点。但 DeAngelo 假设事务所从各个客户所能获取的"准租"都是相同的，因此审计风险的传递后果主要取决于审计师现有客户组合中的客户数量，Simunic 和 Stein 则更进一步地区分了不同审计客户的风险传递后果，这意味着不同审计客户在审计师风险组合决策中并不是被赋予同等的权重，也就能解释为什么审计师为了某些客户更愿意冒风险。但 Simunic 和 Stein 及 DeAngelo 的分析缺陷都在于他们仅仅关注了审计风险对现有客户组合的影响，忽略了对事务所获取新客户能力的影响。其次，在民事法律责任下，由于审计产品的服务对象具有不确定性，审计师可能承担的法律赔偿责任随着审计报告传播范围的扩大有无限扩大的趋势，这样就会使审计师遭受"在不确定的时间对不确定的群体承担不确定数额的责任"，[2] 极可能给事务所带来灭顶之灾。随着证券市场的发展和商业环境的变化，广大投资者、社会公众和政府越来越依赖会计信息，公众要求审计师承担更多的法律责任，审计师对第三人的民事法律责任不断扩张，20 世纪六七十年代，美国的审计师甚至进入了"诉讼爆炸"，用 Epstein 和 Spalding 的话来说，"几乎每一桩针对会计师个人的诉讼，都酿成整个职业的一场危机"。[3] 虽然自 20 世纪 80 年代后期以来，

---

[1] 如事务所规模与审计质量之间的正相关性得到了许多经验证据的支持，而规模越大的事务所独立性相对更高。

[2] 1931 年的厄尔马斯诉塔奇（Ultramares Corp. v Touche）案中卡多佐法官认为审计师不负过失责任的理由之一就是过失责任会使审计师遭受"在不确定的时间对不确定的群体承担不确定数额的责任"，就会危及会计业的生存。转引自周学峰，公司审计与专家责任，中国政法大学博士学位论文，2004.

[3] 转引自刘燕. 会计师民事责任研究：公众利益与职业利益的平衡. 北京：北京大学出版社，2004：4.

特别是在 90 年代，普通法国家的立法和司法机构出现了态度的转变，审计师对第三人的民事法律责任范围呈收缩的趋势（周学峰，2004），但审计失败导致的潜在法律责任仍然蕴含着巨大的风险。

现代风险决策研究表明收益因素和损失因素在个体行为决策中具有不对等性特征，个体有高估不确定损失的倾向，并将极力避免损失，Gibbins（1984）在研究中发现当审计师面临不确定时，他们更倾向于关注每种决策可能带来的负面结果而非收益。因此，只要上述两个机制存在并具备一定的运行效率，就能够极大地抑制审计独立性风险。然而现实中法律风险机制和声誉机制的实际效果又会因为审计产品质量的难以验证性受到削弱，使得审计风险的潜在损失与收益两者之间的对比更多时候处于失衡状态，从而导致审计报告行为的过度激进或过度保守。

2. 审计失败识别机制的效率问题

法律风险机制与声誉机制作为事后的一种惩罚机制，其运行效率很大程度上取决于审计失败识别机制的有效性。审计失败识别机制包括正式的审计质量监督机制和市场自发的识别机制两种，前者如事务所年检制度、同业复查、诉讼等，后者主要指企业发生经营失败、陷入财务困境、破产等极端状况时对审计失败行为的暴露。

上文中曾提到在法律风险机制和声誉机制存在的条件下，只有当等式（3-10）的右边非常小时，准租才可能弥补审计风险损失，并导致独立性风险，即 e_1 的位置将处于 e_0 的左侧。从等式右边的分子看，$\dfrac{\partial \beta(e_1, MR)}{\partial e_1}$ 反映了正式的审计质量监督机制的有效性，$\dfrac{\partial R(e, e_1)}{\partial e_1}$ 表示独立性风险导致的边际审计风险，与 e_1 所处的区域及审计质量监督机制的有效性相关，监督机制越有效，判断重要性水平的"灰色区域"越小，$\dfrac{\partial R(e, e_1)}{\partial e_1}$ 越大。两者相结合，实际审计风险曲线将变得更为陡峭，相应地 e_0 和 e_1 的位置均向左移动，随着监督机制有效性的提高，实际审计风险曲线的坡度渐趋于垂直，审计师调整 e_1 的空间将被逐渐侵蚀殆尽。

由于审计业务风险曲线的位置会受到固有风险影响，当固有风险上升时，审计业务风险曲线的位置相应上移，这使 e_0 的位置向左移动，意味着审计师确定的重要性水平会低于原来的水平，反之则相反。由于固有风险主要源于客户经营风险，因此当客户经营风险增加时，一方面会引起审计业务风险曲线的位置上移,另一方面也会提高事后对审计失败的识别,使等式(3-10)右边分子中的 $\beta(e_1, MR)$ 增加,从而降低 e_1 的大小。一种极端的情况是,当客户经营风险非常大时,审计业务风险曲线的位置上移太大,则容易发生过度保守性行为,这是因为即使在没有发生审计失败的情况下,客户的经营失败也可能牵连审计师被卷入诉讼之中,由于事后审计责任的难以认定,审计师所确定的重要性水平会低于正常水平。Stice(1991)证实了当客户的市场价值及市场回报变动性越大,审计师越容易成为诉讼的目标,当面临较大的不确定性损失时,审计师就会表现得更趋谨慎,甚至撤出高风险的领域。[①] 反之,当经营风险较低时,审计师就会采取更为激进的报告策略,Hackenbrack 和 Nelson(1996)研究显示当审计业务风险处于适当的水平时,审计师倾向于接受客户采取激进的会计政策并用一种激进的方式来解释会计准则来合理化其行为,但当审计业务风险很高,审计师的行为正好相反,表现得更为保守。这种现象同心理学对个体风险决策行为的研究发现相一致。

在现实中,审计质量监督机制的有效性受到审计产品性质与官僚机制的影响,往往缺乏效率。正如莫茨和夏拉夫所言"只有置身于作出决策的当时,才能正确评价审计判断的妥当性,这在某种程度上解释了为何确定某项审计业务是否遵循了公认审计标准是相当困难的。当然,如果渎职行为过分,是很容易判定的。但当案件不确定时,精确地重构当时作出判断的条件和证据就非常困难。这种困难事实上妨碍了对审计决策作出符合实际的检验"。[②] 另外,对审计质量的监督体制主要是一种行政监管,由于受到监管力量薄弱和行政失当两方面的限制,效率非常低下,如从中国证监会历年来对会计师事务所的行政处罚来看,1993~2005年仅仅只有35次,[③] 这和公众对我国审计质量的直观感受根本不成比例。民事诉讼制度可以在很大程度上克服官僚机制的弊端,是一种更为有效的监督机制,但会受到诉讼门槛的约束,各个国家在这方面的法律规定相差迥异。如果在正式的审计质量监督机制缺失或低效的情况下,公司经营失败在很大程度上是一个触发机制,成为审计市场上对审计失败的重要识别工具,但其缺陷是如果客户本身没有发生经营性问题,市场往往很难察觉到实际发生的审计失败,这

[①] 如在20世纪90年代初,美国"六大"之一的毕马威会计师事务所每年都要放弃20~100位高风险客户。Lee Berton, Accounting: Big Accounting Firms Weed Out Risky Clients, The Wall Street Journal, June 26, 1995.

[②] [美] 罗伯特·K·莫茨, [埃及] 侯赛因·A·夏拉夫著. 文硕等译. 审计理论结构. 北京:中国商业出版社,1990,P40.

[③] 中国证监会首席会计师办公室:2005年证券期货相关审计市场分析,中国证券报,2006.9.28.

种严重的信息不对称就会大大削弱声誉机制和法律责任机制的运行效率和实际风险,成为诱发审计独立性风险的另一个根源。这也就是 Simunic 和 Stein（1990）认为在相同的风险环境下审计师为了某些客户更愿意冒风险的原因所在。审计师的经济动机总是促使其根据具体的环境权衡审计风险的收益和损失,并决定最终的审计报告行为,因此独立性风险始终存在。

第4章 审计报告行为风险环境考察

在上一章审计报告决策模型分析中,我们提到了影响审计报告行为和审计质量的两种重要机制:法律机制与声誉机制问题,在本章中我们将进一步对该问题展开分析,探讨这两种机制对审计质量的保证功能的内在机理及效率差异,并对其在我国审计市场的实际效应进行考察。

4.1 审计市场法律机制与声誉机制

审计市场是一个比较典型的信任品市场,由于审计质量的难以直接观测性和事后的难以验证性,必然会产生对某种外部审计质量保证机制的需求,以利于对审计师出具审计报告时的机会主义行为加以约束,法律机制与声誉机制就是两个最重要的约束机制,它们都是一种事后的惩罚机制,并通过审计师对事后损失的预期起到事前阻却的功能,这两个机制的实际运行状况构成了审计报告行为的重要风险环境。

声誉理论认为,声誉系统是一种信号甄别和信号搜寻机制,它总是能够甄别出高质量的产品并提升它们的价格,并有助于更加精确地搜寻到销售这种产品的销售商(Kennes and Schiff,2002)。体现在审计市场,由于审计产品具有的"信任品"的性质,审计质量的鉴别成本非常高,审计师声誉成为传递审计质量的一种重要信号,便于市场对不同质量的审计师加以区分和选择,从而对不同声誉的审计师以及聘请不同声誉审计师的公司产生显著的经济后果性,发生了审计失败并被市场察觉的审计师,其声誉会受到损害,这种损害同时也会传递给其客户公司(如市场对公司价值的评价降低),并进一步地影响到它们对审计师的选择。

因此声誉机制能够促使审计师的执业行为更加谨慎，成为审计质量的一种重要保障机制。然而从声誉机制的运行过程可以看到声誉机制的运行效率至少会受到以下几个因素的约束：一是审计需求问题。市场本身如果缺乏对高质量的审计需求，声誉机制就根本无从谈起，由于审计需求是多元化的，不同利益者之间存在需求冲突，抱有高质量审计需求的一方并不一定会胜出，因此在现实中市场可能并不按照"声誉"为标准选择审计师；二是审计需求传递效率问题。市场即使有对高质量审计的需求，如果这种需求不能迅速地体现到股价中，或者不能对公司代理人产生其他利益威胁，要将这种需求转换为客户公司的需求就会受阻，如 Jan Barton（2005）在"Who Cares about Auditor Reputation?"一文中对"安然事件"后原安达信客户转换审计师的时间选择差异问题进行了研究分析，结果表明客户的特征（如在资本市场上不同的暴露程度）会对客户换所的速度及类型产生决定性的影响；三是审计失败识别机制的有效性，即审计失败发现概率问题。如果正式的审计质量验证机制缺乏效率，仅仅依靠市场自发的识别机制，当客户公司本身没有发生经营性问题，市场往往很难察觉到实际发生的审计失败，这种严重的信息不对称将大大削弱审计师保持声誉的动力，同时大事务所对优质客户资源的占有优势也可能隐瞒真实的审计质量。

"法律责任"一词，是现代法学概念，指行为人对其违法行为所应承担的法律后果，法律责任的目的就在于保障法律上的权利、义务及权力得以生效，在它们受到阻碍，使得法律所保护的利益受到侵害时，通过适当的救济，使对侵害的发生负有责任的人承担责任，消除侵害并尽量减少未来发生侵害的可能性，这一目的主要通过它的三个功能得以实现：惩罚功能、救济功能和预防功能，其中预防功能是在前两者基础上衍生出来的一种威慑和阻截功能，以达到预防违法犯罪或违约行为的目的。① 法律机制是从正式的法律制度安排对审计师的失职行为予以惩罚，包括行政责任、民事责任和刑事责任制度，行政责任和民事责任应用范围较为广泛，刑事责任则主要针对极端恶劣行为。其中，民事责任制度同时起到了对审计失败的事前阻却和事后救济两种功能，尤其是后者，充分体现了审计的"保险"作用，钱颖一曾指出约束的核心问题是承诺的可信性问题，在相对完善的民事赔偿责任制度下，无疑大事务所的"财富"就起到了这样一种可信的质量担保作用（Dye, 1993）。法律责任机制的有效性主要受制于两个因素：审计失

---

① 沈宗灵，法理学，北京大学出版社，2000.

败的发现和审计师过失责任认定。① 在民事责任制度比较完善的情况下，因为受害人有更大的动力起诉审计师，审计失败的发现概率会大大增加。审计师的责任认定尽管一直以来都是个棘手的法律难题，但对于审计师来说这并不是问题的关键所在，关键的是因被起诉而陷入无休止的舆论丑闻之中，成为公众瞩目的焦点，这对于一个以良好公共形象为生命的职业来说无疑是致命的，"安达信"就是个典型的例子，尽管2005年5月美国最高法院推翻了三年前对它所做的有罪判决，但这无法挽回"安达信"已经毁灭的事实。因此，相对于声誉机制的运行约束，民事责任制度一旦确立，法律机制的运行更为简单有效（这只是从审计市场的角度而非法律的角度而言），民事诉讼风险对事务所的约束力就更强。

尽管声誉机制和法律机制都可以成为事务所审计质量的重要保证，但现实中究竟哪个机制更重要？或者说更有效？它们是两个独立的机制还是两者之间有着内在的联系？这个问题对于我国当前的政策制定尤为重要。Lennox（1999），Khurana和Raman（2004）曾对两者之间的效率差异进行了考察。Lennox基于这样一个简单的推理：按照声誉理论假设，大事务所遭到诉讼后会发生更多的客户损失，它们就会有动力保持较高的审计质量，以避免诉讼风险，因此现实中大事务所将会有更低的诉讼率。但如果按照"深口袋"理论，事务所规模越大，"口袋"越深，就越容易遭到诉讼。他发现在英国规模大的事务所更可能招致诉讼和非难，但同时又并不因此影响客户对它们的市场需求，这个结论与"深口袋"假设相一致，但与声誉理论相矛盾。Khurana和Raman从市场对"四大"审计质量的评价角度，对澳大利亚、加拿大、英国和美国进行了比较研究（前三个国家在经济体制上与美国非常相似但审计师面对的诉讼风险却大大低于美国），他们以股权融资成本作为财务报告可信性的替代指标，研究发现在美国，"四大"客户的股权融资成本相对于非"四大"客户更低，即市场认为"四大"客户的财务报告更可信，但在另外三个国家却没有得到类似的结论，由此推测诉讼风险而非声誉是"四大"保持审计质量的更为重要的因素。这些研究为我们提供了一个重要视角，即声誉机制和法律风险机制的运行效率问题，这种效率差异导致声誉和法律风险对审计质量保证所发挥的实际功能是不同的，甚至在发达的资本市场，法律诉讼风险对事务所的约束似乎也更有效。

---

① 1962年美国"债券持有人诉巴克雷斯建筑公司及毕马威会计师事务所"一案中，主审法官提出的三个问题，即申请表中是否有错误的表述、错误表述是否重大及审计人员是否履行了应尽的谨慎职责，成为此后的审判思路标准。其所体现的即审计失败认定和审计师责任认定。李若山，审计案例——国际审计诉讼案例，辽宁人民出版社，1998.

那么究竟是什么原因导致了两种机制所表现出来的效率差异？如果从审计风险的传递性后果来看，两种机制都有可能带来难以估量的损失，两者的根本区别就在于引发审计风险损失的前导机制——审计失败识别机制的效率差异。

声誉机制的功能主要依赖于审计失败识别机制的有效性，正如前文所分析的，无论是正式的审计质量监督机制还是市场自发的识别机制，发现审计失败的效率很低。而民事诉讼本身就是一种识别机制，因此两种机制受到的约束条件不同，声誉机制受到的约束更大。而从另一方面来看，现实中声誉机制和法律责任机制两者并不是孤立的，声誉机制是一种市场惩罚机制，当市场并不是那么有效时，法律一方面可以替代市场实施惩罚，但它的另一层更为重要的功能却是提高市场声誉机制的效率，后一功能主要通过民事责任制度得以实现。民事法律责任制度至少可以缓解前面所提到的声誉机制运行中的后两个问题，民事诉讼既是提高审计失败发现概率的重要途径，也是有关审计师"声誉瑕疵"的强烈信号，这种信号很容易为股价所捕捉，从而强制性地促进审计需求的传递，只要审计市场上存在一定的竞争，审计师的声誉损失就不可避免。因此，诉讼风险所带来的除了法律责任赔偿这一直接损失外，声誉的间接损失更难以确定，这也是国外陷入诉讼的事务所往往不及法庭判决而愿意尽快庭外和解的原因所在。所以从这个角度来看，应该说"声誉"始终是促使审计师保持审计质量的最终动力，声誉损失强化了法律风险的事前阻却功能，法律制度在执行过程中遇到的审计责任认定难题在审计市场中也因为声誉的作用而迎刃而解，法律风险机制起到的更多是一种促进性作用。

另外，法律责任机制对审计市场声誉机制的最初形成也有着巨大的推动作用，一个强大的事务所应当具备品牌、技术和资本，其中品牌的建立最为重要也最为困难，它需要事务所长期的声誉积累，但这个过程如果单纯地依靠事务所长期的自然积累是很难实现的，因为事务所最初的声誉来源是以审计质量为核心的，审计质量有别于一般的产品质量，即使事后也很难鉴定，仅依靠事务所的"道德自律"很难取信于外界，必须有事后的惩罚机制作为事前的担保，在事务所尚不具备足够的声誉积累之前，或者审计市场声誉机制缺乏效率的情况下，公众就不会预期声誉能够对事务所的审计行为产生约束，这时就需要寻求另外的保证机制，法律就是这样一个具备制度刚性的替代机制，它在约束事务所行为的同时，也在逐步地确立事务所的职业威信，从而推动事务所的声誉积累过程。"四大"的历史和现在就是一个最好的诠注，20世纪30年代，法定审计刚刚确立，美国会计职业处于羽翼未丰之时，当时的法律还带有职业保护的痕迹，如1931

年著名的厄尔马斯案①，但此后美国关于审计师的民事法律责任一直处于不断扩张之中，到六七十年代进入了诉讼爆炸时期，与此同时美国会计职业蓬勃发展，从 80 年代开始"四大"从"九大"历经合并，职业地位日益牢固，形成了一种"诉讼风险—声誉积累—规模化"的共生互动局面，即使其间经历了很多诉讼乃至"安达信事件"之后的职业危机，"四大"在美国资本市场中仍然是高质量审计的代名词。而与此相对照的是"四大"在不同法律体制下体现出来的审计质量差异近年来备受关注，如 Francis 等（2002）通过 27 个国家的大样本研究发现，在法律对投资者保护程度不同的国家，"五大"的审计行为以及对客户盈余管理的态度有着显著的差异。② 而市场对"四大"的这种机会主义行为也做出了相应的反应，Khurana 和 Raman（2004）的研究结论就证明在低诉讼风险环境中，市场对"四大"的审计质量并不认同。

可见，审计市场法律风险机制与声誉机制并非是两个独立的运行机制，两者之间的结合能够促进相互的运行效率，尤其是促进声誉的功能发挥。从此前对声誉机制和法律风险机制效率的比较研究结果来看，与其说后者的效率更高，不如说是在不同的法律体制下，由于诉讼风险的缺失降低了声誉机制的效率发挥。下面我们通过实证分析来考察我国这两个机制的实际运行状况。

4.2 我国审计市场法律机制效应考察

公众与研究者都普遍认为我国审计师违法的实际法律责任成本太低是促使审计师出具虚假审计报告的关键性因素，陈梅花（2001）通过问卷调查显示我国审计师出具虚假审计报告的主要原因并非其专业水平低（机构投资者约为 2%，其他投资者为 10%，弱），而是"迫于生计"和"处罚太轻"两个主要因素。李爽和吴溪（2003）从监管的视角比较系统地考察了我国证券市场中 2001 年度以前的审计报告行为，作者围绕监管政策对审计报告行为的影响效应这一主题，对诸如脱钩改制、独立审计准则颁布、中国证监会发布第 14 号文（2001）、市场禁入等监管政策对审计师出具审计意见行为的影响进行了实

---

① 此案中卡多佐法官认为审计师不负过失责任的理由之一就是过失责任会使会计师遭受"在不确定的时间对不确定的群体承担不确定数额的责任"，就会危及到会计业的生存。

② Francis, J. R., D. Wang and A. Nikitkov. The Effect of Legal Environment on Big Five Auditor Conservatism Around the World. working paper, 2002.

证检验。研究表明，尽管脱钩改制对审计质量有积极的促进作用，但从整体上来看，我国审计报告行为质量低下，存在较为明显的审计变通行为，行政监管的效果具有很大的有限性，即使在号称"证券市场监管年"的2001年，审计师的报告行为倾向也没有明显趋严的变化。而在2001年后国内外资本市场进一步强化审计中介法律制度建设的背景下，我国审计师面临的实际法律风险是否有所变化？对审计报告行为的约束功能是否得到了进一步加强？下面我们对这一问题进行考察分析。

4.2.1 我国审计师法律责任制度概况

法律责任形式具体包括行政法律责任、民事法律责任和刑事法律责任三种类型，民事法律责任最本质的性质在于其救济性（或补偿性），而行政法律责任和刑事法律责任最本质的性质则在于其惩罚功能。长期以来我国审计师的法律责任无论在法律规定方面，还是在实务中，均存在严重的偏重行政责任的现象，而在真正有效保护投资者权益的民事责任方面，却是法规建设中比较薄弱的环节（马永强，2005；文建秀，2002），现有的关于民事责任的法律规定其操作性也非常差，如缺乏对"第三人"的明确界定及相应的赔偿范围，对民事诉讼的不合理限制等，高成本的民事诉讼制度降低了审计师的实际民事法律风险。2005年我国《公司法》和《证券法》进行了修订，尽管在有关审计师的民事法律责任条款方面有了一定的改善，如新《证券法》第一百七十三条中明确了在审计报告有"虚假记载、误导性陈述或者重大遗漏，给他人造成损失的"，应承担连带赔偿责任，但具体的民事责任追究制度并没有实质性的进展。

我国属于大陆法系，有关审计师法律责任的规定主要体现在明确的法律条文中，如《注册会计师法》、《公司法》、《证券法》、《刑法》、《民法通则》等法律法规中，我们对有关条文进行了相关整理，从中可以看到当时我国审计师所处的法律责任制度的概貌（见附录4-1）。

4.2.2 我国审计师面临的实际法律风险考察

由于当前我国审计师面临的法律风险仍然主要以行政责任为主，以下我们通过我国会计职业的主要行政管理机构——证监会对审计师的公开处罚情况来分析我国审计师当前所面临的实际法律风险。

审计师面临的实际法律风险主要取决于审计违规行为被发现的概率大小和事后的惩罚力度。罗培新等（2005）曾对 1993～2004 年我国证券市场的违法违规情况及上市公司违法违规行为进行了统计分析（见表 4-1），截至 2004 年 12 月 31 日，中国证监会共立案查处案件 865 件，对 451 家机构和 862 人进行了行政处罚，移送公安机关案件 65 个，涉嫌犯罪人员 345 人。在这些违规案件中，信息披露违规是上市公司最主要的违规行为，未披露或未及时披露信息、虚假或严重误导性披露、业绩预测不实、擅自发布信息等行为总共达到 406 个/次，占上市公司违法违规行为总数的 83.03%，而在各类信息披露违规行为中，又以信息披露延误和不实占主流，并且在各个年度都是比较普遍的现象，可见，信息披露制度一直以来都是我国证券市场建设的最薄弱环节。与此同期，中国证监会历年来对会计师事务所及 CPA 的行政处罚，无论是在处罚频率还是处罚力度上，都处于一种相对较低的水平，1993～2005 年总共 13 年间，受到公开处罚的事务所仅为 35 家次，平均每年不到 3 家次，处罚注册会计师个人为 98 人次，平均每年不到 8 人次；处罚类型则以警告和罚款占最主要的方式，两者实施频率基本相当，从罚款金额大小来看，对事务所的单次最高罚款为 77 万元，对注册会计师个人为 30 万元，而都仅仅只发生在某个年度，其他年度的单次罚款金额都非常低，对个人的罚款通常是单次 5 万元（见表 4-2，表 4-3）。

表 4-1　中国证监会（交易所）处罚的上市公司违法违规行为统计表

年份	1993	1994	1995	1996	1997	1998	1999	2000	2001	2002	2003	2004	合计
未（及时）履行披露义务	2	14	7	1	1	2	32	8	29	32	40	52	220
虚假或严重误导性披露			2	1	4	3	17	11	18	11	13	20	100
业绩预测不实			8		8				26	14	3	15	74
擅自发布信息		5		5								2	12
违规配股	3	4			7		4	1	1				20
改变募股资金用途			1	3	4				1			3	12
炒作本公司股票			2	2	4								8

续表

年份	1993	1994	1995	1996	1997	1998	1999	2000	2001	2002	2003	2004	合计
内幕交易	1				1		2					1	5
其他行为		2		1	3		2	4	11	6	5	4	38
合计	6	25	20	13	32	5	57	24	86	63	61	97	489

资料来源：罗培新等，证券违法违规惩戒实效与制度成本研究，上证联合研究计划第十三期课题报告。

注：(1) 本数据系根据中国证券监督管理委员会公告统计而成，数据截至2004年12月31日；
(2) 统计口径：如果同一案件中涉及多项违法违规行为，以违规行为数计算；
(3) "其他行为"，主要包括大股东侵占上市公司资金、关联交易、违规委托理财等。

表4-2　　中国证监会历年对会计师事务所的行政处罚

年度	处罚事务所/家次	行政处罚类型							
		警告/次	罚款/次	罚款金额/万元	单次最高/万元	没收/次	没收金额/万元	单次最高/万元	暂停/次	建议撤销/次
1993	1	1	—	—	—	—	—	—	—	—
1996	1	1	1	40	—	—	—	—	1	—
1997	1	1	—	—	—	—	—	—	—	—
1998	6	4	4	150	60	1	30	30	3	1
1999	4	4	3	64.8	30	3	42.8	24.8	—	—
2000	5	5	4	162	77	4	187	77	—	—
2001	4	3	3	55	25	—	65	25	—	—
2002	4	2	1	15	15	2	45	30	—	—
2003	3	—	3	35	15	1	30	30	—	—
2004	4	3	3	105	60	—	—	—	—	—
2005	2	1	2	50	30	—	—	—	—	—
合计	35	25	24	676.8	77	14	399.8	77	4	1

资料来源：中国证监会首席会计师办公室，2005年证券期货相关审计市场分析，中国证券报，2006.9.28.

注：(1) "处罚家次"表示被处罚的会计师事务所数量及次数，同一事务所如在一年内被处罚两次以上按两家次以上计算；
(2) "行政处罚类型"所列次数累计值与处罚事务所家次不一定相同，因为同一事务所可能同时被施以警告、罚款或其他类型的行政处罚。

表 4 – 3　　　　　中国证监会历年对 CPA 的行政处罚

年份	处罚 CPA/人次	行政处罚类型						
		警告/次	罚款/次	罚款金额/万元	单次最高/万元	暂停/次	吊销资格/次	永久禁入/次
1998	12	6	—	—	—	3	1	2
1999	10	8	4	12	3	2	—	—
2000	22	17	12	39	5	1	2	—
2001	16	5	11	91	30	8	—	—
2002	9	4	5	19	5			
2003	10	8	8	36	5	1		
2004	12	7	5	23	5			
2005	7	1	6	26	5			
合计	98	56	51	246	30	15	3	2

资料来源：中国证监会首席会计师办公室，2005 年证券期货相关审计市场分析，中国证券报，2006.9.28。

注：(1) "处罚 CPA 人次"表示被处罚的 CPA 人数及次数，同一 CPA 如在一年内被处罚两次以上，按两人次以上计算；

(2) "行政处罚类型"所列次数累计值与处罚 CPA 人次不一定相同，因为同一 CPA 可能同时被施以警告、罚款或其他类型的行政处罚。

审计制度是资本市场信息披露质量保证的最后一道防线，从上述证监会历年来对会计师事务所及 CPA 的行政处罚来看，对于我国上市公司中大量存在的信息披露违规现象，我国的会计职业界似乎并没有存在大规模的失职现象，然而，审计师是真地尽到了自己应尽的责任，还是证监会在监管过程中存在着大量的疏漏，以致发现审计失败的概率非常低？为此，我们进一步考察了 2002～2005 年度因信息披露受到证监会处罚的上市公司涉案年度的审计意见情况（数据来源于中国证监会网站处罚公告），并对同时涉及审计师处罚的处罚公告中列举的审计报告行为进行了考察，表 4 – 4 列示了统计结果。

表 4 – 4　　　2002～2005 年信息披露违规公司审计意见情况统计表

披露类型及审计意见类型	违规公司 1 涉案财务报告/年度数	违规公司 2 涉案财务报告/年度数	受罚审计师涉案审计报告/年度数
1. 临时公告	21	7	—
2. 中报	24	5	—
其中：标准无保留意见	3	3	2
未审	21	2	—

续表

披露类型及 审计意见类型	违规公司1涉案 财务报告/年度数	违规公司2涉案 财务报告/年度数	受罚审计师涉案 审计报告/年度数
3. 年报：	75	54	27
其中：标准无保留意见	51	43	23
无保留意见加事项段	15	3	3
保留意见	2	4	1
保留意见加事项段	5	2	—
拒绝表示意见	2	2	—

注：1. 违规公司1指不涉及审计师处罚的公司，违规公司2指涉及审计师处罚的公司；2. 涉案年度数据根据证监会处罚公告中的对违规情况及处罚事由的阐述中获得。

在这一期间，受处罚公司为76家次70家公司，其中有8家次是因未及时披露年报或中报受处罚（表4-4未统计在内），有4家次在虚假信息披露中仅仅涉及临时公告或未审财务报告（中报），18家次违规公司处罚同时涉及了对审计师（事务所或个人）的处罚。从统计结果我们可以看到，审计师对违规公司的虚假财务报告（含中报）所出具的审计意见，标准无保留意见占了绝大多数，达到了74.07%（100/135），如果考虑未被发现或未被处罚的隐性违规公司，可以推断这一比例将会更高。由此可见，审计师对于我国资本市场上虚假财务信息的泛滥是难辞其咎的，证监会的处罚公告所显示的仅仅是冰山一角。

从涉及对审计师的处罚情况来看，如果单独从处罚审计师公告中阐述的处罚事由来看，对虚假信息披露公司出具标准无保留意见是一个最重要的理由，从证监会在处罚审计师公告中所列举的理由来看，审计师在涉案年度出具的审计报告中，标准无保留意见的次数为25次，非标准审计意见只有4次（其中有3次是无保留意见加强调段，在理论上与标准无保留意见并无实质上差别），这似乎表明出具非标准审计报告行为能够降低审计师事后的法律责任风险，然而如果我们做更进一步的分析，则会发现事实并非如此简单。比较违规公司1（没有涉及审计师处罚）与违规公司2（涉及审计师处罚）涉案年度的审计意见情况，前者被出具标准无保留意见的比例为69.24%（54/78），后者的这一比例为80.70%（46/57），卡方（χ^2）检验的结果显示，检验统计量 Pearson Chi-Square 值为2.257，显著性水平 Sig.（2-sided）为0.133，即不能拒绝审计师受到处罚与其发表的审计意见两者之间是独立的零假设，表明违规公司1与违规公司2涉案年度的财务报告审计意见行为并没有显著性的差别，审计意见行为并不是区分审计师是否会受到行政处罚的决定性因素。这一结果在一定程度上揭示了当前我国证监会对会计职业进行行政监管的主要弊端之一——行政不当及由此引发的约束软化问题。行政不当源于行政主体的自由裁量行为，行政主体在法律规定的裁量范围内，对法律没有做出详尽规定的事件可以根据实际情况自行选择做出决定。根据行政不当的行为方式，又可分为行政失衡与行政迟缓，前者指行政主体在行使行政自由裁量权时对相对人做出的相同的行为做出截然不同的处理决定，后者指行政主体在实施具体行政行为时不适当地迟延自由裁量权的行使，这两种行为都会淡化行政处罚的惩戒功能，影响其严肃性和实际有效性。上述分析显示，从审计报告行为的最终结果来看，证监会的处罚行为存在明显的行政失衡现象，这一行为可能产生于以下原因：其一，在对审计师进行监管时，由于监督力量的薄弱，发现审计失败的概率及个案分布有着较大的随机性；其二，由于证监会身兼国家政策执行者和行业监管者，在不同时期，基于不同的监管需要和政策采取不同的处罚标准和尺度，这种阶段性的政策导向特征妨碍了行政执法行为的前后不一致；其三，在违规处理过程中不适当地运用自由裁量权。并且从以往的经验来看，证监会对审计师的行政责任和刑事责任的追究往往是在其违法违规行为比较严重且已经造成了明显的不良社会影响后才付诸实施的，即存在行政迟缓的弊端，因此很难保证惩罚的时效性和监督的持续有效性。这些行政失当行为使得审计师面对的法律责任风险环境具有鲜明的"软约束"特征，容易极大地诱发审计师的侥幸心理和机会主义行为。

另外，事后处罚的后果轻微也是促使我国审计师忽视行政处罚的重要原因，从我国证监会历年来对会计师事务所及 CPA 的行政处罚情况来看，相比较于美国《萨班斯—奥克斯利法案》中对违规会计师事务所及个人的处罚和制裁规定，我国现行的处罚力度可以说是微不足道，法律损失后果的不确定性大大降低。综合上述原因分析，可以认为我国审计师目前所面临的实际法律风险仍然是非常低的。同时，由于证监会是当前我国会计职业最主要的质量监督机构，从它的表现也可以推论我国正式的审计失败识别机制的运行效率是很低的。

表 4-5　　　　　　　　　　　Chi – Square Tests

	Value	df	Asymp. Sig. (2 – sided)
Pearson Chi – Square	2.2565[a]	1	0.1331
Likelihood Ratio	2.3069	1	0.1288
N of Valid Cases	135		

a. 0 cells (.0%) have expected count less than 5. The minimum expected count is 14.78.

4.3 我国审计市场声誉机制效应考查

对审计师声誉机制的研究可以概括为两类：一类是考查审计师声誉对其客户经济后果的影响，包括正面影响和负面影响。如公司新股发行抑价、股权融资成本、会计信息价值相关性等研究领域中的会计师事务所声誉假说及实证检验；另一类是直接考查审计师声誉对审计师自身的影响。如有关审计收费的研究表明，职业声誉高的事务所（如"四大"）通常可以获得更高的审计收费（Francis and Simon, 1987; Craswell et al., 1995）。这些研究结果均表明审计师的声誉与一定的经济后果相联系。我们在本书中采用的是第二种思路，通过审计失败是否会引发审计师自身的声誉损害对我国审计市场声誉机制的有效性进行考查。按照声誉理论，审计师声誉是传递审计质量的一种重要信号，便于市场对不同质量的审计师加以区分和选择，存在"声誉瑕疵"的审计师会发生声誉损害，这种损害将直接体现为审计师经济利益的损失，如现有客户的流失。发生了审计失败并被市场察觉的审计师就存在明显的"声誉瑕疵"，但这种"声誉瑕疵"是否会对审计师产生实质上的声誉损害，则是判断一个市场声誉机制是否存在并发挥作用的标志，在本书中我们试图通过实证检验审计失败对审计师声誉损害的影响后果来验证我国审计市场声誉机制的有效性。

4.3.1 研究假设

国外大量研究表明，具有良好职业声誉的审计师有助于降低 IPO 的发行抑价（Simunic and Stein, 1987; Balvers et al., 1988; Beatty, 1989; Datar et al., 1991），有助于降低股权融资成本（Fama and French, 1993; Francis et al., 2005），其客户的盈余反应系数更高（Teoh and Wong, 1993）。相反，审计失败对审计师的声誉损害则会对其客户造成负面影响，如 Chaney and Philipich (2002) 对"安然事件"后安然公司审计师安达信的客户的股票市场反应的研究，发现审计失败对安达信客户的累积市场异常回报率造成了显著的不利影响。从国内的研究来看，李树华（1999, 2000）、吴溪（2001）的研究表明，我国上市公司存在对高质量审计师的规避现象，由此认为我国尚缺乏对高质量审计的自愿性需求。周学峰（2004）对我国资本市场中监管方、发行公司及投资者的审计需求进行了分析，认为由于我国资本市场本身的制度缺陷导致了其缺乏对高质量审计的需求。但李树华、吴溪的研究结论存在很大的不确定性，市场对高审计质量的背离也可能是由于我们在前面所分析的另外两个原因，并且在研究中他们是以非标意见作为审计独立性（审计质量）的替代指标，相对于这一指标，被市场察觉的审计失败的信号显示更为强烈，更容易引起社会公众的注意，转而对其客户公司的财务报告信息产生质疑，并对公司价值评价产生负面影响。方军雄、许平、洪剑峭（2006）采用与 Chaney 和 Philipich（2002）类似的方法研究了我国银广夏公司审计师中天勤的客户市场反应，验证了在中国审计失败同样会对其客户公司造成不利经济后果，而审计师声誉的这种经济后果性必然会影响到公司对审计师的选择，因此，我们预计审计失败会对审计师的声誉造成损害，进一步来说，我们从审计师现有客户的流失（即客户保持能力）及获得新客户的能力两方面来考察审计师受到的声誉损害，并提出下面两个假设：

假设1：审计师是否发生审计失败与其客户保持能力负相关

假设2：审计师是否发生审计失败与其客户获得能力负相关

此外，先前的大部分研究都是单纯地就审计师声誉的经济后果性进行研究，并没有结合审计市场的其他因素对审计师声誉机制效应进行更为深入的研究，而实际上这些因素将会对声誉机制的作用发挥及程度产生影响，如 Jan Barton（2005）发现"安然事件"后公司的特征差异（如在资本市场上不同的暴露程度）会对原安达信客户换所的速度及类型产生决定性的影响，说明了在审计市场中审计师声誉机制的效应会受到其他因素的干扰，并非在任何情况下都发挥同样的作用，进一步对这一机制的作用过程进行研究也许是重要的。市场竞争就是其中一个不容忽视的因素，根据垄断经济学理论，处于垄断地位的一方拥有相对市场力量和更多的选择权，因此处于不同市场竞争结构中的审计师与客户公司都可能拥有相对市场力量，声誉机制效用的发挥也应该具有明显的差异。当市场具有一定的高质量审计需求时，就会促使客户选择远离声誉不佳的审计师，如果竞争越充分，客户公司选择审计师的自由越大，审计失败对声誉损害效应越大。因此，本书在下面的研究设计中所关注的不仅仅是我国审计市场声誉机制的存在与否，特别地，我们同时考察了市场竞争因素对这一机制的重要影响。但问题是我们如何刻画这种市场竞争程度以及双方的市场力量，是从整体市场的角度还是以某种标准划分的子市场的角度？不同划分标准所得到的结论可能存在很大差异。由于整体市场与子市场及不同子市场之间的竞争结构也许完全不同，各事务所除了总所以外，往往还有数量不一的分支机构，这些具体执业机构的地域分布并不均匀，因此各个事务所面临的市场竞争结构实际上是不相同的。因此，从事务所分支机构（具体执业机构）及所在地层面来分析审计市场结构能够更准确地刻画某个事务所所处的市场竞争状况，这一点也为国外研究所证实（Bandyopadhyay and Jennifer, 2004; Chan et al., 2001; Francis et al., 1999）。由于我们无法得到有关事务所分支机构的具体明细资料（如分支机构的客户情况），单单从某个子市场也无法衡量事务所在整体层面所面临的综合竞争程度，基于本书的研究目的，我们采取了下述方法来度量某个事务所面临的市场竞争及其市场力量：首先，我们以省级行政区划（包括省、自治区、直辖市）作为"地域"标准将我国审计市场划分为30个子市场作为市场竞争的分析基础①；其次，以事务所具体的执业机构（包括总所和分支机构）所在的子市场中客户公司的数量与事务所执业机构的总数之比来衡量每个事务所面临的本地市场竞争状况，再以此为基础计算每个事务所的综合竞争系数，我们采用这一系数来刻画特定事务所面临的市场竞争程度和整体市场地位（具体计算见下文的变量定义）。通过事务所面临的市场竞争差异，我们可以看到审计师处于不同市场竞争地位时声誉效应的差异。在此基础上提出第三个假设：

假设3：审计失败产生的声誉损害效应与市场竞争程度正相关

4.3.2 模型及变量定义

本书采用多元回归分析的方法对我国审计市场竞争、审计失败及审计师声誉之间的关系进行研究，根据上述分析及研究假设，我们建立了如下基本模型：

$$MLOST_i = \beta_0 + \beta_1 Z1_i + \beta_2 Z2_i + \beta_3 Z3_i + \beta_4 Comp1_i + \beta_5 Z1_i \times Comp1_i + \beta_6 Z2_i \times Comp1_i + \beta_7 Z3_i \times Comp1_i + \beta_8 Control + \beta_9 Year + \varepsilon \quad (4-1)$$

$$MIPO_i = \beta_0 + \beta_1 Z1_i + \beta_2 Z2_i + \beta_3 Z3_i + \beta_4 Comp2_i + \beta_5 Z1_i \times Comp2_i + \beta_6 Z2_i \times Comp2_i + \beta_7 Z3_i \times Comp2_i + \beta_8 Control + \beta_9 Year + \varepsilon \quad (4-2)$$

$$MSWI_i = \beta_0 + \beta_1 Z1_i + \beta_2 Z2_i + \beta_3 Z3_i + \beta_4 Comp3_i + \beta_5 Z1_i \times Comp3_i + \beta_6 Z2_i \times Comp3_i + \beta_7 Z3_i \times Comp3_i + \beta_8 Control + \beta_9 Year + \varepsilon \quad (4-3)$$

$$MALL_i = \beta_0 + \beta_1 Z1_i + \beta_2 Z2_i + \beta_3 Z3_i + \beta_4 Comp4_i + \beta_5 Z1_i \times Comp4_i + \beta_6 Z2_i \times Comp4_i + \beta_7 Z3_i \times Comp4_i + \beta_8 Control + \beta_9 Year + \varepsilon \quad (4-4)$$

---

① 按照中国证监会首席会计师办公室《谁审计中国证券市场》的划分，将西藏并入四川作为一个子市场。

上述各变量及指标定义如下：

（1）审计师声誉损害变量，具体包括以下指标：

客户保持能力指标 $MLOST_i$：事务所 i 当年客户流失数量占当年审计市场客户流失总量的比例；

客户获得能力指标，由于上市公司在 IPO 和更换事务所的选择时，对审计师声誉及其他影响因素的考虑可能会存在差异，因此，我们同时单独考查了事务所在 IPO 和更换事务所两种情况下的客户获得能力。

$MIPO_i$：事务所 i 当年获得的 IPO 市场份额，即事务所 i 当年获得的 IPO 客户数量/当年 IPO 公司总数；

$MSWI_i$：事务所 i 当年获得的换所客户市场份额，即事务所 i 当年获得的换所客户数量/当年发生换所的公司总数；

$MALL_i$：事务所 i 当年获得的新客户（包括 IPO 和换所客户）市场份额，即事务所 i 当年获得的新客户数量/当年 IPO 和发生换所公司总数。

以上指标均按客户数量计算。[①]

（2）审计失败变量（Z）。我们以审计师因财务报告审计受到证监会公开处罚表示审计失败，并以处罚公告前一年（该时期往往是调查期）、处罚公告当年以及处罚公告次年为三个时段，旨在考查审计失败对事务所声誉的影响是否存在不同的时间效应：

$Z1_i$：事务所 i 处于处罚公告前一年时为 1，否则为 0；

$Z2_i$：事务所 i 处于处罚公告当年时为 1，否则为 0；

$Z3_i$：事务所 i 处于处罚公告次年时为 1，否则为 0。

（3）市场竞争变量（Comp）。用各个事务所当年的市场综合竞争系数来衡量其在当年所处的市场竞争状况，针对审计师声誉的 4 个不同指标，相应地采用了 4 种市场竞争系数，竞争系数越大，则该事务所面临的竞争状况越缓和。具体计算如下：

$Comp1_i$：$\sum$ 事务所 i 执业机构（含总所及分支机构）所在地当年上市公司数量/$\sum$ 同地域事务所执业机构数量，对应指标 $MLOST_i$；

[①] 计算 2001 年事务所的客户流失比例时，因强制性撤销的五家事务所（中天勤、华伦、北京中天信、深圳同人、深圳华鹏）以及中京富的客户流失不进入计算；因合并等原因存在前后承继关系的事务所之间转入转出的客户不视为换所，如 2002 年安达信客户转入普华永道，2003 年天一客户转入中兴华与中和正信，2005 年北京天健客户转入德勤；2003 年涉及中和正信与中兴华两家事务所的相关数据不进入计算。

Comp2$_i$：$\sum$ 事务所 i 机构（含总所及分支机构）所在地当年 IPO 公司数量/ $\sum$ 同地域事务所执业机构数量，对应指标 MIPO$_i$；

Comp3$_i$：$\sum$ 事务所 i 机构（含总所及分支机构）所在地当年换所公司数量/ $\sum$ 同地域事务所执业机构数量，对应指标 MSWI$_i$；

Comp4$_i$：$\sum$ 事务所 i 机构（含总所及分支机构）所在地当年 IPO 及换所公司数量/ $\sum$ 同地域事务所执业机构数量，对应指标 MALL$_i$。

(4) 审计失败变量与市场竞争变量的交乘项（Z×Comp）。旨在考查审计失败的声誉损害效应是否与市场竞争因素相关，分别用 Z1、Z2、Z3 与各事务所当年竞争系数的交乘项表示。

(5) 控制变量（Control）。由于我们是用事务所的有关市场份额指标来替代审计师声誉损害，因此应控制其他影响事务所市场份额的因素，包括以下事务所及其客户的相关特征变量：

Quality$_i$：事务所客户质量指标，用事务所 i 上年度"T"类公司及亏损公司所占比例表示，其中净利润小于零或扣除非经常性损益项目后净利润小于零的情况均视为亏损；①

Opinion$_i$：事务所审计意见类型，用事务所 i 上年度出具的非标意见比例表示，以前的研究发现收到非标意见的上市公司更容易更换事务所，而且事务所出具的审计意见类型是一个很容易观察的指标，传递了有关事务所"保守"程度的信号，对客户的审计需求会产生一定的影响；

Size1$_i$，Size2$_i$：事务所规模指标，前者以事务所 i 上年度客户数量表示，后者以事务所 i 上年度平均客户资产总额的自然对数表示。这两个指标从不同的角度刻画了事务所的规模特征，后者更进一步地体现了事务所的客户类型；

Influence$_i$：事务所审计覆盖范围，用事务所 i 总所及分支机构当年所覆盖的行政区域数量来表示，审计覆盖范围越大，事务所的市场开拓能力越强，获得的市场份额越多。

(6) 年度变量（Year）。因所用的数据是混合截面数据，以 2001 年为基年，用 4 个哑变量分别表示数据所处的不同年度：

---

① 中国证监会首席会计师办公室《谁审计中国证券市场》用这一指标来衡量事务所对市场开拓的激进程度，称为激进系数。

Y02：当数据所处年度为 2002 年时为 1，否则为 0；
Y03：当数据所处年度为 2003 年时为 1，否则为 0；
Y04：当数据所处年度为 2004 年时为 1，否则为 0；
Y05：当数据所处年度为 2005 年时为 1，否则为 0。

4.3.3 样本选取及数据来源

本书选择 2001～2005 年对发行 A 股上市公司年度报告进行审计的会计师事务所为总样本，在这一期间因财务报告审计受到证监会公开处罚的事务所为审计失败样本，之所以选择从 2001 年为起始期，是因为截止到 2000 年年底，我国事务所完成了脱钩改制及规模化合并之后，审计市场相对比较稳定。研究的整体样本为 2001～2005 年 A 股市场上具有期货证券业务资格的事务所。

事务所因合并等原因存在前后承继关系的，视为是同一实体，因此如果是对事务所前身进行的处罚，其影响效应由现在的事务所承担，如 2002 年对原珠海嘉信达的处罚，我们考查的是对当时利安达信隆的影响。

研究中所用到的数据来自中国证监会网站、中注协网站及国泰安信息有限公司研制的 CSMAR 数据库，缺失数据通过查阅公司年报获得。数据处理采用 Eviews4.0 和 SPSS13.0 统计软件。

表 4-6   样本分布情况表

观测样本（家）	年份	2001	2002	2003	2004	2005	合计
事务所总体样本		71	70	70a	72	70	353
处于处罚公告前年事务所		5	5	5	3	0	18
处于处罚公告当年事务所		4	5	5	5	3	22
处于处罚公告次年事务所		7	4	4	5	5	25

注：a2003 年中和正信与中兴华由原天一会计师事务所拆分而来，无法以上年数据进行分析，因此在 2003 年剔除此两家；浙江东方中汇因注册时间原因从 2003 年开始计入观测样本；中审 2002 年年初因审计执业问题被证监会要求限期整改，计入 2002 年处罚样本。

4.3.4 实证结果

描述性统计及多元回归结果分别如表 4-7、表 4-8 和表 4-9 所示。我们对模型进行了残差正态性检验，得到的检验结果不能拒绝残差服从正态分布的假设。方差膨胀因子（VIF）、特征根及 D - W 值的检验结果表明模型不存在多重共线性和自相关性。为了避免可能存在的异方差，我们采用了怀特异方差修正法（White Heteroskedasticity—Consistent Covariance）所得到的 t 检验值。

从表 4-7 对各变量的描述性统计结果来看，有关审计师声誉损害的四个指标的均值及中位数都在基本相同的水平上，因变量的分布比较均匀。各变量的 Pearson 相关系数表（见附录 4-2）显示审计失败变量除了 Z1 与客户流失比例在 5% 的水平上正相关，其他都没有统计意义上的相关性。而市场竞争变量则与相对应的因变量在 1% 或 5% 的水平上显著相关。此外，审计师上年度拥有的客户数量、客户组合质量及其执业机构覆盖的地域数量变量均与各审计师声誉变量之间存在显著相关性。自变量之间的相关系数最大的是 Quality 与 Opinion（0.557），表明客户组合质量越低上年度被出具的非标意见比例越高。

表 4-7　　各变量的描述性统计

变量	样本数	最小值	最大值	均值	标准差	中位数
MLOST	353	0	0.1275	0.0141	0.0191	0.0097
MALL	353	0	0.1188	0.0142	0.0162	0.0099
MIPO	353	0	0.1333	0.0142	0.0206	0.01
MSWI	353	0	0.1765	0.0142	0.0213	0.0097
Z1	353	0	1	0.0510	0.2203	0
Z2	353	0	1	0.0623	0.2421	0
Z3	353	0	1	0.0708	0.2569	0
Comp1	353	2.5161	27.5	6.0322	3.1953	5.0645
Comp2	353	0	4	0.3555	0.4373	0.2821
Comp3	353	0	4	0.6715	0.6868	0.4667
Comp4	353	0	6	1.0085	0.8649	0.7308
Z1 × Comp1	353	0	9.7143	0.2985	1.3546	0
Z2 × Comp1	353	0	11	0.3604	1.4754	0
Z3 × Comp1	353	0	11.1667	0.4439	1.7236	0
Z1 × Comp2	353	0	1.1429	0.0184	0.0937	0
Z2 × Comp2	353	0	0.6667	0.0163	0.0776	0
Z3 × Comp2	353	0	1.1429	0.0265	0.1230	0
Z1 × Comp3	353	0	2	0.0392	0.2045	0
Z2 × Comp3	353	0	1.6667	0.0372	0.1724	0
Z3 × Comp3	353	0	2	0.0469	0.2192	0

续表

变量	样本数	最小值	最大值	均值	标准差	中位数
Z1 × Comp4	353	0	3.1429	0.0563	0.2870	0
Z2 × Comp4	353	0	2	0.0526	0.2300	0
Z3 × Comp4	353	0	3.1429	0.0723	0.3304	0
Size1	353	0	87	16.5700	11.6850	15
Size2	353	0	24.6858	21.0624	2.6148	21.2609
Quality	353	0	1	0.2249	0.1898	0.2
Opinion	353	0	1	0.1186	0.1391	0.0909
Influence	353	1	11	2.3500	1.8440	2

多元回归结果表明，我们建立的基本模型在整体上是显著的（F 统计量的 P 值均为 0.0000），调整后的 R-squared 均在 17%～20%，模型具有一定的解释力度。比较四个回归模型的结果，审计失败对审计师的声誉损害主要体现在处罚公告前一年（即调查期）及处罚公告当年，并且对客户流失的影响更为显著。在审计师获得客户能力方面，IPO 公司相对于换所公司更关注审计师声誉。在四个模型中，市场竞争因素、审计师上年拥有的客户数量、审计师执业机构覆盖范围与审计师客户变动均呈显著相关性，但市场竞争因素对审计失败声誉效应的影响却较为复杂。具体分析如下：

从表 4-8 的回归结果来看，如果单独地就审计失败和市场竞争因素对客户流失的影响来看，审计师处于处罚公告前一年与其客户流失正相关，并在 0.0249 水平上显著，表明审计失败的确会对审计师造成声誉损害。市场竞争系数与审计师客户流失负相关，但不显著，表明审计师面临的市场竞争越激烈（市场竞争系数越小），客户流失越大。再进一步地结合市场竞争因素来看审计失败对其客户流失的影响时，我们发现市场竞争对审计声誉机制有着显著的影响（Z1 × Comp1 在 0.0161 水平上显著），具体地说，当发生审计失败时，审计师处于处罚公告前一年（Z1）对客户流失的偏效应为 0.0507～0.0072 × Comp1，也就是说，当市场竞争系数（Comp1）越小，市场竞争越激烈时，审计失败对客户流失的影响更大，声誉效应更明显，当 Comp1 ≥ 7.0417 时，声誉效应就几乎不存在了，这与预期的结论相一致。处罚当年（Z2）和次年（Z3）及其与市场竞争变量的交互项 Z2 × Comp1、Z3 × Comp1 在统计上不显著。

从表 4-9 的回归结果来看，我们发现当不区分审计师获取 IPO 客户和换所客户的能力时，审计失败变量 Z1、Z2、Z3 与因变量 MALL 之间皆不显著，其中单独地看 Z2 和 Z3 的系数为正，但与市场竞争系数联合考虑时，其系数仍然可能为负，如在市场竞争系数均值水平上，其系数分别为 -0.0022、-0.0043。[①] 市场竞争变量 Comp4 与审计师获取新客户的能力正相关，且显著性水平为 1%，这意味着审计师面临的市场竞争越缓和，审计师能够获得较多的市场份额。交互项 Z2×Comp4 和 Z3×Comp4 分别在 5% 和 10% 的水平上与因变量 MALL 呈负相关，表明审计失败与市场竞争因素两者之间存在交互效应。

当区分 IPO 客户和换所客户来分别考查审计失败对审计师获得客户能力的影响时，结果表明，审计师处于处罚公告前一年与其获取的 IPO 市场份额负相关，并在 5% 的水平上显著，与朱红军等（2004）研究结论相一致，他们在研究中同样发现了审计师是否受到监管部门处罚与其所获得的 IPO 市场份额显著负相关。[②] 市场竞争系数则在 1% 的水平上与 IPO 市场份额显著正相关，表明在市场竞争缓和的情况下，审计师能够获得较多的市场份额，其市场表现更好。审计失败变量 Z1 与市场竞争因素 Comp2 的交乘项在 10% 的水平上显著正相关，表明审计失败与市场竞争因素对审计师声誉存在一定的交互效应，具体来说，当联合考虑市场竞争因素的影响时，Z1 对 IPO 市场份额（MIPO）的偏效应为 -0.0092 + 0.0135 × Comp2，即当市场竞争系数越小，市场竞争越激烈时，审计失败对审计师声誉损害的负面影响更大。此外，审计师上年度拥有的客户数量变量 Size1 与其 IPO 市场份额在 1% 的水平上正相关，客户质量变量 Quality 与 IPO 市场份额在 1% 的水平上显著负相关，说明了在审计师声誉与客户声誉两者之间存在着"双向互动效应"，即良好声誉的审计师能够为其客户带来经济利益，拥有优质客户也有助于提升审计师的声誉。

在以获取换所客户能力为声誉损害指标模型中，代表审计失败的三个时期变量指标皆不显著，市场竞争变量 Comp3 与审计师获取的换所客户市场份额在 5% 的水平上显著正相关，交互项 Z2×Comp3 在 10% 的水平上显著正相关。Size2 与客户获取能力在 5% 的水平上显著负相关，这与换所公司的特征相符合，根据证

---

① Z2、Z3 对 MALL 的偏效应分别为 0.0119 - 0.0140 × Comp4、0.0017 - 0.0059 × Comp4，将 Comp4 的均值 1.0085 代入，得到在 Comp4 的平均值上，Z2 对 MALL 的影响为 -0.0022，Z3 对 MALL 的影响为 -0.0043。

② 朱红军、夏立军、陈信元（2004）对我国 2001~2002 年 IPO 审计市场的需求特征的实证考察发现，审计师是否受过监管部门处罚与其获得的市场份额显著负相关。

监会数据分析,换所公司的盈利情况普遍较未换所公司差,风险较大,客户平均规模较大的审计师其客户组合质量较高,对这类客户业务的承接可能会保持更大的谨慎性。变量 Size1 和 Influence 与因变量显著正相关,表明这两个因素都有助于审计师换取更多的市场份额。

表 4 – 8　　　　　事务所客户保持能力模型回归结果

自变量	因变量:MLOST			
	Coefficient	Std. Error	t – Statistic	Prob.
Constant	– 0.0002	0.0042	– 0.0490	0.9610
Z1	0.0507	0.0225	2.2531	0.0249 **
Z2	0.0101	0.0098	1.0251	0.3061
Z3	0.0001	0.0103	0.0090	0.9929
Comp1	– 0.0004	0.0002	– 1.6242	0.1053
Z1 × Comp1	– 0.0072	0.0030	– 2.4192	0.0161 **
Z2 × Comp1	– 0.0019	0.0016	– 1.2079	0.2279
Z3 × Comp1	0.0000	0.0012	0.0009	0.9993
Size1	0.0007	0.0001	7.0730	0.0000 ***
Size2	0.0001	0.0002	0.8784	0.3804
Quality	– 0.0003	0.0062	– 0.0601	0.9521
Opinion	– 0.0004	0.0062	– 0.0601	0.9521
Influence	0.0111	0.0081	1.3768	0.1695
Y02	0.0017	0.0006	2.9790	0.0031 ***
Y03	– 0.0032	0.0028	– 1.1424	0.2541
Y04	– 0.0045	0.0030	– 1.5097	0.1321
Y05	– 0.0047	0.0034	– 1.3925	0.1647
R-squared	0.2670	Mean dependent var		0.0141
Adjusted R-squared	0.2321	S. D. dependent var		0.0191
S. E. of regression	0.0168	Akaike info criterion		– 5.2939
Sum squared resid	0.0943	Schwarz criterion		– 5.1077
Log likelihood	951.3718	F-statistic		7.6485
Durbin – Watson stat	2.0236	Prob (F-statistic)		0.0000

注:表中各模型的有效观测值均为 353 个。表中所列示的结果全部为 Eviews4.0 计算的结果,t – Statistic 为经 White 异方差修正后的 T 检验值,D – W 为杜宾 – 沃尔森检验值。*** 表示在 1% 的水平上显著,** 表示在 5% 的水平上显著,* 表示在 10% 的水平上显著。

表 4-9　　　　　　　　事务所客户获得能力模型回归结果

自变量	因变量		
	MIPO	MSWI	MALL
Constant	-0.0088 -0.8166	0.0017 0.3817	-0.0025 -0.4352
Z1	-0.0092 -2.1750**	-0.0073 -1.1392	-0.0066 -1.3438
Z2	-0.0079 -1.2913	0.0084 0.9893	0.0119 1.5029
Z3	0.0057 0.6615	0.0021 0.3347	0.0017 0.3249
Comp2	0.0138 5.4036***		
Z1 × Comp2	0.0135 1.8253*		
Z2 × Comp2	0.0344 1.0611		
Z3 × Comp2	-0.0089 -0.7886		
Comp3		0.0056 2.0145**	
Z1 × Comp3		0.0044 0.5801	
Z2 × Comp3		-0.0158 -1.9325*	
Z3 × Comp3		-0.0100 -1.6004	
Comp4			0.0042 3.1467***
Z1 × Comp4			0.0020 0.5013
Z2 × Comp4			-0.0140 -2.3741**
Z3 × Comp4			-0.0059 -1.8298*

续表

自变量	因变量		
	MIPO	MSWI	MALL
Size1	0.0005 3.3816 ***	0.0005 2.5109 **	0.0005 3.4315 ***
Size2	0.0005 1.1142	-0.0005 -2.0804 **	-0.0001 -0.4256
Quality	-0.0139 -2.6183 ***	0.0088 1.6290	0.0026 0.6229
Opinion	0.0051 0.7688	0.0101 1.0488	0.0068 0.9186
Influence	0.0003 0.5747	0.0033 4.8992 ***	0.0027 4.8551 ***
Y02	0.0000 0.0049	0.0016 0.5668	0.0010 0.5029
Y03	-0.0001 -0.0421	0.0008 0.2427	0.0004 0.1662
Y04	-0.0029 -1.2057	-0.0006 -0.1817	-0.0013 -0.6398
Y05	0.0018 0.3893	-0.0025 -0.8600	-0.0017 -0.7028
R-squared	0.2136	0.2099	0.2688
Adjusted R-squared	0.1762	0.1723	0.2339
F-statistic	5.7048	5.5796	7.7185
Prob（F-statistic）	0.0000	0.0000	0.0000
Durbin - Watson stat	1.9872	1.9541	1.9273

注：表中各模型的有效观测值均为 353 个。表中所列示的结果全部为 Eviews4.0 计算的结果，每列第二行列示的为经 White 异方差修正后的 t 检验值，D - W 为杜宾 - 沃尔森检验值。*、**、*** 分别表示 t 检验值在 10%、5% 和 1% 的水平上显著（双尾检验）。

4.3.5 不考虑交互项的回归结果

为了进一步检验上述回归结果中是否因交互项所产生的共线性导致了有关审计失败变量的非显著性，我们剔除交互项对上述四个模型进行了回归，回归结果如表 4 - 10 所示。结果显示当不考虑市场竞争因素与审计失败之间的交互效应时，三个审计失败时期变量对审计声誉变量的主效应均不显著。第一个模型中的市场竞争变量 Comp1 由不显著变为在 5% 的水平上显著,与客户流失份额负相关,即审计师面临的市场竞争越激烈,客户流失份额越大。其他变量回归结果显示其系数符号及显著性不变。这表明,当前我国审计市场竞争因素对审计声誉机制的作用发挥有着重要的影响。

表 4-10　　　　　　　　　　不考虑交互项的回归结果

自变量	因变量			
	MLOST	MIPO	MSWI	MALL
Constant	0.0013 0.3030	-0.0087 -0.8147	0.0016 0.3462	-0.0025 -0.4240
Z1	0.0087 1.2159	-0.0043 -1.5362	-0.0044 -1.3224	-0.0046 -1.6777*
Z2	-0.0006 -0.2062	0.0011 0.2658	-0.0010 -0.1963	0.0001 0.0299
Z3	0.0008 0.1830	0.0021 0.3627	-0.0040 -0.9443	-0.0040 -1.2422
Comp1	-0.0006 -2.4270**			
Comp2		0.0140 5.5399***		
Comp3			0.0054 1.9860**	
Comp4				0.0039 3.1166***
Size1	0.0007 7.1784***	0.0005 3.4407***	0.0005 2.5031**	0.0005 3.4084***
Size2	0.0001 0.6486	0.0005 1.0864	-0.0005 -2.1833**	-0.0001 -0.5111
Quality	-0.0007 -0.1145	-0.0134 -2.5623**	0.0095 1.8054*	0.0028 0.6915
Opinion	0.0106 1.2969	0.0049 0.7511	0.0094 0.9827	0.0068 0.9162
Influence	0.0017 2.9189***	0.0004 0.6705	0.0033 4.9365***	0.0027 4.9009***

续表

自变量	因变量			
	MLOST	MIPO	MSWI	MALL
Y02	-0.0029 -1.0185	-0.0003 -0.1482	0.0025 0.8673	0.0017 0.8809
Y03	-0.0045 -1.4470	-0.0002 -0.0784	0.0019 0.5757	0.0014 0.6046
Y04	-0.0044 -1.2964	-0.0028 -1.1829	0.0003 0.0807	-0.0006 -0.2946
Y05	-0.0065 -2.1168 **	0.0016 0.3528	-0.0017 -0.5747	-0.0007 -0.2952
R-squared	0.2411	0.2062	0.2014	0.2557
Adjusted R-squared	0.2120	0.1757	0.1708	0.2271
F-statistic	8.2854	6.7725	6.5773	8.9577
Prob (F-statistic)	0.0000	0.0000	0.0000	0.0000
Durbin-Watson Fstat	2.0355	1.9803	1.9520	1.9356

注：表中各模型的有效观测值均为353个。表中所列示的结果全部为Eviews4.0计算的结果，每列第二行列示的为经White异方差修正后的t检验值，D-W为杜宾-沃尔森检验值。*、**、***分别表示t检验值在10%、5%和1%的水平上显著（双尾检验）。

4.4 本章小结

本章首先对影响审计报告行为的两个重要风险因素：法律责任机制和声誉机制进行了理论分析，并实证考察了我国特定时期这两个机制的实际运行状况。实证结果显示：（1）在我国审计师民事法律诉讼制度实质缺失的情况下，审计师面临的行政法律责任机制运行效率低下，表现在证监会对审计失败的识别及惩罚力度都非常弱，同时证监会作为审计师的主要监管机构存在明显行政失当的现象，极容易导致约束软化并诱发审计报告行为中的独立性风险；（2）我国审计市场声誉机制已经存在，并发挥了一定的效用。在控制了事务所及客户公司相关特征的条件下，审计失败对审计师的客户保持能力及获得能力均存在不同程度的负面影响，造成了不利的经济后果，但声誉效应的时间持续性较短，通常在审计师受到处罚公告次年此效应已不显著；（3）市场竞争因素对市场声誉机制效应的发挥有着重要影响，审计师所面临的市场竞争程度越大，审计失败对审计师的客户保持能力及获得能力的影响也越大,即市场声誉效应越明显。

　　结合上一章的理论分析,在我国审计师面临的实际法律风险较低的条件下,审计市场声誉机制已具备一定的功能,对审计失败的识别有效性成为影响审计报告行为中独立性风险的关键因素。但在我国审计质量监督制度的主要执行机构——证监会监管效率低下、又缺乏民事诉讼的情况下,市场自发的识别机制将起到重要的作用,可以推测客户经营风险是我国审计师出具审计报告行为所关注的重要因素。

第5章 财务报表审计报告行为风险因素考察

5.1 审计准则对出具审计意见的相关规定[①]

中国独立审计准则"审计报告"（审计准则第7号）于1995年年底颁布，1996年1月1日开始实施，并于2003年4月进行了第一次修订，同年7月1日起施行，2006年进行了第二次修订，自2007年1月1日起开始施行（审计准则第1501号、第1502号）。由于会计报表审计的目的是对被审计单位会计报表的以下方面发表审计意见：(1) 会计报表的编制是否符合《企业会计准则》及国家其他有关财务会计法规的规定；(2) 会计报表在所有重大方面是否公允地反映了被审计单位的财务状况，经营成果和资金变动情况；(3) 会计处理方法的选用是否符合一贯性原则。(审计准则第1号，1995) 相应地，审计报告准则对出具审计意见作出了以下规定：

5.1.1 出具不同审计意见类型的一般规定

审计意见类型包括无保留意见、保留意见、否定意见和无法表示意见四种基本类型，根据是否有强调事项段又将无保留意见细分为标准无保留意见和带强调事项段的无保留意见，将保留意见细分为保留意见和带强调事项段的保留意见，保留意见、否定意见和无法表示意见统称为非无保留意见。

---

① 由于新独立审计准则于2006年发布，自2007年1月1日起开始施行，本书涉及审计报告时间范围均限于2001~2005年度，因此对相关准则内容的阐述均以2006年度之前所颁布的准则为准。

无保留意见。1995 年准则规定，如果认为会计报表同时符合下列情形时，注册会计师应当出具无保留意见的审计报告：（1）会计报表的编制符合《企业会计准则》及国家其他有关财务会计法规的规定；（2）会计报表在所有重大方面公允地反映了被审计单位的财务状况、经营成果和资金变动情况；（3）会计处理方法的选用符合一贯性原则；（4）注册会计师已按照独立审计准则的要求，实施了必要的审计程序，在审计过程中未受阻碍和限制；（5）不存在应调整而被审计单位未予调整的重要事项。2003 年修订稿将上述（1）、（2）项进行了合并，并取消了第（3）项。

保留意见。1995 年准则规定，如果认为会计报表就其整体而言是公允的，但还存在下列情形之一时，注册会计师应当出具保留意见的审计报告：（1）个别重要财务会计事项的处理或个别重要会计报表项目的编制不符合《企业会计准则》及国家其他有关财务会计法规的规定，被审计单位拒绝进行调整；（2）因审计范围受到重要的局部限制，无法按照独立审计准则的要求取得应有的审计证据；（3）个别重要会计处理方法的选用不符合一贯性原则。2003 年准则修订为（1）会计政策的选用、会计估计的作出或会计报表的披露不符合国家颁布的企业会计准则和相关会计制度的规定，虽影响重大，但不至于出具否定意见的审计报告；（2）因审计范围受到限制，无法获取充分、适当的审计证据，虽影响重大，但不至于出具无法表示意见的审计报告。

否定意见。1995 年准则规定，如果被审计单位会计报表存在下述情况之一时，应出具否定意见的审计报告：（1）会计处理方法的选用严重违反《企业会计准则》及国家其他有关财务会计法规的规定，被审计单位拒绝进行调整；（2）会计报表严重歪曲了被审计单位的财务状况、经营成果和资金变动情况，被审计单位拒绝进行调整。2003 年准则修订为"如果认为会计报表不符合国家颁布的企业会计准则和相关会计制度的规定，未能从整体上公允反映被审计单位的财务状况、经营成果和现金流量，注册会计师应当出具否定意见的审计报告。"

无法表示意见。如果审计范围受到限制可能产生的影响非常重大和广泛，不能获取充分、适当的审计证据，以至无法对会计报表发表意见，注册会计师应当出具无法表示意见的审计报告（1995，2003）。

强调事项段。审计准则特别提示了对审计实施过程中的重要事项的关注，"注册会计师应当对会计报表的期初余额、期后事项、或有损失及被审计单位持续经营能力等重要事项予以关注。"（审计准则第 1 号）在出具审计意见时，当存在可能导致对持续经营能力产生重大疑虑的事项或情况，或者存在可能对会计报表产生重大影响的其他不确定事项,且不影响已发表的意见时,注册会计师应当在审计报告的意见段之后增加强调事项段对此予以强调。除所规定的这两种情形外,注册会计师不应在审计报告的意见段之后增加强调事项段或任何解释性段落,以免会计报表使用人产生误解(2003)。

5.1.2 对持续经营能力的考虑

持续经营假设,是指被审计单位在编制会计报表时,假定其经营活动在可预见的将来会继续下去,不拟也不必终止经营或破产清算,可以在正常的经营过程中变现资产、清偿债务。注册会计师的责任是评价被审计单位按照持续经营假设编制会计报表的合理性,并考虑是否需要提请管理当局在会计报表中披露持续经营能力的重大不确定性。

如果被审计单位存在对其持续经营能力产生重大影响的情况,但已在会计报表中进行充分披露,注册会计师应当在审计报告的意见段后增列说明段,对持续经营假设不再合理的疑虑予以说明;如果被审计单位未在会计报表中进行充分披露,注册会计师应当发表保留意见或否定意见;如果认为被审计单位在可预见的将来无法持续经营,继续运用持续经营假设编制会计报表,将对会计报表使用人产生严重误导,注册会计师应当发表保留意见或否定意见(2003年修订后取消了保留意见类型);如果不能就持续经营假设的合理性获取必要的审计证据,注册会计师可以发表拒绝表示意见。(审计准则第17号"持续经营",1998,2003)

5.1.3 对错误与舞弊的考虑

审计准则第8号"错误与舞弊"(1996)规定注册会计师应当充分考虑审计风险,实施适当的审计程序,以合理确信能够发现可能导致会计报表严重失实的错误与舞弊。出具审计意见时,应考虑错误或舞弊对审计报告的影响,如果被审计单位拒绝调整或适当披露已发现的重大错误与舞弊,注册会计师应当发表保留意见或否定意见;如果无法确定已发现的错误与舞弊对会计报表的影响程度,注册会计师应当发表保留意见或拒绝表示意见;如果审计范围受到限制,注册会计师无法就可能存在的对会计报表产生重大影响的错误或舞弊获取充分、适当的审计证据,应当发表保留意见或拒绝表示意见。

5.2 非标准审计报告内容分析

　　非标准审计报告是指标准审计报告以外的其他审计报告，包括带强调事项段的无保留意见的审计报告和非无保留意见的审计报告。审计报告是审计师出具审计意见决策行为的最终载体，也是解除审计责任、避免法律纠纷的事前风险规避的重要手段，主要内容包括出具的审计意见类型及其原因说明，通过对非标准审计报告意见说明事项的分析和归纳，可以比较直观地描述一定时期内审计师对特定风险因素的关注程度。由于所处的环境与制度约束差异，审计师在进行审计报告决策时，所关注的风险因素或许存在显著差异，直接对审计意见的出具原因进行分析可以发现重要的风险事项或以往研究中所忽略的新的因素，因此，我们对2001~2005年度上市公司非标准审计报告的出具原因进行了归纳，拟在此基础上，结合以往研究结论，进一步对诸多的风险因素进行整合，构建适合我国制度背景的审计意见模型。

　　我们对2001~2005年度A股市场上市公司非标准审计报告进行了内容分析（数据来源于CSMA数据库），内容分析法（content analysis）是一种用于文章形式数据的分析方法，最初是传播学研究中特有的方法，后来被广泛应用于各个社会科学领域，内容分析最基本的方法是将文章中用语言表示的资料转变成符号并用于统计和定量分析。基于审计报告的特点，我们采用了解读式内容分析法（hermeneutic content analysis），这是一种通过精读、理解并阐释文本内容来传达作者意图的方法，这种方法强调真实、客观、全面地反映文本内容的本来意义，但缺陷是在解读过程中不可避免地具有一定的主观性。在获取数据时，因为数据实际上是变量的实际测量值，一组数据的结构就取决于收集数据前所作出的关于变量结构的假定，为了客观、完整地描述出我国审计师在出具审计意见时对有关事项的考虑，并保证每个事项在分类时的前后逻辑一致，我们没有直接预先确定变量结构并编码，而是采用了对审计报告进行两次阅读的方法：第一次，采用了KJ分析方法[1]，对原始事项进行记录，再按研究目的进行合并和分类；第二

---

　　[1] KJ分析方法是由川喜田二郎创造的一种总结野外观察结果的方法，是从广泛使用自然语言记述下的观察记录中找出该观察对象的结构的一种方法，KJ法分为以下几个步骤：(1) 将对观察对象的描写依次改为简略的记述，将其中的一个主题"写成一句或数句话的文章"；(2) 将若干"由一句或数句话组成的文章"的共同主题描述归纳在一起，称为"组"；(3) 把"组"之间共同的主题归纳在一起，称为"岛"；(4) 推理"岛"之间的逻辑关系，所获结果便是观察对象的结构。

次，根据第一次阅读所确定的分类结构进行项目编码，对审计报告进行了重复阅读，并对每一项目出现频次进行记录。计数原则为按照出具审计意见的事由类型（强调事项、保留事项和无法表示意见事项）对每家审计报告中的说明事项进行计数，同一审计报告中提到同一类事项多次的记为一次，不重复记数，各项目互斥，计入此项目则另一项目不计。因本文旨在分析审计师在出具审计意见时对具体风险因素的考虑，而非对出具的审计报告质量及审计意见的恰当性进行判断，因此在内容分析时只是客观地记录所各类具体事项的出现频次。

内容分析的结果见表 5-1、表 5-2、附录 5-1。从 2001~2005 年度审计意见的分布来看，2003 年是一个比较明显的分界点，在这点两侧的年度，标准无保留意见与非标意见的相对比例基本保持平稳，没有较大的波动，2001 年和 2002 年非标意见比例均略高于 13%，2004 年和 2005 年在 11%~12% 左右，2003 年则明显偏低，为 8.04%，比五年的平均值低了近 30%；非标意见内部各类型审计意见的相对比例也呈现出类似阶段性的差异，如果将保留意见与保留意见加强调段合并，2003 年两侧的年度间各类型非标意见分布比例基本一致，但两个时期却有明显差异，2003 年之后的两年与之前两年相比，无保留意见加强调段的比例有较大幅度的降低，同时无法表示意见和保留类意见的比例均有明显的增加，尤其是前者增加的幅度更大。

从 2001~2005 年出具非标意见的事项分布来看，对于各种意见类型，关于持续经营问题、各项准备计提都是出现频率较高的事由，这同先前国内外的研究一致，公司财务状况是收到非标意见的重要原因，而利润操纵是我国上市公司信息披露存在的主要问题之一，计提各项准备则是公司进行利润操纵的重要手段，审计师因此会特别关注此类事项。在重大事项中，"资金占用"、"担保"、"诉讼"、"款项回收的不确定性"出现频率较高。而在各种意见类型之间，不同类的事项发生频次存在显著的差异，如在强调事项段，审计师更多地提到了各种重大事项，保留意见中则更多地提及财务报表本身的确认和列报问题，这同审计准则的相关规定是一致的，同时也说明了出具不同非标意见类型的影响因素在类型及重要性程度上可能存在着较大的差异，仅仅采用以往文献中常用的简单划分"标准审计意见"和"非标意见"的二分类方法来研究审计意见决策的影响因素是不够的，我们在本文后面的多元回归分析中将进一步细分非标准审计意见的类型，深入地探讨这一问题。

上述内容分析结果与自 2003 年以来我国审计市场颁布的一系列相关政策

不无关系，财政部于2003年4月和2004年10月分别颁布了第六批独立审计准则和第七批独立审计准则征求意见稿，前者包括了两个修订准则和一项新准则；两个修订准则主要针对审计报告和持续经营审计作出，新准则主要规范前后任注册会计师之间的沟通，第七批征求意见稿对审计师评估财务报告重大错报风险提供了一定的操作性指导，有关审计报告的两个修订准则对审计师的报告行为，特别是滥用强调事项段和持续经营表述起到了明显的规范作用。此外，中国证监会、财政部于2003年10月8日联合发布了《关于证券期货业务签字注册会计师定期轮换的规定》，自2004年1月1日起正式施行；证监会对上市公司财务报告中的有关重点关注问题提出了明确要求，如上市公司与关联方资金往来的专项说明要求（2003）、对财务信息重述行为的重新审计要求（2003）、对非经常性损益的审计要求（2001，2003）、对各项损失准备的计提、关联方关系及关联交易价格的公允性、会计差错更正、审计范围受到限制、重大不确定性、资产评估事项等六个重大方面的会计审计问题的特别强调（2004）；同时自2001年后我国证券市场发生了若干起重大财务欺诈案件后，非标准审计报告、重大会计差错更正和审计师变更等领域成为监管重点，几乎每次年度审计后，中国证监会与两个证券交易所都会专门组织对非标意见以及重大会计差错更正的行为进行核查（李爽，吴溪，2005）。这些监管政策向审计师传递了更为强烈的监管信号，对审计师的行为起到一定程度的诱致性作用。

表5–1　　　　　　　　　2001~2005年度审计意见分布

审计意见类型	2001年* 数目	2001年* 比例（%）	2002年 数目	2002年 比例（%）	2003年 数目	2003年 比例（%）	2004年 数目	2004年 比例（%）	2005年** 数目	2005年** 比例（%）	合计 数目	合计 比例（%）
标准无保留意见	989	86.68	1 047	86.96	1 166	91.96	1 206	89.00	1 187	87.86	5 595	88.54
非标准意见	152	13.32	157	13.04	102	8.04	149	11.00	164	12.14	724	11.46
合计	1 141	100	1 204	100	1 268	100	1 355	100	1 351	100	6 319	100

注：(1) 表5–1、表5–2数据均来源于CSMA数据库，并根据审计报告对有误的审计意见类型进行了调整；(2) *红星发展（600367）审计意见不详，***ST精密（600092），ST龙昌（600772）审计意见不详。

表 5-2   2001~2005 年度非标准审计意见分布

审计意见类型	2001 年 数目	2001 年 比例 (%)	2002 年 数目	2002 年 比例 (%)	2003 年 数目	2003 年 比例 (%)	2004 年 数目	2004 年 比例 (%)	2005 年 数目	2005 年 比例 (%)	合计 数目	合计 比例 (%)
无保留意见加强调段	88	57.89	96	61.15	57	55.88	68	45.64	74	45.12	383	52.90
保留意见加强调段	27	17.76	22	14.01	13	12.75	21	14.09	17	10.37	100	13.81
保留意见	18	11.84	21	13.37	11	10.78	31	20.81	41	25.00	122	16.85
无法表示意见	19	12.51	18	11.46	21	20.59	29	19.46	32	19.51	119	16.44
合计	152	100	157	100	102	100	149	100	164	100	724	100

5.3 审计报告行为风险因素回归分析

5.3.1 研究假设

影响审计报告决策行为的风险类型包括审计程序性风险和独立性风险，这两类风险又表现为不同的具体因素，综合以往研究的结果，这些因素可以大体划分为以下四种类型：财务报告质量因素即错报风险素、审计师专业能力因素、客户经营风险因素和审计独立性因素，其中前两类因素主要与审计程序性风险相联系，客户经营风险因素与审计程序性风险及独立性风险均存在相关性。

国外有研究表明从风险后果的角度来看，源于财务报表中的错弊事项比客户经营破产所引发的对审计师的诉讼要普遍得多，而且后果更为严重（Carcello and Polamrose, 1994; Bonner, Polamrose and Young, 1998; Polamrose, 2000），财务报告本身的质量是审计风险的重要影响因素。审计准则及相关执业规范指南为审计程序中的风险识别、评估及管理提供了详尽的指导性说明，其中，审计风险模型以高度简洁的方式概括了审计程序中的主要风险因素及相互关系。从修订后的审计风险模型来看，审计程序风险包括重大错报风险和检查风险，前者来自客户财务报表中存在的实质性错误，后者来自审计程序的固有缺陷以及审计师的专业能力。中国审计准则第 1211 号《了解被审计单位及其环境并评估重大错报风险》

列举了六类可能导致财务报表重大错报的风险因素:(1)被审计单位所处的行业状况、法律环境与监管环境以及其他外部因素;(2)被审计单位的性质,包括公司的所有权结构、治理结构、组织结构、经营活动、投资活动及筹资活动;(3)被审计单位对会计政策的选择和运用;(4)被审计单位的目标、战略以及相关经营风险;(5)被审计单位财务业绩的衡量和评价;(6)被审计单位的内部控制,并总结了其中包括的可能表明被审计单位存在重大错报风险的28种具体的事项和情况,概括地看,这些错报风险广泛涉及了客户公司经营环境因素、公司治理结构及内部控制因素、特殊项目(或者说高风险项目)中的认定风险因素(交易类别、账户余额、列报)三个方面,并分别与财务报表层次或(和)认定层次的错报相联系。

客户经营风险是指导致公司短期或长期经济状况发生恶化的风险(Johnstone,2000)。首先,客户的经营风险相应地会增加审计风险。发生经营风险的公司往往更容易操纵财务报告,Kineey和McDaniel(1989)注意到处于虚弱财务状况中的公司管理者更可能"粉饰"(window dress)财务报表,并试图伪装成暂时性的财务困难,Stice(1991)证实了财务报告中的错误往往与公司的财务状况不佳相联系。同时,客户的经营风险与其持续能力密切关联,经营风险越大,表明企业越容易陷入持续经营困境;其次,公司经营风险越大使其风险暴露增加,审计报告行为更容易受到公众关注及质疑,导致审计业务风险中的固有风险增加。因此,公司经营风险越大,审计师越容易出具非标准审计意见。客户经营风险一般用代表企业营利性(profitability)、流动性(liquidity)和偿债性等财务指标来替代,这些指标同时也是审计意见预测模型中最为普遍的指标(Mutchler,1984,1985,1986;Levitan and Knoblett,1985;Menon and Schwarz,1987;Dopuch et al.,1987;Bell and Tabor,1991;Lennox,2000)。Dopuch等(1987)在财务特征变量之外,还加入了4个市场指标:上市时间、市场系统风险($\Delta\beta$)、公司特定风险和相对行业业绩。审计师的经营风险(或审计业务风险,audit engagement risk)是因特定审计业务给审计师带来损失的风险,是影响审计独立性的重要原因,Hackenbrack和Nelson(1996),Roberts和Cargile(1994),Lord(1992)证明客户的审计业务风险是影响审计报告行为激进程度的重要因素。国外研究常用审计业务的收益和潜在法律诉讼损失来衡量(Craswell et al.,2002;Krishnan,1996;Dye,1993)。

此外,Monroe和The(1993)曾对1993年以前的审计报告研究进行了总结,他们认为这些研究总的来说可以划分为两类,一类是对持续经营审计意见的预测研究，如 Mutchler（1984，1985，1986），Levitan 和 Knoblett（1985），Menon 和 Schwarz（1987）；另一类是对更为普遍意义上的非标准审计意见的预测研究，如 Dopuch 等（1987），Bell 和 Tabor（1991）。Monroe 和 The 总结了之前 5 篇代表性文献中的 49 个变量，并将其划分为 10 种类型，他们注意到在上述两类审计意见预测模型中，前一类型所使用的自变量主要包括预测企业破产研究文献中的变量，而后一类模型所使用的因素类型却要广泛得多。Ireland（2003）认为，不同因素对于出具不同类型的审计意见的重要程度是不同的，某一因素对某种审计意见类型是重要的，对其他类型可能却并非如此。对我国非标准审计意见的内容分析结果也在一定程度上证明了这点。

基于上述分析，我们将审计报告行为的风险影响因素划分为三种类型：财务报告重大错报风险因素，客户经营风险因素和独立性风险因素。同时结合审计准则对审计报告的相关规定及之前对我国非标准审计意见的内容分析，我们推测我国审计师的审计报告行为与上述三类风险因素之间的关系存在以下特征：（1）财务报告重大错报风险、客户经营风险与非标意见的出具正相关，独立性风险与非标意见的出具负相关；（2）三类风险因素对审计师是否出具非标意见行为的影响程度存在差异，客户经营风险不仅反映企业持续经营能力，同时也是审计失败的市场识别机制，是出具非标意见的主要影响因素；（3）三类风险因素在不同性质的非标意见行为中存在明显差异，财务报告重大错报风险更可能与持续经营意见以外的非标准意见相关联；同时，由于持续经营意见具有较大的不可避性（Melumad and Ziv，1997），独立性风险更可能与持续经营意见以外的非标准意见相关联。本章以下通过经验研究方法对这些行为特征进行考察。

5.3.2 模型介绍与研究设计

审计报告研究通常采用下面的模型：

$$y^* = \alpha + \beta X + \varepsilon \qquad (5-1)$$

其中，y^* 为某种审计意见类型出现的概率，X 向量中包含的变量是可观测到的各种公司特征因素，即 $X = (x_1, x_2, \cdots, x_t)$。

由于审计意见类型 y 是离散性分类变量，Logistic 回归模型可以很好地满足对分类数据的建模需求，已成为分类因变量的标准建模方法并得到广泛应用。在先前的审计意见研究中，应用最多的是二分类的 Logistic 模型和 probit 模型，如 Keasey 等（1988），Bell 和 Tabor（1991），Monroe 和 The（1993），DeFond 等

(2000, 2002) 使用 Logit 模型, Dopuch 等 (1987), Krishnan (1996), Lennox (1999) 使用 probit 模型。实际应用中两种模型得到的结果非常接近, 很难从理论上证明哪种模型更优越 (Greene, 2002), Logit 模型的应用更为普遍。在上述审计意见研究中, 作为因变量的审计意见类型通常简单地划分为两种类型, 如对出具非标意见影响因素的研究中, 将审计意见类型划分为标准意见和非标意见两种类型; 在持续经营审计意见模型中, 将审计意见类型划分为持续经营意见和非持续经营意见。二分类 Logit 模型是在对式 (5-1) 进行拟合时先进行 Logit 变换, 将出现某种结果的概率与不出现的概率之比, 再取其对数, 具体来说, 假设 y 有两种结果, 分别取值 1 和 0, $X = (x_1, x_2, \cdots, x_t)$ 表示自变量向量, 是一组说明 y 的发生概率大小的变量, 用以表示 y 出现结果 1 时的概率, 即 $P = Prob(y=1|x)$, P 可以由下面的 Logistic 模型得到:

$$\log it(P) = Ln \frac{P(y=1)}{1-P(y=1)} = \alpha + \beta X \quad (5-2)$$

由上式得到 α 和 β 的参数估计后, 就可得到当 y 为结果 1 时的概率:

$$P(y=1) = \frac{\exp(\alpha + \beta X)}{1 + \exp(\alpha + \beta X)} \quad (5-3)$$

$$1 - P(y=1) = \frac{1}{1 + \exp(\alpha + \beta X)} \quad (5-4)$$

然而正如我们在前面对非标意见的事项分析中所看到的, 审计师出具不同性质的非标意见时, 对不同类型的风险因素的关注可能存在着较大的差异, 某一因素对某种性质的审计意见是重要的, 对其他类型可能却并非如此, 仅仅采用简单的二分类方法来研究审计意见决策的影响因素是不够的。Bell 和 Tabor (1991) 将审计报告分为无保留意见、持续经营意见和资产变现不确定性 (asset realization) 非无保留意见三种类型, 采用多元判定模型的方法检验了所选择的 10 个变量[①]的预测能力, 然而多元线性判定模型要求数据服从正态分布和等协方差的假设, 不符合企业的实际状况, 而且配对抽样法因为样本中两类公司比例与它们在总体中的比例严重不一致而夸大了预测模型的判别准确性 (Zmijewski, 1984)。Monroe 和 The (1993) 曾试图区分不同非无保留意见 (如持续经营、资产变现和诉讼等) 之间的影响因素, 他们按照审计意见性质进行了样本分类, 采用对各样本组进行了两两比较的单变量分析的方法, 但这种方法无法同时反映出不同组间

---

① 包括七个财务指标与三个分别表示规模、成长性和股票回报的指标。

的差异及不同因素的共同效应。Ireland（2003）应用了无序的多分类 Logit 模型，将审计报告类型划分为三种情况：持续经营意见，非持续经营非无保留意见和其他类型，分别考查了三种类型的审计意见与各项影响因素的相关性。在国内其他会计领域研究中也有关于无序多分类 Logit 模型的应用例子，如肖作平（2005）在预测公司治理结构特征对公司资本结构的影响时，分别运用了二分类的 Logit 模型和三分类的无序 Logit 模型。在本书中我们借鉴了 Ireland 的方法，采用无序的多分类 Logit 模型来考察各类型风险因素对不同性质非标准审计报告的影响差异。无序的多分类 Logit 模型适用于因变量为无序多分类的情况，模型以反应变量的某一个水平为参照水平，其他水平与其相比，建立反应变量水平数 –1 个广义 Logit 模型。如假设反应变量取值为 1、2、3，以 3 反应水平为参照水平，可建立 2 个广义 Logit 模型：

$$\mathrm{Ln}\frac{P(y=1)}{P(y=3)} = \alpha + \beta X + \varepsilon \qquad (5-5)$$

$$\mathrm{Ln}\frac{P(y=2)}{P(y=3)} = \alpha + \beta X + \varepsilon \qquad (5-6)$$

如果要比较 P（y=1）和 P（y=2），则可将上面两式相减即可得到相应的函数。

在下面对审计报告行为风险因素的实证检验中，我们分别采用了单变量分析和 Logit 回归分析两种方法，其中 Logit 回归分析分两步进行：

第一步：将审计报告类型划分为标准审计意见与非标准审计意见两种类型，应用二分类 Logit 模型对审计师出具非标意见的风险因素进行考查。在这一步中，分别建立分类因素模型和综合因素模型进行检验，并对综合因素模型进行了分年度回归分析；

第二步：将审计报告类型划分为标准审计意见、持续经营审计意见和非持续经营非标意见三种类型，应用无序的多分类 Logit 综合因素模型对审计师出具不同性质非标意见的风险因素及差异进行检验，由于对非标意见类型细分为两个子样本后，各年度子样本数量过少，因此不再进行分年度回归分析。

根据上述 Logit 模型，我们建立了如下模型进行回归分析：

$$y_{it}^{*} = \alpha + \beta X_{it} + \gamma Y_{it} + \varepsilon \qquad (5-7)$$

其中，y_{it}^{*} 表示公司 i 被出具某种审计报告类型时的概率，X_{it} 向量包括公司 i 的一系列分类风险特征变量，Y_{it} 表示公司 i 所在的年度变量，我们使用的是跨年度的混合截面数据（2003～2005 年），因此在模型中加入了年度控制变量。

5.3.3 变量选择

模型中 X_{it} 向量中所包括的变量及定义如表 5-3 所示，并解释如下：

因变量 y^*，公司 i 被出具第 y 种审计报告类型时的概率，根据研究设计的两个步骤，在二分类 Logit 模型中，将审计报告划分为标准意见和非标意见两种类型，分别设值为 0 和 1；在无序多分类 Logit 模型中，将审计报告划分为标准审计意见、持续经营审计意见和非持续经营非标意见三种类型，分别设值为 0、1 和 2。

解释变量，基于前面的理论分析，我们将其分为了以下四类，其中第一、第二类均属于财务报告重大错报风险，分别代表个别认定层次及财务报表层次的风险因素变量，审计准则认为财务报表层次重大错报风险通常与控制环境有关，并与财务报表整体存在广泛联系，可能影响多项认定，但难以界定于某类交易、账户余额、列报的具体认定（审计准则第 1101 号），因此我们分别进行了考察。

(1) 个别认定层次风险类指标。包括资产负债表中的高风险项目及损益表中盈余质量变量，这类变量主要涉及财务报表认定层次的风险，属于审计程序风险，直接影响对外报出的财务报表本身的披露质量。我们在本文中选择了以下指标：

资产负债表中的高风险项目常常用表示审计业务复杂性的指标来替代，本书选择了以下指标：长期股权投资比例，存货比例，往来款（债权）比例，往来款（债务）比例。在非标意见内容分析中，"涉及他方报表"是出具非标意见的重要事由，审计研究领域常常用合并报表中的子公司数目来表示此类审计程序的复杂性和风险程度，本书中采用了"长期股权投资比例"作为替代指标，我们认为该指标能够更好地量化对方的资产规模及影响作用。存货和往来款（债权）分别涉及审计准则中的"监盘"和"函证"两类程序，是两个普遍采用的代表审计业务复杂性的指标，同时我们对涉及函证程序的往来款（债务）单独进行了考察。

盈余质量类指标包括代表盈余管理的两个指标：可操控性应计（ACCD）和盈余平滑（SMOOTH）以及市场对盈余质量的事后评价指标市盈率（PE）。可操控性应计常用来衡量公司的盈余管理行为，关键在于找到能够准确估计可操控性应计的模型。夏立军（2002，2003）曾对国外常用的几种计量模型进行了系统的评述，并用中国市场的数据进行了比较检验，认为分行业估计行业特征参数的基本琼斯模型更能够揭示出盈余管理。Ball and Shivakumar（2005）在原有的三种计算可操控性应计模型（现金流量模型，CF model；Dechow and Dichev model，2002；基本琼斯模型）的基础上发展了一种分段线性模型，并分别对原有线型模型与分段线性模型进行了比较检验，结果表明，分段线性模型与原有模型相比较，解释度均有较为明显的提高，在本文中，我们采用了 Ball 和 Shivakumar 的这种方法，应用分段的基本琼斯模型计算可操控性应计。

基本琼斯模型：

$$\frac{ACC_t}{A_{t-1}} = \alpha_0 + \alpha_1 \frac{1}{A_{t-1}} + \alpha_2 \frac{\Delta REV_t}{A_{t-1}} + \alpha_3 \frac{PPE_t}{A_{t-1}} + \varepsilon \quad (5-8)$$

$$ACC_t = EBXI_t - CFO_t$$

其中：ACC_t 是指 t 年的总应计，等于 t 年的营业利润（$EBXI_t$，即线下项目前利润）减去经营活动现金流量（CFO_t），ACC_t 由正常性应计与非正常性应计（可操控性应计）两部分组成；A_{t-1} 是 $t-1$ 年的资产总额；ΔREV_t 是 t 年度与 $t-1$ 年度的主营业务收入之差；PPE_t 是 t 年的固定资产原值。①

分段的基本琼斯模型：

$$\frac{ACC_t}{A_{t-1}} = \alpha_0 + \alpha_1 \frac{1}{A_{t-1}} + \alpha_2 \frac{\Delta REV_t}{A_{t-1}} + \alpha_3 \frac{PPE_t}{A_{t-1}} + \alpha_4 \frac{CFO_t}{A_{t-1}} + \alpha_5 D + \alpha_6 D \times \frac{CFO_t}{A_{t-1}} + \varepsilon_t$$

$$(5-9)$$

当 $CFO_t < 0$，$D = 1$，否则为 0。其他变量解释与前面相同。

之前的研究表明，对上述模型进行分行业的横截面回归更优越（Subramanyam，1996；Bartov et al.，2001；夏立军，2003，Ball and Shivakumar，2005），因此我们在估算可操控性应计时使用了分年度和分行业的回归方法。行业分类依据证监会 2001 年公布的 22 个行业代码，因为模型要求每个行业的样本量不少于 20 个，我们将行业 C2、C3 和 C9，K 和 L 进行了合并。

盈余平滑是盈余管理的一种常见形式，在有关盈余质量的研究文献中受到了广泛关注（Belkaoui and Picur，1984；Michelson et al.，1995，2000；Fudenberg and Tirole，1995；BEN – HSIEN BAO AND DA – HSIEN BAO，2004），对盈余平滑的描述的基本思想是将一段时期内盈余的变动性与销售收入的变动性相比较，当前者小于后者时，即可能存在盈余平滑。而使用不同的盈余指标如营业利润，税前收益，非经常性损益前收益，净收益，等等，其得到的结论是一致的（Michelson et al.，

---

① 夏立军（2003）认为，应将包含线下项目的总应计利润和估计出的正常性应计利润之间的差额作为非正常性应计利润（可操控性应计）估计值，这样，应根据公式（5-8）分行业回归得到的各系数估计值计算出正常性应计利润，再用包含线下项目的总应计利润相减即得到可操控性应计。

1995，2000）。盈余平滑可以用平滑指数来衡量，平滑指数的计算公式为：

$$CV_i^s = \frac{\sigma_i^s}{\overline{X}_i^s}, \quad CV_i^e = \frac{\sigma_i^e}{|\overline{X}|_i^s}, \quad IS_i = \frac{CV_i^s}{CV_i^e} \qquad (5-10)$$

其中，σ_i^s 和 σ_i^e 分别为公司 i 的销售收入和盈余时间序列的标准差，$\overline{X}_i^s$ 和 $|\overline{X}|_i^s$ 分别为公司 i 的销售收入序列的平均数和盈余序列的平均数的绝对值，如果 $IS_i > 1$，则意味着可能存在盈余平滑行为。我们用最近三年的主营业务收入和净利润来计算盈余平滑指数。

（2）财务报表层次风险类指标。包括有关公司治理与内部控制类变量：股权集中度（高或低）、高管是否持股、主营业务收入增长率及波动性，公司本年度是否受到证监会、证券交易所等部门违规处罚。何卫东（2003）发现与股权集中度低（控股股东持股比例低于30%）的公司相比，股权集中度高（控股股东持股比例超过50%）的公司信息披露质量更高，我们采用了相同的方法来定义股权集中度。Jonstone 和 Bedard（2004）认为，内部控制与管理层的正直性是影响审计风险的重要因素，我们用主营业务收入增长率与公司本年度是否受到违规处理来替代这两个因素。主营业务收入增长率代表公司成长性常用指标，成长性公司处于一种不稳定的状态中，内部控制比较薄弱（Hall and Renner，1988），Smith 和 Watts（1992）认为，对成长性公司的管理层应予以更多的监督。上述这些因素会影响财务报表层次的错报风险。

（3）客户经营风险类变量。包括公司财务状况和业绩指标，财务状况包括净资产是否为负、流动比率、一年内到期的银行借款、每股现金净流量以及从内容分析得到的对公司未来财务状况可能造成不确定性的指标，如坏账准备计提比例、预计负债、担保、资金占用、是否有未决诉讼，业绩指标包括会计指标"当年是否亏损"和市场指标"相对市场股票回报"。

（4）独立性风险类变量。我们用三个指标替代审计师的独立性风险：客户的相对重要性、审计师规模和事务所综合竞争系数。Beattie 等（1999）对公司财务主管和事务所合伙人的调查问卷结果显示，损害审计师独立性的两个最主要的因素是"合伙人的收入取决于保留某个特定的客户"和"会计公司总收入的10%或以上来自于某个特定的客户"，某个客户越重要，审计师对其经济依赖性越大，这将有损审计独立性。之前的研究常常采用单个客户资产规模或审计服务及非审计服务收费在其客户组合中的比重来表示客户的重要性，本书采用了前者作为替代指标，这不仅仅因为前者可在某种程度上替代审计收费（国内外研究均表明在审计收费模型中客户资产规模可达到 70% 以上的解释力度），并且本书第 4 章的研究结论表明，大客户对审计师的声誉有提升作用，有助于其市场竞争地位，因此客户资产规模是一个更全面的指标。审计师规模越大，抵制客户的动力和能力越强，独立性越高（DeAngelo, 1981; Dye, 1993）。事务所综合竞争系数采用我们在第 4 章所下的定义（即第 4 章中的变量 Comp1），我们用这一指标来刻画审计师所处的市场竞争程度和潜在的声誉损失，根据我们在第 2 章的分析，这一系数越小，特定审计师面临的市场竞争越大，相对市场力量越低，声誉机制的发挥越显著。从理论上分析，该指标反映了两种截然相反的作用，审计师市场力量越低会有损于审计独立性，而声誉机制会提高审计独立性，究竟哪种效应更明显？已有的研究表明个体在进行风险决策时，对感知风险和感知利得的态度并不具有对等性，对前者要敏感得多，感知风险因素比感知利得因素对个体决策行为更具解释力度（Kahneman and Tversky, 1979; Havlena and Desarbo, 1991; Kotler, 1997; Mitchell, 1999），与保持客户可获得的收益相比，审计师声誉的潜在损失的数额及不确定性更大，因此我们假设这一系数越小，审计师发生独立性风险的可能性越小。

此外，上年度审计意见和公司规模是两个综合性风险指标，为了不对其他因素分类造成影响，只在综合因素模型中应用。上年度审计意见包括 OPI、GC 和 NGC 三个指标，前一个指标用于二分类 Logit 模型，后两个指标用于无序多分类 Logit 模型，以往国内外研究均表明审计意见的出具有持续性，上年度被出具非标意见的公司在次年更容易被出具非标意见，同时上年度审计意见与财务报表期初数相关联，是审计准则关注的重要事项。公司规模越大，审计业务的复杂程度更高，将会影响财务报表中的多个认定项目。一方面，公司规模会增加其在资本市场上的风险暴露程度，这将使审计师的行为更趋谨慎和保守，但另一方面，规模较大的公司抵御市场风险的能力也较强，破产的概率相对较小，可能会诱发审计报告行为的机会主义倾向。因此这一因素的实际结果并不确定。

表 5-3　　　　　　　　　　　变量一览表

变量类别及名称	预期符号	变量解释
因变量		
y^*		公司 i 被出具第 y 种审计报告类型时的概率 在二分类 Logit 模型中，当审计意见为标准审计意见时，$y=0$，为非标意见时，$y=1$ 在无序多分类 Logit 模型中，当审计意见为标准审计意见时，$y=0$，为持续经营审计意见时，$y=1$，为非持续经营非标意见时，$y=2$

续表

变量类别及名称	预期符号	变量解释
解释变量			
一、个别认定层次风险类变量			
INVEST	+	长期股权投资占总资产比例
INVENT	+	存货占总资产比例
RECEI1	+	往来款（债权）占总资产比例
RECEI2	+	往来款（债务）占总资产比例
ACCD	+	可操控性应计绝对值（具体解释及计算见文中说明）
SMOOTH	+	盈余平滑指数（具体解释及计算见文中说明）
PE	−	市盈率指标，每股市价/每股收益
二、财务报表层次风险类变量			
VIOL	+	本年度是否有违规处理，公司管理层的品质指标。如果公司当年受到证监会、证券交易所公开处罚，VIOL＝1，否则为0
GROW	+	公司当年主营业务收入增长率，（当年主营业务收入−上年度主营业务收入）/上年度主营业务收入
MS	?	高管是否持股，如果公司高管层有持股，MS＝1，否则为0
GQL	+	股权集中度低，如果控股股东持股比例低于30%，GQL＝1，否则为0
GQH	−	股权集中度高，如果控股股东持股比例超过50%，GQH＝1，否则为0
三、客户经营风险类变量			
EQUNOT	+	净资产是否为负，如果当年净资产为负，EQUNOT＝1，否则为0
QUICK	−	流动比率，流动资产/流动负债
BANK	+	一年内到期的银行借款占总资产比例
PCF	−	每股现金净流量
BAD	+	坏账准备平均提取比例，当年提取的坏账准备总额/会计准则规定应提取坏账资金准备科目总额
CL	+	预计负债占总资产比例
DB	+	担保占总资产比例
IMPR	+	关联方资金占用占总资产比例
LITI	+	是否有未决诉讼，如果公司当年有未决诉讼，LITI＝1，否则为0
LOSS	+	当年是否亏损，如果公司当年净利润＜0，则LOSS＝1，否则为0
RETUM	−	相对市场业绩指标，公司每年度末前6个月累积回报率−同期所在市场（深市或沪市）累积回报率
四、独立性风险类变量			
IMPO	−	客户的重要性指标，事务所 i 单个客户资产占所有客户资产的比例

续表

变量类别及名称	预期符号	变量解释
BIG	+	是否当年十大，如果事务所 i 当年审计客户资产总额在前十位，BIG 为1，否则为0
COMP	−	事务所综合竞争系数，$\sum$ 事务所 i 机构所在地（含总所及分支机构）当年上市公司数量/$\sum$ 同地域事务所执业机构总数
五、综合风险因素类变量		
OPI	+	上年度审计意见，上年度审计意见是非标意见，则 OPI=1，否则为0
GC	+	上年度审计意见，上年度审计意见是持续经营意见，GC=1，否则为0
NGC	+	上年度审计意见，上年度审计意见是非持续经营非标意见，NGC=1，否则为0
SIZE	?	公司规模指标，年末资产总额的自然对数
控制变量		
Y04	?	当数据所处年度为2004年时为1，否则为0
Y05	?	当数据所处年度为2005年时为1，否则为0

5.3.4 样本选择和数据来源

我们选择的样本包括我国2003～2005年三年间在上海交易所及深圳交易所公开上市的所有A股公司，初始样本为2003年1 268家，2004年1 355家，2005年1 353家（见表5-1），共计3 976家公司，在此基础上进行了以下剔除：

（1）剔除2005年两家审计意见不详的公司（*ST 精密和 ST 龙昌）；

（2）剔除金融类公司。因为此类公司在财务指标上与其他类公司存在较大的差异，而财务指标是其后实证研究的重要变量指标；

（3）剔除当年新上市公司，因为要用到有关上年度的审计意见数据，为了迎合公司上市，审计师对 IPO 公司接近上市时期出具的审计意见具有很大的特殊性。此外，所选择的变量指标（如盈余平滑）涉及了公司连续三年的相关数据，尽管可得到公司上市前两年的数据，但先前实证研究表明我国 IPO 公司存在严重的财务包装行为，数据异常（鹿小楠、傅浩，2002），剔除此类公司有利于尽可能地减少数据"污染"。

（4）剔除数据缺失的公司。由于大部分数据缺失的公司是财务状况及业绩不佳的公司，并被出具了非标准审计意见，Kothari 等（2005）认为，由于数据或样本的非随机性剔除（或者说数据修剪，data trimming）会削弱因变量与所检验的自变量之间的实际关系,在实际总体中,被出具非标意见的公司相对标准意见公司其比例就非常低,剔除这些样本必将严重影响实证结果的有效性,因此,对非标意见公司,我们尽可能地不予剔除,而是通过多种途径补充数据。

经过上述剔除后,最终样本为 3 747 家,其中,2003 年 1 179 家,2004 年 1 241 家,2005 年 1 327 家。

研究数据主要来自于深圳国泰安信息有限公司开发的 CSMAR 数据库和 Wind 数据库,缺失数据主要通过中国证监会网站(http://www.csrc.gov.cn)、中注协网站(http://www.cicpa.org.cn)、金融界网站(http://share.jrj.com.cn)、上海证券交易所网站(http://www.sse.com.cn)、深圳证券交易所网站(http://www.szse.cn)查询得到。

5.3.5 实证结果

1. 描述性统计与单变量检验

表 5-4 和表 5-6 分别列示了标准无保留意见与非标意见样本组在各变量特征上的差异比较及均值检验。我们对所选择的 28 个变量进行了 K—S 检验,发现所选择指标均不符合正态分布,因此,对标准无保留意见与非标意见样本组的均值差异采用了 Mann—Whitney U 非参数检验,表 5-6 列出了检验结果。检验结果表明,在各指标中,只有事务所综合竞争系数(COMP)在两样本组之间的差异不显著,其他变量的显著性水平均低于 1%。描述性统计与单变量检验的结果显示,很明显,相对于标准无保留意见组,非标意见组在上年度收到了更多的非标意见,高风险项目所占总资产的比例更大(存货例外);可操控性应计更大;各项财务状况及业绩指标质量均较差;报表层次风险因素类指标中,公司管理层的品质、股权集中度及内部控制指标均差异明显;审计师处于相对缓和的竞争状况及单个客户重要性程度较低时,更容易出具非标意见,这些与我们提出的假设相一致。但值得注意的是,盈余平滑(SMOOTH)和存货比例(INVENT)两个指标与假设不相一致,当盈余平滑指数和存货比例越大时,公司越容易收到标准无保留意见。

如果更进一步地将非标意见细分为持续经营意见与非持续经营非标意见(见表 5-5 和表 5-7),两样本组在某些指标上有着较为明显的差异,持续经营意见组上年度收到的更多是持续经营类意见,在财务状况和业绩指标上的表现更差,并且盈余管理的迹象更明显。对三分类样本组进行 Kruskal-Wallis H 非参数检验的结果表明，各变量在不同组之间都存在着统计意义上的差异，其中高管持股和事务所综合竞争指标在5%的水平上显著，其他变量的显著性水平均低于1%。这些都有待我们在多元回归分析中做更进一步的验证。

表5-4　　　　　　标准无保留意见与非标意见各变量特征比较

变量	组别	Mean	Std. Deviation	Range	Minimum	Maximum	25%	50%	75%
OPI	0	0.044	0.204	1	0	1	0	0	0
	1	0.558	0.497	1	0	1	0	1	1
SIZE	0	21.285	0.966	9.061	17.917	26.978	20.642	21.197	21.865
	1	20.488	1.104	6.902	16.884	23.787	19.798	20.567	21.166
INVEST	0	0.065	0.084	0.658	-0.038	0.620	0.007	0.034	0.091
	1	0.089	0.111	0.786	-0.026	0.760	0.009	0.054	0.122
INVENT	0	0.159	0.138	0.896	0	0.896	0.066	0.127	0.208
	1	0.120	0.118	0.805	0	0.805	0.040	0.089	0.163
RECEI1	0	0.193	0.120	0.865	0.001	0.866	0.102	0.176	0.260
	1	0.319	0.194	1.514	0.002	1.517	0.175	0.289	0.426
RECEI2	0	0.197	0.130	1.021	0	1.021	0.100	0.171	0.257
	1	0.343	0.509	5.267	0.008	5.275	0.145	0.219	0.349
ACCD	0	0.050	0.070	1.105	0	1.105	0.014	0.032	0.060
	1	0.099	0.150	1.546	0.000	1.546	0.024	0.058	0.118
SMOOTH	0	1.962	5.730	199.750	0.000	199.750	0.282	0.789	1.823
	1	0.570	0.926	9.276	0.001	9.277	0.112	0.305	0.672
PE	0	68.841	147.639	3267.078	-496.838	2770.240	17.602	30.381	62.463
	1	63.983	190.114	2128.678	-150.870	1977.807	-6.110	-2.019	44.900
GROW	0	0.481	7.383	401.677	-1	400.677	0.029	0.183	0.371
	1	0.826	10.953	191.219	-1	190.219	-0.419	-0.095	0.142
VIOL	0	0.018	0.132	1	0	1	0	0	0
	1	0.194	0.396	1	0	1	0	0	0
MS	0	0.054	0.226	1	0	1	0	0	0
	1	0.027	0.162	1	0	1	0	0	0
GQL	0	0.324	0.468	1	0	1	0	0	1
	1	0.602	0.490	1	0	1	0	1	1
GQH	0	0.367	0.482	1	0	1	0	0	1
	1	0.194	0.396	1	0	1	0	0	0
PCF	0	0.026	0.589	11.023	-2.870	8.153	-0.183	0.008	0.205
	1	-0.251	0.617	6.872	-5.945	0.927	-0.344	-0.037	0.016

续表

变量	组别	Mean	Std. Deviation	Range	Minimum	Maximum	25%	50%	75%
EQUNOT	0	0.004	0.067	1	0	1	0	0	0
	1	0.273	0.446	1	0	1	0	0	1
QUICK	0	1.596	1.990	55.539	0.001	55.541	0.899	1.220	1.680
	1	0.914	1.068	15.740	0.006	15.745	0.414	0.747	1.107
BANK	0	0.374	0.223	1.187	0	1.187	0.202	0.380	0.543
	1	0.458	0.207	0.898	0	0.898	0.328	0.467	0.608
BAD	0	0.130	0.143	1.608	0	1.608	0.052	0.082	0.148
	1	0.636	3.095	54.652	0	54.652	0.109	0.278	0.617
CL	0	0.002	0.021	0.570	-0.006	0.564	0	0	0
	1	0.272	1.205	17.872	0	17.872	0	0	0.078
DB	0	0.029	0.080	1.794	0	1.794	0	0	0.014
	1	0.184	0.719	10.674	0	10.674	0	0	0.086
IMPR	0	0.024	0.351	21.944	-2.238	19.705	0	0	0.008
	1	0.197	1.677	33.359	0	33.359	0	0	0.082
LITI	0	0.189	0.392	1	0	1	0	0	0
	1	0.607	0.489	1	0	1	0	1	1
LOSS	0	0.091	0.288	1	0	1	0	0	0
	1	0.673	0.470	1	0	1	0	1	1
RETUM	0	0.011	0.184	2.276	-0.666	1.609	-0.109	-0.021	0.099
	1	-0.104	0.191	1.249	-0.638	0.611	-0.217	-0.124	0.003
COMP	0	6.159	3.386	19.484	2.516	22.000	4.121	5.137	6.729
	1	5.660	2.491	19.484	2.516	22	4.121	5	6.467
IMPO	0	0.057	0.081	0.957	0.001	0.958	0.016	0.031	0.065
	1	0.035	0.080	1.000	0.000	1	0.008	0.017	0.037
BIG	0	0.239	0.427	1	0	1	0	0	0
	1	0.143	0.350	1	0	1	0	0	0

注：(1) 组别中，0 = 标准无保留意见样本（N = 3340），1 = 非标意见样本（N = 407）；(2) 分类哑变量的平均值为该哑变量取值为1时的频率的占比。

表5-5 持续经营意见与非持续经营非标意见各特征比较

变量	组别	Mean	Std. Deviation	Range	Minimum	Maximum	25%	50%	75%
OPI	1	0.684	0.466	1	0	1	0	1	1
	2	0.422	0.495	1	0	1	0	0	1
GC	1	0.478	0.501	1	0	1	0	0	1
	2	0.065	0.248	1	0	1	0	0	0

续表

变量	组别	Mean	Std. Deviation	Range	Minimum	Maximum	25%	50%	75%
NGC	1	0.206	0.405	1	0	1	0	0	0
	2	0.357	0.480	1	0	1	0	0	1
SIZE	1	20.087	1.067	5.671	17.061	22.732	19.409	20.214	20.763
	2	20.914	0.976	6.902	16.884	23.787	20.365	20.957	21.533
INVEST	1	0.085	0.109	0.786	−0.026	0.760	0.007	0.053	0.109
	2	0.093	0.112	0.702	−0.019	0.683	0.012	0.060	0.137
INVENT	1	0.111	0.104	0.527	0	0.527	0.036	0.081	0.153
	2	0.130	0.130	0.805	0.000	0.805	0.048	0.092	0.173
RECEI1	1	0.348	0.212	1.512	0.004	1.517	0.187	0.316	0.466
	2	0.289	0.168	0.795	0.002	0.797	0.166	0.268	0.364
RECEI2	1	0.434	0.578	4.602	0.027	4.630	0.183	0.274	0.447
	2	0.247	0.403	5.267	0.008	5.275	0.110	0.181	0.283
ACCD	1	0.130	0.190	1.546	0.00007	1.546	0.037	0.082	0.143
	2	0.067	0.080	0.479	0.00023	0.479	0.018	0.037	0.080
SMOOTH	1	0.612	0.877	8.710	0.007	8.717	0.139	0.345	0.766
	2	0.523	0.974	9.276	0.001	9.277	0.086	0.227	0.587
PE	1	37.757	148.230	1 038.180	−115.847	922.332	−5.795	−2.110	−0.578
	2	91.135	222.696	2 128.678	−150.870	1 977.807	−6.736	−1.478	92.126
GROW	1	0.553	7.723	101	−1	100	−0.616	−0.272	0.005
	2	1.109	13.535	191.219	−1	190.219	−0.196	0.030	0.227
VIOL	1	0.215	0.412	1	0	1	0	0	0
	2	0.176	0.382	1	0	1	0	0	0
MS	1	0.014	0.119	1	0	1	0	0	0
	2	0.040	0.197	1	0	1	0	0	0
GQL	1	0.684	0.466	1	0	1	0	1	1
	2	0.513	0.501	1	0	1	0	1	1
GQH	1	0.153	0.361	1	0	1	0	0	0
	2	0.236	0.426	1	0	1	0	0	0
PCF	1	−0.262	0.659	6.872	−5.945	0.927	−0.261	−0.040	0.001
	2	−0.250	0.588	4.663	−3.807	0.856	−0.413	−0.037	0.047
EQUNOT	1	0.478	0.501	1	0	1	0	0	1
	2	0.055	0.229	1	0	1	0	0	0
QUICK	1	0.594	0.518	4.146	0.006	4.151	0.243	0.507	0.827
	2	1.248	1.356	15.733	0.013	15.745	0.723	1.020	1.311

续表

变量	组别	Mean	Std. Deviation	Range	Minimum	Maximum	25%	50%	75%
BANK	1	0.462	0.198	0.898	0	0.898	0.341	0.472	0.599
	2	0.454	0.216	0.885	0	0.885	0.322	0.458	0.621
BAD	1	0.832	3.845	54.652	0	54.652	0.176	0.435	0.798
	2	0.428	2.008	27.586	0	27.586	0.084	0.164	0.384
CL	1	0.433	1.521	17.872	0	17.872	0	0.028	0.258
	2	0.103	0.702	6.530	0	6.530	0	0	0.007
DB	1	0.250	0.896	10.674	0	10.674	0	0	0.119
	2	0.114	0.456	4.393	0	4.393	0	0	0.070
IMPR	1	0.293	2.322	33.359	0	33.359	0	0	0.086
	2	0.094	0.294	3.075	0	3.075	0	0	0.082
LITI	1	0.689	0.464	1	0	1	0	1	1
	2	0.523	0.501	1	0	1	0	1	1
LOSS	1	0.809	0.394	1	0	1	1	1	1
	2	0.533	0.500	1	0	1	0	1	1
RETUM	1	-0.126	0.204	1.249	-0.638	0.611	-0.254	-0.152	-0.003
	2	-0.081	0.175	1.114	-0.525	0.590	-0.183	-0.101	0.010
COMP	1	5.985	2.787	19.375	2.625	22	4.135	5.246	6.729
	2	5.306	2.088	14.684	2.516	17.2	3.952	4.667	6.364
IMPO	1	0.021	0.034	0.337	0.000	0.337	0.006	0.012	0.024
	2	0.050	0.107	1.000	0.000	1	0.012	0.026	0.055
BIG	1	0.134	0.341	1	0	1	0	0	0
	2	0.151	0.359	1	0	1	0	0	0

注：1＝持续经营意见，2＝非持续经营非标意见。

表5－6　　标准无保留意见与非标意见样本组 Mann – Whitney U Test

变量	组别	Mean Rank	Mann – Whitney U	Wilcoxon W	Z	Asymp. Sig.
OPI	0	1 769.396	330 311	5 909 781	-32.697	0.000
	1	2 732.425				
SIZE	0	1 955.778	406 553	489 581	-13.256	0.000
	1	1 202.902				
INVEST	0	1 850.539	01 329	6 180 799	-3.804	0.000
	1	2 066.533				
INVENT	0	1 914.746	543 597	626 625	-6.605	0.000
	1	1 539.619				

续表

变量	组别	Mean Rank	Mann–Whitney U	Wilcoxon W	Z	Asymp. Sig.
RECEI1	0	1 790.328	400 226	5 979 696	−13.563	0.000
	1	2 560.644				
RECEI2	0	1 822.637	508 137	6 087 607	−8.326	0.000
	1	2 295.506				
ACCD	0	1 814.614	481 341.5	6 060 812	−9.626	0.000
	1	2 361.343				
SMOOTH	0	1 951.733	420 063	503 091	−12.600	0.000
	1	1 236.096				
PE	0	1 955.257	08 290	491 318	−13.171	0.000
	1	1 207.170				
GROW	0	1 966.788	369 779	452 807	−15.040	0.000
	1	1 112.548				
VIOL	0	1 838.095	559 766.5	6 139 237	−17.841	0.000
	1	2 168.652				
MS	0	1 879.528	661 226.5	744 254.5	−2.346	0.019
	1	1 828.635				
GQL	0	1 817.485	490 930.5	6 070 401	−11.057	0.000
	1	2 337.783				
GQH	0	1 909.259	561 925.5	644 953.5	−6.925	0.000
	1	1 584.652				
PCF	0	1 924.698	510 358.5	593 386.5	−8.218	0.000
	1	1 457.952				
EQUNOT	0	1 819.414	497 372.5	6 076 843	−28.338	0.000
	1	2 321.955				
QUICK	0	1 973.391	347 723	430 751	−16.111	0.000
	1	1 058.356				
BANK	0	1 829.358	530 585	6 110 055	−7.237	0.000
	1	2 240.351				
BAD	0	1 769.766	331 548	5 911 018	−16.896	0.000
	1	2 729.386				
CL	0	1 790.685	401 418	5 980 888	−22.129	0.000
	1	2 557.715				
DB	0	1 844.153	580 002	6 159 472	−5.917	0.000
	1	2 118.934				

续表

变量	组别	Mean Rank	Mann–Whitney U	Wilcoxon W	Z	Asymp. Sig.
IMPR	0	1 857.233	623 688	6 203 158	-3.101	0.002
	1	2 011.597				
LITI	0	1 789.007	395 812	5 975 282	-18.771	0.000
	1	2 571.489				
LOSS	0	1 755.522	283 974	5 863 444	-30.697	0.000
	1	2 846.275				
RETUM	0	1 948.472	430 953	513 981	-12.071	0.000
	1	1 262.853				
COMP	0	1 881.566	654 421	737 449	-1.226	0.220
	1	1 811.914				
IMPO	0	1 937.982	465 991	549 019	-10.371	0.000
	1	1 348.941				
BIG	0	1 893.682	613 953.5	696 981.5	-4.385	0.000
	1	1 712.485				

注：0 = 标准无保留意见，1 = 非标意见，双尾检验（2 – tailed）。

表 5 – 7　标准无保留意见、持续经营意见与非持续经营非标意见样本组 Kruskal – Wallis H 检验

变量	审计报告类型	N	Mean Rank	Chi – Square	Asymp. Sig.
OPI	0	3 339	1 769.42	1 143.784	0.000
	1	209	2 969.368		
	2	199	2 478.324		
GC	0	3 339	1 819.272	1 194.571	0.000
	1	209	2 699.411		
	2	199	1 925.389		
NGC	0	3 339	1 824.148	415.409	0.000
	1	209	2 143.957		
	2	199	2 426.935		
SIZE	0	3 339	1 955.734	230.017	0.000
	1	209	817.622		
	2	199	1 612.05		
INVEST	0	3 339	1 851.04	15.290	0.000
	1	209	1 998.498		
	2	199	2 128.487		

续表

变量	审计报告类型	N	Mean Rank	Chi-Square	Asymp. Sig.
INVENT	0	3 339	1 914.974	45.918	0.000
	1	209	1 466.11		
	2	199	1 614.889		
RECEI1	0	3 339	1 789.962	189.769	0.000
	1	209	2 675.263		
	2	199	2 442.543		
RECEI2	0	3 339	1 822.577	108.910	0.000
	1	209	2 623.799		
	2	199	1 949.337		
ACCD	0	3 339	1 814.211	127.739	0.000
	1	209	2 668.361		
	2	199	2 042.915		
SMOOTH	0	3 339	1 952.218	164.786	0.000
	1	209	1 344.464		
	2	199	1 117.729		
PE	0	3 339	1 955.793	211.392	0.000
	1	209	890.6388		
	2	199	1 534.374		
GROW	0	3 339	1 966.759	254.698	0.000
	1	209	832.2416		
	2	199	1 411.716		
VIOL	0	3 339	1 837.544	331.707	0.000
	1	209	2 208.385		
	2	199	2 134.51		
MS	0	3 339	1 879.558	6.951	0.031
	1	209	1 804.892		
	2	199	1 853.317		
GQL	0	3 339	1 817.667	134.259	0.000
	1	209	2 491.868		
	2	199	2 170.286		
GQH	0	3 339	1 909.465	51.478	0.000
	1	209	1 507.852		
	2	199	1 663.485		

续表

变量	审计报告类型	N	Mean Rank	Chi – Square	Asymp. Sig.
PCF	0	3 339	1 925.271	69.262	0.000
	1	209	1 422.029		
	2	199	1 488.41		
EQUNOT	0	3 339	1 819.416	1 362.424	0.000
	1	209	2 707.411		
	2	199	1 914.56		
QUICK	0	3 339	1 973.902	336.944	0.000
	1	209	602.5167		
	2	199	1 533.136		
BANK	0	3 339	1 829.122	52.941	0.000
	1	209	2 261.861		
	2	199	2 219.653		
BAD	0	3 339	1 769.899	307.816	0.000
	1	209	2 981.225		
	2	199	2 457.829		
CL	0	3 339	1 790.157	567.251	0.000
	1	209	2 832.103		
	2	199	2 274.54		
DB	0	3 339	1 844.317	34.542	0.000
	1	209	2 112.033		
	2	199	2 122.05		
IMPR	0	3 339	1 857.443	11.345	0.003
	1	209	1 944.835		
	2	199	2 077.417		
LITI	0	3 339	1 788.552	370.872	0.000
	1	209	2 725.333		
	2	199	2 413.616		
LOSS	0	3 339	1 755.012	1 007.333	0.000
	1	209	3 099.935		
	2	199	2 582.945		
RETUM	0	3 339	1 948.354	150.011	0.000
	1	209	1 146.876		
	2	199	1 390.09		

续表

变量	审计报告类型	N	Mean Rank	Chi – Square	Asymp. Sig.
COMP	0	3 339	1 882.08	8.125	0.017
	1	209	1 940.211		
	2	199	1 668.882		
IMPO	0	3 339	1 937.645	148.357	0.000
	1	209	1 013.565		
	2	199	1 709.789		
BIG	0	3 339	1 893.816	19.604	0.000
	1	209	1 696.495		
	2	199	1 727.937		

注：0＝标准无保留意见，1＝持续经营意见，2＝非持续经营非标意见。

2. 二分类 Logit 模型回归结果

我们分别进行了混合截面数据的分类因素模型和综合因素模型回归，并对综合因素模型进行了分年度回归。表 5 – 8 和表 5 – 9 分别列出了回归结果。

如果单独考察各分类因素对是否出具非标意见的影响，我们发现各类因素的大部分指标均在 1% 的水平上显著，其中个别认定层次风险类与客户经营风险类因素对非标意见行为的解释度最高，Nagelkerke R Square 分别达到了 0.294 和 0.507，独立性风险类因素的解释度最低。在个别认定层次风险类指标中，存货比例与盈余平滑幅度的符号为负，同预期的不相一致，前者意味着审计师对存货项目的风险考虑可能并不是来自于审计程序性风险，更可能是从实物资产对企业债务的保障角度，这在其后的无序多分类 Logit 模型及对不同程度非标意见的有序 Logit 回归结果中也得到了一致的证据支持。盈余平滑幅度与非标意见显著负相关，我们初步推测或许是因为投资者偏好平稳的盈余，或者可能是投资者不能识别稳定的盈余数字后的盈余管理行为。财务报表层次风险类指标、经营风险类指标和独立性风险类指标中，只有主营业务增长率、股权集中度高、流动比率、关联方占用资金不显著，但符号与预期一致。其他指标与预期一致，当财务报表层次风险越高、客户经营风险越高，被出具非标意见的可能性越高；而独立性风险越高，被出具非标意见的可能性越低。

全部因素回归结果显示，上年度审计意见为非标准意见、公司规模、长期投资、往来款（债权）比例、市盈率、净资产为负、坏账计提比例、预计负债比例、未决诉讼、当年发生亏损、本年度有违规处理与非标意见行为显著正相关，每股现金流量、相对市场业绩与非标意见行为显著负相关。代表盈余管理的两个指标：可操控性应计与盈余平滑均不显著。存货与盈余平滑指数的符号为负，与分类因素回归结果一致。同样代表"函证"程序风险的两个指标往来款（债权）比例及往来款（债务）比例，前者与非标意见行为显著正相关，后者相关性不显著，意味着审计师对往来款项的关注或许并不是因为审计程序风险，而是资产价值的不确定性。总的来看，显著性变量主要集中在前三类因素中，代表独立性因素的指标都不显著（只有事务所市场综合竞争系数在10%的水平上显著）。从Wald统计量的大小分析，影响非标意见出具行为最重要的因素包括上年度审计意见为非标意见、当年度发生亏损、往来款（债权）比例、市盈率、坏账计提比例、每股现金流量、存在未决诉讼，[①] 可见，客户经营风险是审计师是否出具非标意见的主要考虑因素，财务报告重大错报风险的影响比较弱。因此不同类型的审计风险因素对审计师是否出具非标准审计报告行为的影响程度有着明显差异。

从模型预测整体正确率来看，综合因素模型达到了94.2%，但对非标意见预测的正确率不是很高，只达到了61.2%。不过通过预测正确率判断Logistic回归模型拟合效果有一定的不足，如对预测概率为0.9与0.6这两种不同情况，预测正确率的计算将其均简单地划分为同一类，因此损失了大量的信息（张文彤，董伟，2006），ROC曲线图通过直接使用模型的预测概率进行判断，可以避免以上不足，我们在附录5-2中列示了综合因素模型的ROC曲线图，从图中我们可以看到，曲线基本上是从左下角垂直上升至顶，然后在水平方向上向右延伸到右上角，表5-9是对曲线下面积的估计值，为0.951，其95%的置信区间为（0.941，0.962），无效假设的面积为0.5，这些均表明当前模型的预测效果和无效模型相比是比较好的。

表5-8　　　　　　　　　　　分类因素及全部因素回归结果

变量	分类因素模型									全部因素模型	
	B	Wald (sig)	B	Wald (sig)	B	Wald (sig)	B	Wald (sig)	B	Wald (sig)
个别认定层次风险类指标										
INVEST	3.039	26.080 0.000***							2.056	6.251 0.012**

---

① Wald统计量均大于10。

续表

变量	分类因素模型								全部因素模型	
	B	Wald (sig)	B	Wald (sig)	B	Wald (sig)	B	Wald (sig)	B	Wald (sig)
INVENT	-3.444	28.196 0.000***							-0.991	1.857 0.173
RECEI1	4.834	154.560 0.000***							3.077	25.851 0.000***
RECEI2	2.657	53.076 0.000***							0.500	0.468 0.494
ACCD	4.949	58.264 0.000***							1.597	2.580 0.108
SMOOTH	-0.599	53.172 0.000***							-0.065	0.768 0.381
PE	0.000	0.371 0.543							0.002	23.659 0.000***
报表层次风险类指标										
GROW			0.003	0.369 0.543					0.006	0.725 0.395
VIOL			2.481	170.942 0.000***					0.748	7.159 0.007***
MS			-0.769	5.635 0.018**					-0.162	0.145 0.703
GQL			0.960	47.295 0.000***					0.251	1.575 0.210
GQH			-0.211	1.591 0.207					0.003	0.000 0.989
客户经营风险类指标										
PCF					-0.572	15.670 0.000***			-0.598	12.291 0.000***
EQUNOT					1.324	12.752 0.000***			0.994	4.428 0.035**
QUICK					-0.054	0.689 0.406			-0.082	1.653 0.199

续表

变量	分类因素模型								全部因素模型	
	B	Wald(sig)	B	Wald(sig)	B	Wald(sig)	B	Wald(sig)	B	Wald(sig)
BANK					1.169	10.9750.001***			0.773	2.5920.107
BAD					2.553	57.8570.000***			1.807	17.2030.000***
CL					4.616	10.2270.001***			2.810	4.0870.043**
DB					1.289	4.2840.038**			0.284	0.2130.644
IMPR					0.125	0.7100.400			-0.021	0.0200.887
LITI					0.971	44.3780.000***			0.605	12.5980.000***
LOSS					1.942	155.5520.000***			2.153	108.3160.000***
RETUM					-1.031	5.4980.019**			-1.231	6.2720.012**
独立风险类指标										
COMP							-0.038	3.5330.060*	-0.059	3.3330.068*
IMPO							-8.654	34.1660.000***	-1.605	2.0260.155
BIG							-0.736	22.3780.000***	0.061	0.0640.800
综合风险类指标										
OPI									2.661	170.3730.000***
SIZE									0.257	5.6380.018**
Y04	0.235	2.0620.151	0.370	6.3860.012**	0.419	5.0700.024**	0.392	7.9770.005***	0.980	18.7170.000***

续表

变量	分类因素模型								全部因素模型	
	B	Wald (sig)	B	Wald (sig)	B	Wald (sig)	B	Wald (sig)	B	Wald (sig)
Y05	0.231	1.989 0.158	0.492	11.854 0.001***	0.404	4.402 0.036**	0.363	6.870 0.009***	0.732	9.592 0.002***
Constant	-3.646	244.974 0.000***	-2.958	366.395 0.000***	-4.726	277.884 0.000***	-1.644	88.780 0.000***	-11.388	23.258 0.000***
Nagelkerke R Square	0.294		0.156		0.507		0.048		0.638	
Chi-square (Sig.)	591.386 (0.000)		301.923 (0.000)		1087.537 (0.000)		91.341 (0.000)		1428.279 (0.000)	
模型预测整体正确率	92.8%		90.2%		93.0%		89.1%		94.2%	
标准意见预测正确率	99.07%		99.0%		98.2%		100%		98.2%	
非标意见预测正确率	18.92%		13.8%		49.9%		0		61.2%	

注：*** 表示在1%的水平上显著，** 表示在5%的水平上显著，* 表示在10%的水平上显著。

在分年度回归结果中（见表5-9），全部三个年度均显著的共同因素有上年度的审计意见类型和本年度是否亏损两个指标。其他在混合截面回归中显著的变量则在各年度间呈现出不一致，或者在某一年度显著，在另一年度不显著，而先前不显著的变量中，在某一年度则变为显著。如2003年度存货在5%的水平上与非标意见行为负相关，可操控性应计在5%的水平上与非标意见行为正相关；2004年度单一客户的重要性在1%的水平上与非标意见行为负相关；2005年度多个重大或有事项风险指标如坏账计提、预计负债、关联方资金占用均与非标意见显著正相关。以上结果表明在2003～2005年的各年度期间，审计师对风险因素的关注是有差异的，这种差异或许来自各个时期的制度和监管重点变化，或许来自于某个时期公司财务报告中出现的某些普遍性违规行为。如果不考虑存货（INVENT）、往来款债权（RECEI1）和市盈率（PE）三个变量①，我们发现2003年度的审计报告行为与其他两年相比有着较为显著的差异，该年度审计报

---

① 这三个变量在实证结果中显示并非财务报告错报风险因素。

告对财务报告错报风险给予了更多关注,这与我们之前所提到的在该年度中有关监管政策的集中发布相关。

表 5-9　分年度回归结果

变量	2003 年（Sample：1179）B	Wald	Sig.	2004 年（Sample：1241）B	Wald	Sig.	2005 年（Sample：1327）B	Wald	Sig.
OPI	2.810	58.565	0.000***	2.849	45.909	0.000***	2.856	62.777	0.000***
SIZE	0.256	0.948	0.330	0.715	9.351	0.002**	0.125	0.491	0.483
INVEST	3.384	3.692	0.055*	1.317	0.805	0.370	2.158	2.279	0.131
INVENT	-3.612	4.552	0.033**	0.144	0.014	0.907	-0.587	0.253	0.615
RECEI1	1.963	2.971	0.085*	3.611	9.076	0.003***	3.041	7.895	0.005***
RECEI2	1.470	1.278	0.258	-0.689	0.272	0.602	1.073	0.661	0.416
ACCD	2.677	4.029	0.045**	-0.306	0.012	0.912	-2.071	0.361	0.548
SMOOTH	-0.025	0.142	0.707	-0.029	0.042	0.837	-0.348	1.477	0.224
PE	0.002	6.920	0.009***	0.003	16.828	0.000***	0.002	2.690	0.101
GROW	-0.545	4.083	0.043**	0.005	0.490	0.484	0.024	0.738	0.390
VIOL	1.622	9.953	0.002***	0.499	1.060	0.303	0.678	1.421	0.233
MS	-0.896	0.581	0.446	0.427	0.330	0.565	-0.262	0.182	0.669
GQL	0.363	0.761	0.383	0.272	0.600	0.439	0.330	0.891	0.345
GQH	-0.141	0.083	0.774	-0.153	0.147	0.702	0.357	0.874	0.350
PCF	-0.699	3.961	0.047**	-0.144	0.246	0.620	-1.171	14.195	0.000***
EQUNOT	0.945	1.000	0.317	1.038	1.238	0.266	1.470	3.822	0.051*
QUICK	0.098	2.097	0.148	-0.237	2.030	0.154	-0.099	0.424	0.515
BANK	1.416	2.404	0.121	0.278	0.102	0.749	1.019	1.362	0.243
BAD	0.571	0.461	0.497	1.735	3.998	0.046**	2.410	10.397	0.001***
CL	3.366	2.255	0.133	1.925	0.683	0.408	8.485	5.769	0.016**
DB	0.287	0.082	0.775	0.109	0.012	0.914	2.726	1.024	0.312
IMPR	-0.040	0.098	0.754	1.324	1.473	0.225	27.884	9.783	0.002***
LITI	0.575	2.619	0.106	0.700	5.097	0.024**	0.303	0.966	0.326
LOSS	1.889	17.019	0.000***	2.953	58.834	0.000***	1.718	23.038	0.000***
RETUM	-1.517	1.285	0.257	-1.650	3.126	0.077*	-1.509	3.791	0.052*
COMP	-0.076	0.995	0.319	-0.073	2.217	0.137	-0.038	0.448	0.503
IMPO	-2.126	0.710	0.399	-11.658	6.719	0.0095***	1.607	0.867	0.352
BIG	-0.263	0.249	0.618	-0.055	0.018	0.894	-0.108	0.059	0.808
Constant	-11.233	4.080	0.043**	-19.470	15.208	0.000***	-8.360	4.430	0.035**

续表

变量	2003年（Sample：1179）			2004年（Sample：1241）			2005年（Sample：1327）		
	B	Wald	Sig.	B	Wald	Sig.	B	Wald	Sig.
Nagelkerke R Square	0.652			0.656			0.675		
Chi – square（Sig.）	391.916（0.000）			513.578（0.000）			581.213（0.000）		
模型预测整体正确率	95.7%			94.3%			93.8%		
标准意见预测正确率	98.7%			98.2%			98.2%		
非标意见预测正确率	61.9%			65.3%			62.6%		

注：*** 表示在1%的水平上显著，** 表示在5%的水平上显著，* 表示在10%的水平上显著。

3. 无序多分类 Logit 模型回归结果

我们将非标意见进一步细分为持续经营非标意见和非持续经营非标意见，采用了无序多分类 Logit 模型回归方法，以考察上述风险因素对出具不同性质的非标准审计意见的影响差异，因分年度后非标意见子样本组样本量过少，我们不再进行分年度回归。样本分布情况如表 5 – 10 所示。

表 5 – 10　　　　　　　　　样本分布情况表

样本类型/年度	标准无保留意见	持续经营非标意见	非持续经营非标意见	小计
2003	1 082	47	50	1 179
2004	1 094	73	74	1 241
2005	1 163	89	75	1 327
合计	3 339	209	199	3 747

回归结果表明（见表 5 – 11），与我们的预期相一致，客户经营风险是两类非标准审计报告都关注的因素，但在其他类型风险因素上则有着较为明显的差异：（1）在个别认定层次风险类指标中，长期股权投资比例与非持续经营非标意见显著正相关，但与持续经营意见并没有显著相关性。往来款债权、债务两个指标的回归结果表明，尽管这两个项目都涉及"函证"这一高风险的审计程序，但我们推断审计师重点关注的并不是审计程序性风险，而是这两个项目蕴含的对企

业未来财务状况的不确定性影响,因此,往来款债权指标与两种非标意见报告类型均在1%的水平上正相关,但往来款债务指标却与两种非标意见类型皆无显著相关性。盈余管理的中的可操控性应计指标与持续经营意见显著正相关,与我们预期不一致,这可能与持续经营公司进行了更多的盈余管理有关,从描述性统计可得知持续经营公司的可操控性应计均值与另外两种类型公司相比存在显著差异,其数额更大。(2) 我们假设公司治理与内部控制类因素更容易导致整个财务报表不实,因此更容易被出具非持续经营的非标意见,这一假设得到了部分验证,代表管理层品质的变量(VIOL = 0)与非持续经营非标意见显著负相关(Sig. = 0.004),但与持续经营非标意见并无显著相关性。(3) 独立性风险指标回归结果与预测不完全一致,在两类非标意见样本中,审计报告行为都存在独立性风险。其中,事务所综合竞争系数与非持续经营非标意见显著负相关(Sig. = 0.007),与持续经营意见却无显著相关性,即审计师面临的市场竞争越缓和,出具非持续经营非标意见的可能性越小。客户的重要性与持续经营意见在5%的水平上负相关(Sig. = 0.0496),表明审计师对客户的依赖性越大,出具持续经营非标意见的可能性越小。独立性风险因素在两类非标意见样本中这种不同的影响作用与样本公司审计师的特征相关,在描述性统计中,我们发现持续经营样本公司的审计师面临的市场竞争系数更大,审计师规模更小,第4章的实证结果显示,审计师面临的市场竞争与我国审计市场的声誉机制之间有着显著的相关性,市场竞争越缓和,声誉效应的发挥越弱,越容易引发审计师的独立性风险,同时审计师规模越大,所受到的声誉损失越严重,因此,在其他条件不变的情况下,事务所综合竞争系数与非持续经营非标意见更易表现出显著相关性,而规模较小的审计师所受到的声誉损失相对较小,且对大客户的依赖更多,因此,在这类样本中客户的重要性与审计意见更易表现出显著相关性。(4) 此外,财务状况指标中流动比率在二分类 Logit 模型中不显著,但现在与持续经营意见显著负相关(Sig. = 0.006),与非持续经营非标意见仍然没有显著相关性。综合风险因素中,客户公司规模与非持续经营非标意见显著正相关,表明公司规模越大,审计业务越复杂,可能产生的错报风险越大,审计师越容易出具非标准意见。综合上述分析,我们可以看出,持续经营意见主要关注公司的经营风险指标,非持续经营非标意见同样关注了公司的经营风险,但除此之外,所考虑的因素还涉及财务报表本身的错报风险,而独立性风险因素在两类非标意见中也有着不同的影响作用。可见,各类型的风险因素在不同类型的非标意见行为中存在明显差异,分别对不同性质的非标意见行为进行考察是必要的。

表 5-11　无序多分类 Logit 模型回归结果

变量	持续经营意见样本 B	Wald	Sig.	Exp（B）	非持续经营非标意见样本 B	Wald	Sig.	Exp（B）
Intercept	6.087	2.473	0.116		-3.750	1.860	0.173	
[GC=0]	-4.235	96.926	0.000***	0.014	-1.973	19.857	0.000***	0.139
[NGC=0]	-2.476	56.217	0.000***	0.084	-2.483	111.750	0.000***	0.084
SIZE	-0.050	0.090	0.764	0.951	0.353	9.160	0.002***	1.424
INVEST	1.696	1.854	0.173	5.455	2.227	6.454	0.011**	9.274
INVENT	-0.456	0.127	0.721	0.634	-0.743	0.893	0.345	0.476
RECEI1	4.400	25.323	0.000***	81.457	2.934	19.174	0.000***	18.794
RECEI2	-0.124	0.024	0.878	0.883	0.071	0.008	0.928	1.073
ACCD	2.893	5.964	0.015**	18.051	0.798	0.477	0.490	2.220
SMOOTH	-0.091	0.235	0.628	0.913	-0.081	0.927	0.336	0.922
PE	0.002	13.499	0.000***	1.002	0.002	18.544	0.000***	1.002
GROW	0.001	0.002	0.963	1.001	0.008	1.633	0.201	1.008
[VIOL=0]	-0.693	3.394	0.065*	0.500	-0.877	8.773	0.003***	0.416
[MS=0]	1.810	1.912	0.167	6.111	-0.057	0.018	0.895	0.944
[GQL=0]	-0.362	1.354	0.245	0.696	-0.129	0.345	0.557	0.879
[GQH=0]	-0.199	0.252	0.615	0.820	0.117	0.228	0.633	1.124
[EQUNOT=0]	-1.177	4.663	0.031**	0.308	0.140	0.052	0.820	1.151
PCF	-0.691	8.301	0.004***	0.501	-0.644	12.945	0.000***	0.525
QUICK	-0.923	7.852	0.005***	0.397	-0.051	0.667	0.414	0.950
[LOSS=0]	-2.936	68.833	0.000***	0.053	-1.852	65.520	0.000***	0.157
BANK	0.744	1.053	0.305	2.103	0.563	1.229	0.268	1.756
BAD	1.710	14.784	0.000***	5.528	1.787	16.212	0.000***	5.974
[LITI=0]	-0.733	7.523	0.006***	0.481	-0.544	8.320	0.004***	0.581
CL	2.397	2.880	0.090*	10.994	2.604	3.379	0.066*	13.515
DB	0.160	0.072	0.788	1.174	0.516	0.766	0.382	1.675
IMPR	-0.034	0.035	0.851	0.967	-0.004	0.000	0.983	0.996
RETUM	-1.721	5.532	0.019**	0.179	-1.080	3.887	0.049**	0.339
COMP	0.031	0.461	0.497	1.031	-0.111	7.121	0.008***	0.895
IMPO	-4.552	3.886	0.049**	0.011	-1.249	1.237	0.266	0.287
[BIG=0]	-0.235	0.374	0.541	0.790	0.020	0.006	0.939	1.021
[Y04=0]	-0.974	7.502	0.006***	0.378	-0.889	12.703	0.000***	0.411
[Y05=0]	-0.930	6.501	0.011**	0.395	-0.602	5.343	0.021**	0.548
Nagelkerke R-Square				0.630				
LR Chi-Square (Sig.)				1 669.747 (0.000)				

注：参照水平为标准审计意见，哑变量的各统计结果均为此变量=0 时的值。*** 表示在 1% 的水平上显著，** 表示在 5% 的水平上显著，* 表示在 10% 的水平上显著。

4. 多重共线性及敏感性分析

由于我们在模型中选择了较多的解释变量，需要对变量之间的多重共线性问题进行检验，Logistic 回归不能像线性回归那样容易地判断变量间的多重共线性程度，我们首先对各自变量进行了 Pearson 和 Spearman 相关系数检验（见附录 5-3），发现某些变量之间存在线性相关（显著性水平 <0.05），表明上述 Logistic 模型可能存在多重共线性，但相关系数矩阵显示各变量之间相关系数均较小，因此多重共线性并不严重。进一步地，我们用相同的因变量和自变量拟合线性回归模型进行共线性诊断，结果显示各变量的方差膨胀因子均远远低于 2，大多数基本在 1.1 左右（见附录 5-4），这也说明了变量间的多重共线性并不严重。另外，我们考虑是否可以从自变量中提取主要变量，以最大可能地保持原有的信息，但采用因子分析后的结果显示，KMO（Kaiser - Meyer - Olkin Measure）仅为 0.640，特征根大于 1 的 12 个因子累计方差贡献率也仅为 59.757%，如果要达到 90% 的解释力度，则需要提取 24 个指标，因此采用因子分析方法来降维的意义并不大。根据 Kaiser（1974）的标准，并不太适合采用因子分析方法减少变量的数目，因此我们并没有采用因子分析的方法改进。采用逐步回归法可以部分消除多重共线性影响，但会导致信息损失，我们在附录 5-5 中列出了逐步回归的结果。

我们对盈余管理替代指标——"可操控性应计"分别采用了基本琼斯模型、考虑线下项目的基本琼斯模型（夏立军，2003，2006），考虑线下项目的分段基本琼斯模型三种方法进行了替代分析，并不影响结果的稳定性。可见，在综合因素的影响下，公司的盈余管理行为并没能成为审计师出具非标意见行为的主要影响因素。另外，我们用当地市场的市场竞争结构变量（某一子市场上市公司数量/审计师数量）来替代审计师的综合竞争系数，旨在考察当地的市场竞争结构是否是影响审计报告行为的独立性风险因素，但在各次回归中，该变量都不显著，说明相比较之下，审计师的综合竞争系数是一个更有针对性地描述审计师市场竞争的指标。

5.4 本章小结

本章对我国审计师出具非标准审计报告行为的风险因素进行了实证检验，结果显示：(1) 客户经营风险是出具非标准审计报告行为最主要的影响因素，财务报告本身质量因素的影响相对较弱，独立性风险因素对两类不同性质的非标准审计报告行为均有影响；（2）客户经营风险对两类不同性质的非标准审计报告行为均存在显著影响，表明审计师对这类风险的关注不仅仅因为它反映了公司的持续经营问题，还在于它所具备的对审计失败的识别功能；（3）独立性风险因素在两类不同性质的非标准审计报告行为中的不同影响效应也进一步验证了第4章的研究结论，即我国审计市场声誉机制已具备一定的功能，并对审计独立性产生了影响；（4）各类型风险因素对两类不同性质的非标准审计报告行为的影响存在明显差异，这意味着区分不同性质的审计报告类型建立审计意见预测模型更为合理。

第6章 财务报表审计报告中的重要性判断

上一章我们考察了各类审计风险因素对出具非标准审计报告行为的影响及其差异，在此基础上，我们想知道这些因素及其重要性水平是否会影响审计意见类型的判断决策。因此，在这一章里我们对以下三个问题进行了考察：对不同性质的非标准审计报告，哪些因素影响了审计意见类型的判断与决策？这些因素的重要性水平在不同意见类型之间的是否存在显著的差异？审计意见类型判断决策的一致性如何？

6.1 重要性、一致性与审计风险

在其他条件相同的情况下，重要性是考虑审计意见类型的主要因素，重要性判断包括判断事项和判断水平两个方面，但对于这两方面都不存在客观的、统一的外部标准来衡量其结论的准确性，审计准则也没有对此提供具体的指导，需要审计师依靠自身的经验、知识和能力作出专业判断，存在很大的主观性，同样一类事项，不同审计师对其重要性认识不同所确定的重要性水平就会有所差异，而同样大小的错报，也可能会因为审计师确定的重要性水平不同被出具不同的审计意见类型。在这种情况下，多个审计师的意见一致性是用于评价某个审计师判断质量的最常用的标准，莫茨和夏拉夫（1969）认为评价谨慎者的判断和行为的合理性时，一般的检验标准是拥有共同知识的理性人所采取的措施。[1] Mstsumum 和 Subramanyam（1997）指出审计人员应有的谨慎程度的标准应参照在类似的情况

---

[1] [美]罗伯特·K·莫茨．[埃及]侯赛因·A·夏拉夫著．文硕等译．审计理论结构．北京：中国商业出版社．1990：173．

下其他审计人员的谨慎程度。Trotman（1998）认为审计判断的一致性是实践中衡量审计判断质量和效果的标准之一，"一致性"包括判断共识和判断稳定性，前者是指不同的审计人员在同一时间根据相同的资料作出判断的一致程度，后者指同一个审计人员对同一事项在不同时间作出判断的一致程度，一致性越高，审计判断的质量越高。虽然审计师在审计过程中所确定的财务报表层次和各类交易、账户余额、列报认定层次的具体重要性水平是不可观察的，但通过比较不同审计师在类似环境下出具的审计意见类型可以推测审计师在确定审计重要性上的差异和高低，并可以作为事后衡量审计质量以及判断审计责任的法律依据。如法庭在对审计师的过失责任进行认定时，往往通过审计师对重要性的确定来衡量其在执业过程中是否保持了应有的关注和谨慎。因此，审计重要性判断的一致性不仅可作为衡量审计师出具审计报告质量的重要标准，也是衡量单个审计师审计风险的重要依据，单个审计师偏离一致性程度越高，审计风险越大。

6.2 文献回顾与研究假设

审计重要性是审计判断研究的一个重要领域，国外对这一主题的研究从早期的规范研究，如重要性概念及在实务中如何应用，到20世纪70年代以后主要转入实证研究，由于审计重要性概念在准则中并没有明确的操作性指南，会计公司有关重要性评估的信息也没有对外披露，对重要性的研究大多采用了问卷调查和实验研究方法，档案研究的数量则相对较少。已有研究的结果表明影响审计重要性判断的最重要的因素是收益及其变动的大小，包括净收益、来自经常性项目的税后收益、每股收益（EPS）、净资产收益率等指标，同时研究者大都选择从某一具体项目导致的收益变动大小来考察重要性水平的阈值点，如存货减值项目、未决诉讼项目、累计折旧的变化、固定资产使用年限变化、会计政策变化、非经常性项目规模等，通过这些实证结果，研究者普遍认为当这些项目导致的税后净收益变动在10%以上则表明是重大的，当收益的变动低于4%～5%则表明是不重大的，这两点之间则是一种"灰色"地带。研究还发现规模大的事务所确定的重要性水平要高于规模较小的事务所。除了收益之外，其他判断影响因素还包括：股价变动、公司规模、股票系统性风险（β）、行业性质、审计师是否为"N"大、事务所结构、审计责任的大小等，但这些因素在审计重要性判断中的解释能力比较弱，同时结论更为复杂，并没有得出完全一致的结论。Holstrum 和

Messier（1982）；Gene Chewning 等（1989）；Icerman 和 Hillison（1991）；Libby 和 Kinney（2000）；DeZoort 等（2006）这些研究的主要缺陷在于主要针对个别事项的重要性进行检验。Blokdijk 等（2003）运用线性回归模型对审计重要性的多个影响因素同时进行了考察，他们发现审计客户的规模、内部控制质量、资产回报率大小、审计业务复杂性及审计师规模都是影响审计重要性判断的因素，并且与以往研究结论不同的是他们发现在同等条件下"五大"所确定的重要性水平要低于非"五大"。Pottillo（1976）调查研究了不同群体对审计重要性判断的一致性问题，研究显示，在下列6种群体中：500强公司的经理人、非500强公司的经理人、银行、财务分析师、审计师和会计学者，不同的群体对重要性的估计有着显著的差异，以净收益为例，其均值的变动区间为5.2%~8.3%，其中财务分析师的均值水平是最低的，大公司经理人的均值水平最高。在同一群体内部，对重要性水平的估计的一致性也呈现明显的差异，相对于财务报告外部使用者，公司经理人对重要性水平阈值点的估计一致性较高。同时，Pottillo 还发现所判断事项的性质、判断事项与净收益的相关性以及判断事项本身的绝对规模是影响参与者决策的最重要的因素。Firth（1979）的研究则表明审计师对重要性水平的估计界于外部使用者和财务报告提供者之间。除了档案研究以外，对审计重要性判断的实验研究方法发展非常快，它最初主要应用在有关"政策捕获"这一领域，并逐步发展到研究判断决策的过程及如何提高判断的绩效。"政策捕获"以实验研究的方式寻找影响审计师重要性判断决策的影响因素，审计判断的一致性研究是其中重要主题之一，但实验研究是在一种可控制的、人为设计的"仿真"环境中进行的，无法完全体现真实、复杂环境中的决策行为，其研究结果能否反映群体性行为特征也具有不确定性。

相对于国外的研究，国内研究在该领域主要还是以规范性研究为主，实证研究的数量非常少，王英姿（2000）采用案例分析的方法，以我国上市公司2000年年报为样本，对审计师出具不同审计意见类型时的判断差异进行了分析，作者主要采用利润总额、资产总额、主营业务收入三个指标，通过计算审计意见说明段中披露的说明事项金额占这三个指标的比例来比较不同注册会计师在重要性水平判断方面的差异，结论认为我国注册会计师对审计意见类型重要性水平的判断存在较大差异。张晓岚等（2006a）以我国2003年和2004年被出具持续经营审计意见的所有A股上市公司为样本，选择了9个代表企业持续经营能力状况的财务指标，比较分析了不同意见类型在这9个指标上的差异状况，研究结果显示，在同一审计意见类型中，上市公司的持续经营能力存在明显差异；上市公司持续经营能力上并不存在显著差异，但却被出具了不同类型的审计意见，表明了审计师在持续经营审计判断中存在严重偏误。张晓岚等（2006b）以同样的样本，选择了样本公司被出具的、发生频率较高的财务方面的 11 种重大疑虑事项，并转换为 11 个财务指标和 1 个"发生事项数量"指标，考察了不同审计意见类型在这 12 个指标上的判断差异情况，研究结果认为审计师以重大疑虑事项为主要判断证据实施的审计判断存在显著差异。后面这两篇文献的特点都是运用描述性统计和不同意见类型两两比较的单变量分析方法，这两种方法尽管可以在一定程度上揭示出审计师出具审计意见类型时的判断差异情况，但现实中，审计报告行为是对多种因素的一种综合判断行为，考虑多因素的共同作用所得到的结果相对来说更为可靠，同时也可获得有关不同因素在审计师判断行为影响效应上的比较信息。虽然张晓岚等（2006b）应用了二分类的 Logit 模型对强调无保留意见与无法表示意见二者之间的影响因素差异进行了回归分析，但这种分析并没有扩展到全部的审计意见类型，因此是不完全的。此外，在"审计意见变通"研究领域也间接地涉及不同意见类型的重要性判断差异问题，但通常也仅限于两种意见类型之间，如有说明段和无说明段、带强调段的无保留意见和保留意见等（孙铮和王跃堂，2000；王跃堂和陈世敏，2001；李爽和吴溪，2003）。

综合国内外对审计重要性的研究，研究者对审计重要性判断的影响因素或者说重要性的判断事项、重要性水平的阈值点以及判断一致性都进行了研究。关于重要性判断影响因素的研究所涉及的因素也比较广泛，从最初的财务报告项目、客户风险特征变量发展到审计程序以外的其他因素如审计独立性因素都进行了考察。重要性水平阈值点的研究则表明审计师的判断并没有统一、明确的界线，而是处于两端的两个区间范围，分别代表"重大"和"不重大"，中间则是一片"灰色"的模糊区域。这些都证明了现实中审计重要性判断的影响因素以及重要性水平的确定是非常复杂的，这种复杂性必然会加大审计师选择审计意见类型时的决策难度，从而削弱审计师判断决策的一致性。但在一定的法律及市场约束机制下，审计师在某些重要因素上将取得较为一致的判断结果，并在不同的审计意见类型间体现出一定的重要性水平差异，如此前研究中结论较为一致的收益及其相关因素。但我国审计师会在哪些具体因素上取得共识，则是一个实证的问题。基于第 4 章和第 5 章的研究结果及上述分析，我们推断我国审计师在选择出具不同意见类型的非标准审计报告时具有以下行为特征：（1）审计师针对不同性质的非标意见在选择意见类型时的判断依据会有所差异，非持续经营非标意见将更多地依据财务报告错报风险及独立性风险类因素，持续经营意见将更多地依据经营风险类因素。(2) 审计师确定的重要性水平与财务报告错报风险、客户经营风险、独立性风险相关，财务报告错报风险及经营风险越高，所确定的重要性水平越低，越容易出具更为严重的审计意见类型，独立性风险越高，所确定的重要性水平越高，越容易出具更为缓和的审计意见类型。(3) 不同审计意见类型之间其重要性水平存在差异，这种差异在两个极端点——无保留加强调段和无法表示意见之间较为明显，位于其间的意见类型与其他类型的差异则比较模糊。我们在以下的实证研究中将对这些行为特征进行检验。

6.3 模型介绍与研究设计

尽管将审计意见划分为标准意见和非标意见，运用二分类的 Logit 模型也可在一定程度上辨别不同审计报告类型的重要性判断差异，但这种将实际上存在的多种有序状况强制性地简化为二分类的方法会损失大量的信息，并因此削弱解释变量对反应变量的检验效应，而且更容易犯第 II 类错误，使用有序的多值响应回归模型则可以更有效地估计解释变量的系数（Taylor and Becker, 1998）。从理论上说，审计意见按照不同的严重程度可以从轻到重依次划分为标准无保留意见、无保留加强调段、保留（加强调段）和无法表示意见，因此，可采用有序多值响应模型进行按拟合分析。Krishnan（1994）；Krishnan 和 Stephens（1995）在研究审计师更换与审计意见购买的相关性问题时，就曾应用了排序的 Probit 模型（ordered probit model），将审计意见按严重性程度依次分为三种类型：标准审计意见、资产确认非无保留意见和持续经营意见，[①] 通过比较更换审计师的公司和没有更换审计师的公司所收到的不同审计意见类型的阈值点来区分审计师出具审计意见时的保守性程度。有序分类 Logit 模型也是一种类似的、应用非常普遍的有序多值响应回归模型，它是一种累积概率模型，其基本形式为：

假设 Y 为响应变量，取值为 1、2、3、⋯、k，且 $1<2<3<\cdots<k$，y^* 为 Y 的概率，是潜变量（latent variable），则：

$$y^* = \beta X + \varepsilon \qquad (6-1)$$

式 (6-1) 经 Logit 变换为：

[①] 实际上，这种分类方式值得商榷，因为并没有令人信服的理由证明持续经营意见就会比资产确认非无保留意见更为严重。

$$\text{log}it(P(y\leq i))=\text{Ln}\frac{P(y\leq i)}{1-P(y\leq i)}=\beta X+\varepsilon \tag{6-2}$$

由上式得到 β 的参数估计后，就可以得到关于 y^* 的累积概率：

$$P(y\leq i)=\frac{\exp(\theta_i+\beta X)}{1+\exp(\theta_i+\beta X)}, \ i=1,2,\cdots,k-1 \tag{6-3}$$

其中 $\theta_i=\theta_1<\theta_2<\theta_3\cdots<\theta_{k-1}$ 叫做阈值或门限值（Threshold），与 β 同时被估计。

Y 和 y^* 具有下列对应关系：

如果 $y^*\leq\theta_1$，$Y=1$；

如果 $\theta_1<y^*\leq\theta_2$，$Y=2$；

如果 $\theta_2<y^*\leq\theta_3$，$Y=3$；

……

如果 $\theta_{k-1}<y^*$，$Y=k-1$

根据上述 Logit 模型，我们建立了如下模型进行回归分析：

$$y^*_{it}=\alpha+\beta X_{it}+\varepsilon \tag{6-4}$$

其中，y^*_{it} 表示公司 i 被出具第 y 种审计意见类型时的概率，我们将两种不同性质的非标意见——持续经营意见和非持续经营非标意见分别按审计意见的严重程度划分为无保留意见加强调段、保留意见、保留意见加强调段和无法表示意见，并分别设值为 1、2、3、4。X_{it} 向量包括公司 i 的一系列分类风险特征变量，变量的选择与定义与第 5 章相同。

在下面的研究中，应用上述有序分类 Logit 模型对各审计风险因素在审计意见类型决策中的影响及重要性水平差异情况进行考察。样本、数据来源与第 5 章相同。表 6-1 列示了样本的分布情况。

表 6-1　　　　　　　　　　　样本分布情况

样本类型/年度	持续经营样本				非持续经营非标样本				
	无保留加强调段	保留	保留加强调段	无法表示意见	小计	无保留加强调段	保留	保留加强调段	无法表示意见	小计
2003	22	4	10	11	47	32	7	3	8	50
2004	36	3	10	24	73	31	28	11	4	74
2005	40	9	11	29	89	34	32	6	3	75
合计	98	16	31	64	209	97	67	20	15	199

6.4 实证结果

6.4.1 描述性统计

基于篇幅的原因，我们将有关变量特征的描述性统计表放在了书后的附录6-1与附录6-2，统计数据分别显示了两个样本审计意见类型组的有关各变量离散程度的特征值。在属于相同意见类型的样本组内，变量取值的分布状况反映了样本公司在各风险特征上的差异状况，由此可推测审计判断行为所依据的重要性水平的一致性问题。数值分布越集中，表明样本公司在某一风险因素上的特征差异越小，审计判断所确定的重要性水平的一致性也越高；反之，数值分布的离散程度越高，表明在同种类型审计意见内的样本公司的差异越大，审计判断所确定的重要性水平的一致性也越差。

从持续经营样本来看，各变量的取值中，除了客户规模（SIZE）的离散程度较小之外，其他指标的离散程度都非常大，变异系数除极个别值之外均在0.5以上，最大的为15.017（GROW，组4）；变量的最大值与最小值之间相差也很大，相差最大的达到了407倍（QUICK，组3），即使在排除极端值的四分位距中，相差最大值也达到了10倍，大多数变量差值在1~5倍之间。而比较各组间的变量特征，保留意见组（第2组）在大多数变量的标准差及四分位距都是各组间最大的，表明这一意见类型内数据分布的离散程度相对较大。

非持续经营非标样本组变量的离散特征与持续经营样本相似，但离散程度显然更高，如变异系数最大值达到了41.655（变量同样为GROW，组3），许多同类变量的变异系数相对都要更高，最大值与最小值之间相差最大的两个指标竟然达到了6462倍（SMOOTH，组2）和1452倍（BAD，组1）。这些都初步表明了在同一类型的审计意见中，审计师进行判断决策所选择的重要性水平可能存在较大的差异，并且相比持续经营意见，非持续经营非标意见所确定的重要性水平的差异更大。

6.4.2 单变量分析

我们采用了Wilcoxon Mann-Whitney非参数检验方法对不同审计意见类型组之

间的风险因素进行了两两比较，结果如表6-2和表6-3所示。如果某一因素在各组之间存在显著的差异，说明了该因素在不同审计师的判断决策行为中一致性较高，并且不同意见类型之间在这一因素上所确定的重要性水平存在着显著差异。

表6-2的结果显示，在持续经营样本中，无保留加强调段与保留、保留加强调段意见组相比，差异主要体现在以财务指标代表的经营风险因素上，如每股现金流量、净资产是否为负、流动比率、一年内到期的银行存款、坏账准备计提比例、预计负债比例等指标；而与无法表示意见组相比，除了表示独立性风险的指标外，在另外三类风险因素的多个指标上均存在显著性差异。保留与保留加强调段、无法表示意见组除了少数变量外，没有明显差异；保留加强调段与无法表示意见在各类风险因素上均有较为明显的差异。综合两两比较的结果，无法表示意见与其他组之间的差异最为明显，显著性指标数量最多，几乎涉及每类风险因素。保留与保留加强调段，保留加强调段与无法表示意见之间在独立性风险的两个指标：事务所综合竞争系数和客户重要性上都有显著差异，说明这两组审计意见类型之间可能会存在因独立性而产生的变通行为。

表6-3的结果显示，在非持续经营非标样本中，无保留加强调段与保留、保留加强调段意见组相比，差异主要体现在个别认定层次风险类、报表层次风险类和独立性风险类指标，客户经营风险类指标则没有差异；但与无法表示意见类型相比，独立性风险类指标不存在差异，其他三类指标均体现出一定的差异程度，尤其是经营风险类指标差异更为明显，这一特征同样体现在保留、保留加强调段同无法表示意见的比较中。保留与保留加强调段基本不存在差异。

结合表6-2和表6-3的结果来看，各意见类型之间差异最明显的是无保留加强调段与无法表示意见，表明这两类审计意见在重要性水平上具有显著的差异。两类非标准审计报告样本中这两种意见类型的比较结果均显示独立性风险因素都不显著，经营风险类指标差异却非常明显，表明了当公司的经营性风险非常大，审计师对这类公司保持了更大的谨慎和独立性。保留与保留加强调段差异最小。其次，两样本组中各意见类型之间的显著性指标有着较为明显的差异，持续经营样本中，无保留加强调段、保留、保留加强调段三种意见类型之间经营风险类指标是最主要的差异性指标，但在非持续经营非标样本中却正好相反，这一类指标在这三类意见类型之间几乎完全没有体现出差异，这表明审计师出具持续经营意见和非持续经营非标意见时对审计意见类型的选择所依据的风险因素类型有所区别。最后，从总体上看，两个样本中持续经营意见样本各类型之间的差异更为明显一些，表现为有更多的变量在低于5%的水平上显著。

表6-2　持续经营样本审计意见类型分组 Mann-Whitney U 两两检验（一）

变量名称	比较样本组1-2 M-W	Wilcoxon W	Z	Sig.	比较样本组1-3 M-W	Wilcoxon W	Z	Sig.	比较样本组1-4 M-W	Wilcoxon W	Z	Sig.
GC	638	5 489	-1.379	0.168	1 293.5	1 789.5	-1.463	0.143	2 650	7 501	-1.923	0.055*
NGC	740	5 591	-0.516	0.606	1 323.5	6 174.5	-1.490	0.136	3 018	5 098	-0.609	0.543
SIZE	485	621	-2.439	0.015**	1 508	2 004	-0.061	0.952	2 434	4 514	-2.405	0.016**
INVEST	624	5 475	-1.306	0.192	1 193	6 044	-1.798	0.072*	2 876	4 956	-0.891	0.373
INVENT	732	868	-0.424	0.671	1 217	1 713	-1.665	0.096*	2 076	4 156	-3.632	0.000***
RECEI1	753	889	-0.253	0.800	1 365	6 216	-0.849	0.396	3 050	7 901	-0.295	0.768
RECEI2	478	5 329	-2.496	0.013**	1 355	1 851	-0.904	0.366	2 575	7 426	-1.922	0.055*
ACCD	758	5 609	-0.212	0.832	1 516	6 367	-0.017	0.987	2 372	7 223	-2.618	0.009***
SMOOTH	608	5 459	-1.436	0.151	1 262	6 113	-1.417	0.157	1 970	6 821	-3.995	0.000***
PE	783	5 634	-0.008	0.993	1 412.5	1 908.5	-0.587	0.557	3 127.5	7 978.5	-0.029	0.977
PCF	669.5	805.5	-0.934	0.350	1 022	1 518	-2.740	0.006***	2 373	4 453	-2.614	0.009***
EQUNOT	567	5 418	-2.183	0.029**	1 120	5 971	-2.664	0.008***	1 778	6 629	-5.392	0.000***
QUICK	472	608	-2.545	0.011**	1 468	1 964	-0.281	0.779	1 725	3 805	-4.834	0.000***
BANK	490	626	-2.399	0.016**	1 437	6 288	-0.452	0.651	2 754	4 834	-1.309	0.191
BAD	535	5 386	-2.031	0.042**	1 396	1 892	-0.678	0.498	2 763	7 614	-1.278	0.201
CL	444	5 295	-2.944	0.003***	1 368	6 219	-0.891	0.373	1 726	6 577	-4.995	0.000***
DB	750.5	5 601.5	-0.316	0.752	1 408	6 259	-0.697	0.486	3 029	7 880	-0.421	0.674
IMPR	655.5	791.5	-1.250	0.211	1 488	1 984	-0.199	0.842	3 125.5	5 205.5	-0.042	0.966

续表

变量名称	比较样本组 1-2			比较样本组 1-3			比较样本组 1-4		
	M-W	Wilcoxon W	Z	Sig.	M-W	Wilcoxon W	Z	Sig.	M-W	Wilcoxon W	Z	Sig.

变量名称	M-W	Wilcoxon W	Z	Sig.	M-W	Wilcoxon W	Z	Sig.	M-W	Wilcoxon W	Z	Sig.
LITI	700	5 551	-0.834	0.404	1 368.5	6 219.5	-1.016	0.310	2 898	7 749	-1.003	0.316
LOSS	683	5 534	-1.040	0.298	1 332.5	6 183.5	-1.312	0.189	2 144	6 995	-4.988	0.000***
RETUM	776	912	-0.065	0.948	1 218	1 714	-1.659	0.097	2 396	4 476	-2.535	0.011
VIOL	724	5 575	-0.729	0.466	1 451.5	1 947.5	-0.582	0.561	2 700	7 551	-2.054	0.040**
MS	760	896	-0.706	0.480	1 472.5	1 968.5	-0.982	0.326	3 040	5 120	-1.408	0.159
GROW	700	836	-0.685	0.493	1 292.5	1 788.5	-1.249	0.212	2 184.5	4 264.5	-3.260	0.001***
GQL	700	5 551	-0.834	0.404	1 466.5	6 317.5	-0.351	0.726	2 849	7 700	-1.216	0.224
GQH	730	866	-0.656	0.512	1 420.5	1 916.5	-0.819	0.413	2 871	4 951	-1.428	0.153
COMP	751	5 602	-0.269	0.788	1 144.5	1 640.5	-2.065	0.039**	2 903	7 754	-0.799	0.425
IMPO	504	640	-2.284	0.022**	1 228	6 079	-1.604	0.109	2 737	4 817	-1.367	0.172
BIG	733	5 584	-0.711	0.477	1 509	6 360	-0.097	0.923	3 128	7 979	-0.048	0.962

注：样本组 1 = 无保留加强调段，2 = 保留，3 = 保留加强调段，4 = 无法表示意见；M-W 为 Mann-Whitney U 的缩写，均为双尾检验（2-tailed）。

持续经营样本审计意见类型分组 Mann-Whitney U 两两检验 (二)

变量名称	比较样本组 2-3 M-W	Wilcoxon W	Z	Sig.	比较样本组 2-4 M-W	Wilcoxon W	Z	Sig.	比较样本组 3-4 M-W	Wilcoxon W	Z	Sig.
GC	165	661	-2.192	0.028**	496	2 576	-0.227	0.821	691	1 187	-2.759	0.006***
NGC	230	366	-0.510	0.610	464	2 544	-0.877	0.380	827	2 907	-1.855	0.064*
SIZE	165	301	-1.863	0.062*	404	540	-1.299	0.194	804	2 884	-1.492	0.136
INVEST	228	364	-0.449	0.653	365	2 445	-1.769	0.077*	707	2 787	-2.263	0.024**
INVENT	223	719	-0.561	0.575	368	2 448	-1.732	0.083*	831	2 911	-1.278	0.201
RECEI1	218	354	-0.674	0.501	480	616	-0.385	0.700	925	3 005	-0.532	0.595
RECEI2	155	651	-2.088	0.037**	372	2 452	-1.684	0.092*	754	1 250	-1.889	0.059*
ACCD	232	728	-0.359	0.719	423	559	-1.071	0.284	764	1 260	-1.810	0.070*
SMOOTH	235	731	-0.292	0.770	428	564	-1.010	0.312	788	1 284	-1.619	0.105
PE	237	733	-0.247	0.805	474	610	-0.457	0.648	876.5	1 372.5	-0.917	0.359
PCF	205	701	-0.965	0.334	457	2 537	-0.662	0.508	899	1 395	-0.738	0.460
EQUNOT	244.5	740.5	-0.091	0.927	432	568	-1.198	0.231	823	1 319	-1.639	0.101
QUICK	162	298	-1.931	0.054*	509.5	2 589.5	-0.030	0.976	584	2 664	-3.239	0.001***
BANK	134	270	-2.559	0.010**	368	504	-1.732	0.083*	814	2 894	-1.413	0.158
BAD	163	659	-1.908	0.056*	420	2 500	-1.107	0.268	835	1 331	-1.246	0.213
CL	157	653	-2.103	0.035**	488	2 568	-0.290	0.772	635	1 131	-2.871	0.004***
DB	246	742	-0.051	0.959	489	2 569	-0.321	0.748	968	3 048	-0.217	0.828
IMPR	212	348	-0.999	0.318	439.5	575.5	-1.076	0.282	965	1 461	-0.255	0.799

续表

第6章 财务报表审计报告中的重要性判断

变量名称	比较样本组 2-3			比较样本组 2-4				比较样本组 3-4			
	M-W	Wilcoxon W	Z	Sig.	M-W	Wilcoxon W	Z	Sig.	M-W	Wilcoxon W	Z	Sig.
LITI	246	742	-0.059	0.953	496	2 576	-0.249	0.803	969	3 049	-0.236	0.813
LOSS	246.5	742.5	-0.049	0.961	416	552	-3.509	0.000***	800	1 296	-3.617	0.000***
RETUM	208	704	-0.898	0.369	407	2 487	-1.263	0.207	912.5	2 992.5	-0.631	0.528
VIOL	218	714	-1.034	0.301	480	616	-0.485	0.628	810	1 306	-1.919	0.055*
MS	248	744	0.000	1.000	512	2 592	0.000	1.000	992	3 072	0.000	1.000
GROW	234	730	-0.314	0.753	396	2 476	-1.395	0.163	819.5	2 899.5	-1.369	0.171
GQL	230	726	-0.510	0.610	504	2 584	-0.126	0.900	935.5	1 431.5	-0.574	0.566
GQH	247	383	-0.039	0.969	504	2 584	-0.176	0.860	972.5	3 052.5	-0.279	0.780
COMP	161.5	657.5	-1.943	0.052*	490	626	-0.265	0.791	659	1 155	-2.645	0.008***
IMPO	140	276	-2.425	0.015**	386	522	-1.516	0.130	698	2 778	-2.334	0.020**
BIG	233.5	729.5	-0.528	0.598	480	2 560	-0.645	0.519	988	3 068	-0.055	0.956

注：样本组 1 = 无保留加强调调段，2 = 保留，3 = 保留加强调调段，4 = 无法表示意见；M-W 为 Mann-Whitney U 的缩写，均为双尾检验（2-tailed）。

表6-3　非持续经营非标样本审计意见类型分组 Mann-Whitney U 两两检验（一）

变量名称	比较样本组1-2 M-W	Wilcoxon W	Z	Sig.	比较样本组1-3 M-W	Wilcoxon W	Z	Sig.	比较样本组1-4 M-W	Wilcoxon W	Z	Sig.
GC	3 160.5	5 438.5	-0.718	0.473	948.5	1 158.5	-0.356	0.722	683	5 436	-0.807	0.419
NGC	3 211	5 489	-0.157	0.875	960.5	5 713.5	-0.084	0.933	538.5	5 291.5	-1.926	0.054*
SIZE	3 058	7 811	-0.641	0.522	867	5 620	-0.746	0.456	589	709	-1.183	0.237
INVEST	2 685	7 438	-1.889	0.059*	907	5 660	-0.456	0.648	580	700	-1.260	0.208
INVENT	3 040	7 793	-0.701	0.483	791	1 001	-1.296	0.195	631	751	-0.824	0.410
RECEI1	3 078	7 831	-0.574	0.566	919	1 129	-0.369	0.712	716	5 469	-0.098	0.922
RECEI2	3 219	5 497	-0.102	0.919	839	1 049	-0.948	0.343	650	770	-0.662	0.508
ACCD	3 201	7 954	-0.162	0.871	793	1 003	-1.282	0.200	638.5	5 391.5	-0.760	0.447
SMOOTH	1 967	4 245	-4.290	0.000***	621	831	-2.527	0.012**	653	773	-0.636	0.524
PE	3 072	5 350	-0.594	0.553	851	1 061	-0.862	0.389	481	601	-2.106	0.035**
PCF	2 681	4 959	-1.902	0.057*	965	1 175	-0.036	0.971	493	613	-2.003	0.045**
EQUNOT	3 189.5	7 942.5	-0.538	0.591	930	1 140	-0.920	0.358	612	5 365	-2.353	0.019**
QUICK	3 200	7 953	-0.166	0.868	959	1 169	-0.080	0.937	459	579	-2.294	0.022**
BANK	3 176	5 454	-0.246	0.806	849	5 602	-0.876	0.381	497	5 250	-1.969	0.049**
BAD	3 143	5 421	-0.356	0.722	928	5 681	-0.304	0.761	634	5 387	-0.799	0.424
CL	3 045.5	5 323.5	-0.799	0.424	888	1 098	-0.692	0.489	689.5	5 442.5	-0.373	0.709
DB	2 852	5 130	-1.519	0.129	781	5 534	-1.496	0.135	583	5 336	-1.362	0.173
IMPR	2 901	5 179	-1.299	0.194	957	5 710	-0.102	0.919	694	5 447	-0.313	0.755

续表

变量名称	比较样本组 1-2				比较样本组 1-3				比较样本组 1-4			
	M-W	Wilcoxon W	Z	Sig.	M-W	Wilcoxon W	Z	Sig.	M-W	Wilcoxon W	Z	Sig.
LITI	3 093	7 846	-0.605	0.545	799.5	5 552.5	-1.425	0.154	587.5	5 340.5	-1.381	0.167
LOSS	2 929	7 682	-1.238	0.216	876.5	5 629.5	-0.783	0.434	378.5	5 131.5	-3.445	0.001***
RETUM	2 626	4 904	-2.086	0.037**	938	1 148	-0.232	0.817	577	697	-1.286	0.199
VIOL	3 165	5 443	-0.440	0.660	946	5 699	-0.261	0.794	661	5 414	-0.840	0.401
MS	3 097	5 375	-1.457	0.145	910	1 120	-1.137	0.256	724	5 477	-0.071	0.943
GROW	3 134	5 412	-0.386	0.699	887	1 097	-0.601	0.548	455	575	-2.328	0.020**
GQL	2 944	7 697	-1.181	0.238	672.5	5 425.5	-2.487	0.013**	662	5 415	-0.649	0.517
GQH	3 180.5	7 933.5	-0.305	0.760	875.5	1 085.5	-0.938	0.348	644.5	764.5	-0.970	0.332
COMP	2 654.5	4 932.5	-1.991	0.047**	949	5 702	-0.152	0.879	700.5	820.5	-0.231	0.818
IMPO	3 197	7 950	-0.176	0.861	923	1 133	-0.340	0.734	610	730	-1.004	0.315
BIG	3 002.5	7 755.5	-1.400	0.162	779	5 532	-2.324	0.020**	705.5	5 458.5	-0.351	0.726

注: 样本组 1 = 无保留加强调段, 2 = 保留, 3 = 保留加强调段, 4 = 无法表示意见; M-W 为 Mann-Whitney U 的缩写, 均为双尾检验 (2-tailed)。

非持续经营非标样本审计意见类型分组 Mann – Whitney U 两两检验（二）

变量名称	比较样本组 2-3 M-W	Wilcoxon W	Z	Sig.	比较样本组 2-4 M-W	Wilcoxon W	Z	Sig.	比较样本组 3-4 M-W	Wilcoxon W	Z	Sig.
GC	666.5	2 944.5	-0.097	0.922	458	2 736	-1.288	0.198	137.5	347.5	-0.859	0.390
NGC	655.5	2 933.5	-0.179	0.858	366	2 644	-1.949	0.051*	112.5	322.5	-1.448	0.148
SIZE	617	2 895	-0.535	0.593	360	480	-1.709	0.087*	94	214	-1.867	0.062*
INVEST	576	786	-0.948	0.343	333	453	-2.033	0.042	101	221	-1.633	0.102
INVENT	519	729	-1.523	0.128	394	514	-1.301	0.193	136	346	-0.467	0.641
RECEI1	605	815	-0.656	0.512	476	596	-0.318	0.751	142	352	-0.267	0.790
RECEI2	574	784	-0.968	0.333	478	598	-0.294	0.769	138	258	-0.400	0.689
ACCD	518	728	-1.533	0.125	462	2 740	-0.486	0.627	112	322	-1.267	0.205
SMOOTH	616	2 894	-0.545	0.586	326	2 604	-2.117	0.034**	106	316	-1.467	0.142
PE	615	825	-0.555	0.579	408	528	-1.133	0.257	134	254	-0.533	0.594
PCF	541	2 819	-1.301	0.193	462	582	-0.486	0.627	113	233	-1.233	0.217
EQUNOT	630	840	-1.112	0.266	432	2 710	-1.747	0.081*	120	330	-2.062	0.039**
QUICK	649	859	-0.212	0.832	314	434	-2.261	0.024**	91	211	-1.967	0.049**
BANK	557	2 835	-1.140	0.254	356	2 634	-1.757	0.079*	125	335	-0.833	0.405
BAD	609	2 887	-0.615	0.538	428	2 706	-0.894	0.372	130	340	-0.667	0.505
CL	659	869	-0.134	0.894	447.5	2 725.5	-0.780	0.435	129	339	-0.827	0.408
DB	459	2 737	-2.419	0.016**	350.5	2 628.5	-2.112	0.035**	143	353	-0.243	0.808
IMPR	580	2 858	-1.032	0.302	440.5	2 718.5	-0.862	0.389	147	357	-0.109	0.913

续表

变量名称	比较样本组 2-3			比较样本组 2-4			比较样本组 3-4		
	M-W	Wilcoxon W	Z	Sig.	M-W	Wilcoxon W	Z	Sig.	M-W	Wilcoxon W	Z	Sig.

变量名称	M-W	Wilcoxon W	Z	Sig.	M-W	Wilcoxon W	Z	Sig.	M-W	Wilcoxon W	Z	Sig.
LITI	584.5	2 862.5	-1.001	0.317	430	2 708	-1.009	0.313	147.5	357.5	-0.101	0.919
LOSS	668.5	878.5	-0.018	0.986	311	2 589	-2.735	0.006***	92.5	302.5	-2.449	0.014**
RETUM	549	2 827	-1.221	0.222	499	619	-0.042	0.967	126	246	-0.800	0.424
VIOL	636	2 914	-0.539	0.590	443.5	2 721.5	-1.086	0.278	140	350	-0.458	0.647
MS	660	870	-0.546	0.585	476.5	2 754.5	-1.167	0.243	140	350	-1.155	0.248
GROW	651	861	-0.192	0.848	345	465	-1.889	0.059*	106	226	-1.467	0.142
GQL	527.5	2 805.5	-1.685	0.092*	500.5	620.5	-0.028	0.978	117.5	237.5	-1.317	0.188
GQH	590.5	800.5	-1.082	0.279	434.5	554.5	-1.096	0.273	147.5	267.5	-0.137	0.891
COMP	530	2 808	-1.413	0.158	413	2 691	-1.074	0.283	135	255	-0.500	0.617
IMPO	637	847	-0.333	0.739	415	535	-1.049	0.294	130	250	-0.667	0.505
BIG	589	2 867	-1.165	0.244	479.5	599.5	-0.423	0.672	125	245	-1.145	0.252

注：样本组 1 = 无保留加强调段，2 = 保留，3 = 保留加强调段，4 = 无法表示意见；M-W 为 Mann-Whitney U 的缩写，均为双尾检验（2-tailed）。

6.4.3 多变量回归分析

表6-4、表6-5、表6-6分别报告了持续经营样本和非持续经营非标样本有序分类Logit模型的回归结果。

在对持续经营样本的分类因素回归中，其中报表层次风险类因素和独立性风险类因素均未能通过平行线检验（test of parallel lines），即不适合进行有序分类的Logistic回归；在进行综合因素的回归中，全部因素回归亦未能通过平行线检验，因此我们只报告了其中个别认定层次风险、客户经营风险的回归结果以及这两类风险因素与独立性风险三类因素的综合回归结果。对非持续经营非标样本的回归，根据平行线检验的结果，客户经营风险及综合因素模型采用了Logit函数、报表层次风险类采用了Probit函数、个别认定层次风险、独立性风险类因素模型采用了Negative Log-log函数作为拟合模型的连接函数（link function）。从回归的结果来看，其阈值（threshold）都符合 $\theta_1 < \theta_2 < \theta_3$，表明我们所选择的有序分类Logit模型是适当的。

有序分类Logit模型要对模型中的变量参数和阈值进行估计，由于因变量 y 的赋值是按照审计意见严重程度从无保留意见加强调段、保留、保留加强调段、无法表示意见逐渐升高，所以系数为正的变量表明这类变量与更严重的审计意见类型正相关，回归结果中各个哑变量的统计结果均为此变量为0时的值，因此对哑变量的解释正好相反，表示的是哑变量为0时与审计意见严重程度之间的关系。如果测试变量是显著的，则表明该变量是审计师决策时的主要判断因素，即该变量在群体决策中的一致性较高。

1. 持续经营样本回归结果

表6-4的结果显示，在分类因素回归中，个别认定层次风险类因素中的存货比例、市盈率的系数显著为负，盈余平滑的系数显著为正，可操控性应计在10%的水平上与审计意见类型正相关。说明在这类因素中，这四个指标在区分不同审计意见类型时占据了主导作用，当公司存货比例和市盈率越高时，越不容易被出具严重的审计意见，当盈余平滑系数和可操控性应计越高时，则越容易被出具严重的审计意见。在客户经营风险类因素中，每股现金流量、净资产不为负、本年度没有发生亏损、市场相对业绩与审计意见严重程度显著负相关，其中市场相对业绩在10%的水平上显著，表明客户经营风险越高，越容易被出具更严重

的意见类型。从模型的解释能力来看，客户经营风险类因素比个别认定层次风险类因素具有更大的解释力度，前者的 Pseudo R^2 达到了 0.321，后者只有 0.212。在综合因素回归中，存货比例、每股现金流量、净资产是否为负在低于1%的水平上显著，本年度是否亏损与审计师是否为当年十大在10%的水平上显著，系数符号均为负，表明存货比例及每股现金流量越高、净资产不为负、本年度没有发生亏损、审计师为非十大越不容易被出具严重程度的审计意见。

表6-4　持续经营意见样本有序分类 Logit 模型回归结果（一）

Threshold/变量	个别认定层次风险类因素 Estimate	Wald	Sig.	客户经营风险类因素 Estimate	Wald	Sig.	综合风险因素 Estimate	Wald	Sig.
y = 1	-0.009	0.001	0.980	-1.622	9.330	0.002 ***	-5.409	1.342	0.247
y = 2	0.349	0.846	0.358	-1.221	5.402	0.020 **	-4.962	1.130	0.288
y = 3	1.089	7.917	0.005 ***	-0.390	0.566	0.452	-4.039	0.750	0.386
INVEST	0.474	0.135	0.713				0.745	0.250	0.617
INVENT	-4.972	10.863	0.001 ***				-6.354	13.056	0.000 ***
RECEI1	0.335	0.248	0.618				0.369	0.174	0.676
RECEI2	0.310	1.505	0.220				-0.217	0.296	0.587
ACCD	1.267	2.824	0.093 *				1.347	2.597	0.107
SMOOTH	0.599	7.518	0.006 ***				0.373	2.207	0.137
PE	-0.003	5.055	0.025 **				0.000	0.008	0.928
PCF				-0.796	6.160	0.013 **	-0.995	7.621	0.006 ***
QUICK				-0.487	1.169	0.280	-0.412	0.652	0.419
BANK				-1.251	2.417	0.120	-1.157	1.700	0.192
BAD				-0.088	0.954	0.329	-0.188	1.020	0.312
CL				0.227	1.285	0.257	0.197	0.787	0.375
DB				-0.272	2.161	0.142	-0.276	2.169	0.141
IMPR				0.077	0.491	0.483	0.071	0.440	0.507
RETUM				-1.109	3.252	0.071 *	-1.431	2.444	0.118
[EQUNOT=0]				-1.307	12.471	0.000 ***	-1.324	9.297	0.002 ***
[LITI=0]				0.055	0.028	0.868	-0.102	0.083	0.773
[LOSS=0]				-1.504	10.778	0.001 ***	-1.150	3.110	0.078 *
COMP							0.010	0.029	0.865
IMPO							4.587	0.761	0.383
[BIG=0]							-0.978	2.992	0.084 *

续表

Threshold/变量	个别认定层次风险类因素			客户经营风险类因素			综合风险因素		
	Estimate	Wald	Sig.	Estimate	Wald	Sig.	Estimate	Wald	Sig.
[GC = 0]							-0.613	2.235	0.135
[NGC = 0]							-0.330	0.569	0.451
SIZE							-0.115	0.287	0.592
Pseudo R-Square (Nagelkerke)	0.203			0.321			0.413		
LR Chi-Square (Sig.)	42.721 (0.000)			72.087 (0.000)			98.299 (0.000)		

注：哑变量的各统计结果均为此变量=0时的值。*** 表示在1%的水平上显著，** 表示在5%的水平上显著，* 表示在10%的水平上显著。

为了寻找现实中影响审计师判断决策行为的主要因素，我们在上述回归结果的基础上进一步对自变量进行了筛选，最后得到的结果只剩下了6个指标（见表6-5），尽管在模型的解释度上该结果要略低于综合因素模型，但自变量的数量大大减少了，从原来的24个指标减少了18个指标，降低了模型的冗余，从而能够更清晰地看到主要因素在区分不同审计意见类型上的效应。回归结果显示6个指标都是显著的，并且涵盖了财务报告错报风险、客户经营风险和独立性风险三个方面，按照Wald统计量从大到小排列，这6个指标包括：净资产是否为负、本年度是否亏损、存货比例、每股现金流量、审计师是否为十大以及盈余平滑指数，其中净资产不为负、本年度没有发生亏损、存货比例、每股现金流量以及审计师为非十大与审计意见严重程度显著负相关，盈余平滑系数则与审计意见严重程度显著正相关。对该结果进行分析，我们发现审计师出具不同类型的持续经营审计意见时所依据的判断因素中最为重要的是客户的经营风险，模型中不仅这类指标的相对数量最多并且Wald统计量也相对更大，存货这一指标所替代的实际含义与我们的事前分类并不吻合，相比较于审计程序风险，它可能更多地代表了公司的经营风险，这在我们第5章的实证结果中也得到了证实。盈余平滑指数与审计师出具持续经营意见的严重程度显著正相关，盈余平滑指数是一个与收益直接相关的因素，国外研究结果表明收益及相关影响因素是重要性判断的主要考虑因素，我们的结果与之相一致。但在第5章中综合因素模型的两个回归模型结果中其影响都不显著，并且与出具非标意见的关系是负向的，而在本章的回归结果中这一指标却与审计师出具持续经营意见的严重程度显著正相关,这表明我们选择的盈余平滑指数能够识别我国的盈余管理行为,也证明了审计师本身也能够识别出财务报告中的盈余管理行为,之所以这一指标在判别是否出具非标意见时不显著,我们推测是由于审计师出具审计意见时的一种机会主义行为,对经营风险低的客户公司的盈余管理行为采取了更为激进的财务报告政策,从而削弱了盈余平滑指标与非标审计意见之间的相关性。事务所规模与持续经营意见严重程度呈正相关,说明了大事务所在出具审计意见时确定的重要性水平更低,这与大事务所自身的风险暴露及后果有关,规模越大,审计失败导致的损失更多,即使在我国当前不存在严重的法律风险环境下,由于我国审计市场声誉机制已具备一定的功能,审计失败所引发的声誉损失对大事务所也将更严重,因此,当客户经营风险较大时,大事务所表现得更为谨慎。

表6-5　　持续经营意见样本有序分类Logit模型回归结果(二)

Threshold/变量	Estimate	Wald	Sig.
y = 1	-2.442	16.436	0.000
y = 2	-2.017	11.533	0.001
y = 3	-1.150	3.913	0.048
INVENT	-5.852	12.905	0.000
SMOOTH	0.474	4.096	0.043
PCF	-0.671	5.874	0.015
[EQUNOT = 0]	-1.585	25.197	0.000
[LOSS = 0]	-1.428	10.139	0.001
[BIG = 0]	-1.122	5.838	0.016
Pseudo R-Square (Nagelkerke)	0.354		
LR Chi-Square (Sig.)	81.223 (0.000)		

模型的分类预测情况显示(见表6-6),预测分类准确度较好的意见类型是无保留意见加强调段和无法表示意见,但另外两种意见类型——保留和保留加强调段却没有一个被准确地预测,或被误归为无保留意见加强调段,或被误归为无法表示意见,这说明了现实中审计师在出具这两种审计意见时,其判断标准带有

较大的模糊性和不一致性，这与单变量分析的结果相符合。① 综合风险因素和六因素模型两个模型的分类预测情况基本相同，前者的精确性只有轻微的提高，其中，无保留意见加强调段分类准确率为84.69%，无法表示意见为75%，总的分类正确率为62.68%。此外，客户经营风险类因素对无法表示意见的分类正确率要高于个别认定层次风险类因素，前者为60.29%，后者为56.94%，其差异主要体现在对无法表示意见的预测上。

表6-6

综合风险因素模型分类预测

		实际类型			
		1	2	3	4
预测类型	1	83	9	19	16
	2	0	0	0	0
	3	0	0	0	0
	4	15	7	12	48
		98	16	31	64

六因素模型分类预测

		实际类型			
		1	2	3	4
预测类型	1	83	9	18	18
	2	0	0	0	0
	3	0	0	0	0
	4	15	7	13	46
		98	16	31	64

客户经营风险因素模型分类预测

		实际类型			
		1	2	3	4
预测类型	1	80	8	20	18
	2	0	0	0	0
	3	0	0	0	0
	4	18	8	11	46
		98	16	31	64

个别认定层次风险因素分类预测

		实际类型			
		1	2	3	4
预测类型	1	85	10	24	28
	2	0	0	0	0
	3	0	0	0	0
	4	13	6	7	36
		98	16	31	64

2. 非持续经营非标意见样本回归结果

从非持续经营非标样本的回归结果来看（见表6-7），无论是分类因素回归还是全部因素回归，模型的解释力度都没有持续经营样本高，个别认定层次风险类因素和报表层次风险类因素在模型的整体性检验中尽管通过了Pearson和Devi-

---

① 这可能也是为什么张晓岚等（2006b）仅仅对强调无保留意见与无法表示意见二者之间的判断因素差异进行Logit回归分析的原因所在。

ance 拟合度检验，但未能通过似然比 Chi-Square 检验，而与前两个统计量相比，后者的检验结果要稳健得多（张文彤，董伟，2004）。

表6-7　　　　非持续经营非标样本有序分类 Logit 模型回归结果

Threshold/变量	个别认定层次风险 Estimate	Wald	客户经营风险 Estimate	Wald	报表层次风险 Estimate	Wald	独立性风险 Estimate	Wald	综合风险因素 Estimate	Wald
y = 1	0.136	0.208 0.648	-0.895	1.138 0.286	0.590	0.566 0.452	-0.885	4.815 0.028 **	-3.059	0.355 0.551
y = 2	1.481	20.444 0.000 ***	0.807	0.925 0.336	1.932	5.895 ** 0.015	0.456	1.195 0.274	-1.147	0.050 0.823
y = 3	2.390	39.288 0.000 ***	1.842	4.588 0.032 **	2.840	12.013 0.001 ***	1.362	8.808 0.003 ***	-0.044	0.000 0.993
INVEST	0.865	0.882 0.348							-1.013	0.495 0.482
INVENT	-0.027	0.001 0.975							0.327	0.060 0.806
RECEI1	0.112	0.033 0.857							-1.085	1.117 0.291
RECEI2	-0.478	0.941 0.332							-1.762	2.705 0.100
ACCD	1.167	0.827 0.363							-3.169	1.642 0.200
SMOOTH	-0.495	5.534 0.019 **							-0.176	0.838 0.360
PE	0.000	0.940 0.332							0.000	0.026 0.872
PCF			-0.222	0.847 0.357					-0.331	1.612 0.204
QUICK			0.032	0.094 0.759					-0.053	0.212 0.645
BANK			0.690	1.033 0.310					0.778	0.954 0.329
BAD			-0.092	0.669 0.413					0.159	0.409 0.523
CL			-0.063	0.052 0.820					-0.284	0.681 0.409
DB			1.100	2.891 0.089 *					1.425	5.165 0.023 **
IMPR			-1.024	1.478 0.224					-1.280	1.658 0.198

续表

Threshold/变量	个别认定层次风险 Estimate	Wald	客户经营风险 Estimate	Wald	报表层次风险 Estimate	Wald	独立性风险 Estimate	Wald	综合风险因素 Estimate	Wald
RETUM			−0.785	0.816 0.366					−0.935	0.937 0.333
[EQUNOT=0]			−0.917	1.407 0.236					−1.564	2.603 0.107
[LITI=0]			−0.292	1.040 0.308					−0.253	0.665 0.415
[LOSS=0]			−0.559	3.332 0.068*					−0.892	5.000 0.025**
GROW					−0.024	0.144 0.704			−0.019	0.147 0.702
[VIOL=0]					−0.094	0.201 0.654			0.216	0.292 0.589
[MS=0]					0.515	1.295 0.255			0.903	1.024 0.312
[GQL=0]					−0.380	3.654 0.056*			−0.942	5.605 0.018**
[GQH=0]					−0.117	0.239 0.625			−0.447	0.911 0.340
COMP							−0.130	5.043 0.025**	−0.185	4.955 0.026**
IMPO							−0.433	0.177 0.674	−0.922	0.416 0.519
[BIG=0]							−0.616	5.603 0.018**	−1.120	5.777 0.016**
[GC=0]									−0.677	0.661 0.416
[NGC=0]									−0.734	5.094 0.024**
SIZE									0.117	0.256 0.613
Pseudo R-Square Nagelkerke	0.064		0.112		0.040		0.054		0.257	
LR Chi-Square Sig.	11.822 (0.107)		21.063 (0.033)		7.285 (0.200)		9.890 (0.020)		52.283 (0.005)	

注：哑变量的各统计结果均为此变量=0时的值。Wald列上方是Wald统计量，下方是显著性（sig.）。
*** 表示在1%的水平上显著，** 表示在5%的水平上显著，* 表示在10%的水平上显著。

在风险因素的分类回归中，独立性风险类因素中的三个指标中有两个是显著的，事务所综合系数与审计师为非十大都与审计意见的严重程度负相关，即公司审计师面临的市场竞争越缓和、审计师为非十大，被出具的审计意见严重程度越低。另外三种类型的风险因素中，都只有个别的指标显著，如个别认定层次风险类只有盈余平滑指数与审计意见的严重程度显著负相关；客户经营风险类只有担保比例和本年度没有发生亏损指标在10%的水平上显著，前者与审计意见的严重程度正相关，后者呈负相关；报表层次风险类只有股权集中度低指标呈显著负相关。

综合风险因素回归中，上年度没有被出具非持续经营非标意见、本年度没有发生亏损、股权集中度低、事务所综合系数、审计师为非十大五个指标与审计意见的严重程度显著负相关，担保比例则呈显著正相关。在以上这些显著性指标中，上年度出具的非持续经营非标意见与股权集中度低与财务报表中存在的错报风险直接相关，但盈余平滑指标的表现出乎意外，我们之前假设相对于持续经营意见，非持续经营非标意见行为更关注财务报告错报风险，这一点在第5章的无序分类Logit回归结果中也得到了证实，盈余平滑指数是度量公司盈余管理行为的指标，这一指标越大表明公司越可能存在盈余管理行为，因此所报告的盈余信息质量并不可靠，审计师理应对这类行为出具更为严重的意见类型，而事实上在分类回归的情况下，盈余平滑指数与审计意见的严重程度在5%的水平上负相关，在综合因素回归中显著性消失了，但符号仍然为负，其潜在原因是我们的衡量指标不适合，还是另有其他？我们将在第7章的结论中进一步结合其他各部分的实证结果对这一问题进行集中讨论。其他显著性指标在方向上均与预期的相一致，当所代表的财务报告错报风险及经营风险越高，被出具的审计意见类型越严重，所代表的独立性风险越高，被出具的审计意见类型越缓和。特别值得注意的是，无论在分类因素还是综合因素回归结果中，代表审计独立性的两个指标都是显著的，表明在这类性质的审计意见样本中，独立性因素是影响审计师重要性判断的重要因素。

表6-8的分类预测情况表明，模型只对无保留意见加强调段和保留意见有一定的分类预测能力，对保留加强调段和无法表示意见基本没有预测能力，仅仅在综合风险因素模型中正确分类预测了2个无法表示意见样本，在经营风险因素模型中正确分类预测了1个无法表示意见样本。从分类因素模型的预测能力来看，相对来说，财务报告错报风险因素和独立性风险因素比经营风险因素的分类正确率要略高，其中，个别认定层次风险因素为50.75%，报表层次风险因素为47.27%，独立性风险因素为49.25%，经营风险因素为47.74%。从综合风险因素模型分类预测情况看，对无保留意见加强调段的分类正确率为71.13%，对保

留意见的分类正确率为47.76%,对无法表示意见的分类正确率为13.33%,总的分类正确率为51.76%,由此可见,审计师在判断不同意见类型时,所确定的重要性水平存在较大的模糊性。

表6-8

个别认定层次风险因素分类预测

		实际类型			
		1	2	3	4
预测类型	1	97	67	19	14
	2	0	0	1	1
	3	0	0	0	0
	4	0	0	0	0
		97	67	20	15

报表层次风险因素分类预测

		实际类型			
		1	2	3	4
预测类型	1	73	46	10	11
	2	24	21	10	4
	3	0	0	0	0
	4	0	0	0	0
		97	67	20	15

经营性风险因素分类预测

		实际类型			
		1	2	3	4
预测类型	1	78	51	17	7
	2	19	16	3	7
	3	0	0	0	0
	4	0	0	0	1
		97	67	20	15

独立性风险因素分类预测

		实际类型			
		1	2	3	4
预测类型	1	88	57	17	13
	2	9	10	3	2
	3	0	0	0	0
	4	0	0	0	0
		97	67	20	15

综合风险因素模型分类预测

		实际类型			
		1	2	3	4
预测类型	1	69	34	6	2
	2	28	32	14	11
	3	0	0	0	0
	4	0	1	0	2
		97	67	20	15

6.4.4 敏感性分析

考虑到连续变量是否会更容易描绘出审计师出具不同审计意见类型所确定的

重要性水平差异，我们对回归模型中的两个主要哑变量：本年度是否亏损和本年度净资产是否为负分别采用每股收益和资产负债率两个连续变量的形式进行了替代，但效果并不优于原模型。另外，基于上面的研究结果，我们将不存在明显差异的两种意见类型保留意见和保留意见加强调段合并为同一类再次进行了回归，检验显示当重新分类后，基本不再适合采用取有序分类 Logit 模型进行回归分析，表明采用自然的审计意见分类形式来考察审计师报告行为更为恰当。

6.5 本章小结

上述实证结果显示：(1) 影响持续经营审计意见类型重要性判断的主要因素包括代表企业偿债能力的三个指标净资产是否为负、存货比例、每股现金流量，代表盈余的两个指标本年度是否亏损、盈余平滑指数，以及审计师规模指标，在相同的情况下，审计师规模越大，所确定的重要性水平越低。影响其他非标准审计意见类型重要性判断的主要因素包括盈余指标本年度是否亏损、代表财务报告质量的两个指标上年度审计意见为同类非标意见和股权集中度低，以及代表审计独立性风险的两个指标审计师规模和市场竞争系数。可见，盈余指标"本年度是否亏损"和审计师规模是影响审计报告重要性判断的共同因素。(2) 综合两类样本的回归结果，可以看到我国审计师对出具审计意见类型的重要性判断一致性并不高，各意见类型之间所确定的重要性水平虽有一定差异，但区分度并不十分明确。其中，持续经营样本中除了无保留加强调段、无法表示意见与其他意见类型的差异比较显著以外，保留及保留加强调段彼此间及与其他意见类型之间的差异均比较模糊；非持续经营非标样本中无保留加强调段同其他类型的区分度较好，保留意见也具有一定的区分能力，另外两种意见类型均不能明确地与其他类型相区分，而是更容易被误划为保留意见类型，表明在保留意见、保留加强调段及无法表示意见这三种类型之间审计师的判断具有很大的模糊性。但比较来看，审计师在出具持续经营意见时的判断绩效要优于非持续经营非标意见，表现为后者在判断因素及重要性水平的确定两方面的一致性都较低，从指标显著性来看，各类风险因素中都只有个别指标是显著的，模型的解释度以及分类预测正确率相对于持续经营样本来看也要低得多。(3) 此外，研究结果显示审计师在选择非持续经营非标意见类型时独立性更容易受到损害。

第7章 内部控制审计报告行为

近年来内部控制在公司治理中的地位得到了政府监管机构的空前重视,作为一项新的制度设计,2002年美国《萨班斯—奥克斯利法案》(以下简称SOX法案)的出台对上市公司明确提出了披露、评价及审计内部控制的强制性要求,揭开了重构和优化公司财务报告的整个制度结构和法律环境的序幕,其他国家包括中国也相继在本国着手实施类似的监管措施,但各国在具体制度设计及实务中存在严重分歧,特别是在公司管理者对内部控制的自我评估和审计师对内部控制审计的责任这两个问题上一直争议不断。下面我们对内部控制审计制度及其实施中存在的主要理论问题进行系统的分析。

7.1 内部控制审计制度的产生背景

1. 美国SOX法案的相关规定

内部控制审计制度源于强制性内部控制信息披露制度确立。内部控制信息披露的演进经历了自愿性披露和强制性披露两个阶段。早在20世纪七八十年代,美国科恩委员会和Treadway委员会就曾对公司管理层披露内部控制报告并进行审计提出建议,但因为制度运行成本过大等原因未能付诸实施。始于"安然事件"的一系列财务丑闻使得公众对独立审计师的"独立性"提出了尖锐的质疑,为了挽救资本市场的信任危机,2002年7月美国国会通过了SOX法案,该法案中404条款及相关的103条款、302条款明确规定了上市公司内部控制信息强制性披露的法律责任,同时提出了管理层对内部控制有效性进行评价和法定审计的要求。具体规定包括以下404条款中a、b两个条款:a、内部控制方面,SEC应当做相应的规定,要求按《1934年证券交易法》第13节(a)和第15节(d)

编制的年度报告中包括内部控制报告，包括：强调公司管理层建立和维护内部控制系统及相应控制程序充分有效的责任；发行人管理层最近财政年度末对内部控制体系及控制程序有效性的评价。b、内部控制评价报告，对于（a）中要求的管理层对内部控制的评价，担任公司年报审计的会计公司应当对其进行测试和评价，并出具评价报告。上述评价和报告应当遵循委员会发布和认可的准则。上述评价过程不应当作为一项单独的业务。

为了配合SOX法案404条款的实施，美国证券交易委员会（SEC）于2002年10月22日发布第33－8138号提案，并于2003年6月5日颁布最终规则《管理层对财务报告内部控制的报告及其对定期披露的证明》。2004年3月9日，公众公司会计监管委员会（PCAOB）发布了第2号审计准则——《与财务报表审计结合进行的财务报告内部控制审计》（AS NO.2），要求由同一会计师事务所同时执行同一公司的财务报表审计业务和财务报告内部控制审计业务，并提出了将两者整合审计的理念。2007年7月PCAOB又发布了第5号审计准则——《与财务报表审计相整合的财务报告内部控制审计》（AS NO.5），以取代AS NO.2，对财务报告内部控制审计准则作了进一步的完善。值得注意的是，上述规则出于对审计责任与能力的考虑，对内部控制的定义仅仅包含了与财务报告可靠性目标相关的部分，省略了经营活动的效率效果及合规性这两个目标。

2. 其他国家的跟进

继美国颁布SOX法案之后，许多国家都纷纷修订或制定与内部控制相关的法规和指南，但在具体的制度设计上却并没有完全遵循SOX404，如加拿大规定公众公司对内部控制信息的披露分两步走，第一阶段只披露内部控制设计中存在的缺陷，第二阶段扩展到对内部控制的实施缺陷进行披露，但并不要求管理层及审计师对内部控制的有效性进行评价和审计。英国的做法也与此类似，英国公司治理发展史上三个具有里程碑意义的重要文献——卡德伯利报告（1992）、哈姆佩尔报告（1995）和特恩布尔报告（1999）中一个显著的特点就是对内部控制披露的要求越来越多，但对其有效性审核方面的要求却日趋减弱，凸显了它在这一问题上的观点。[①] 欧盟于2006年6月发布第2006/43号指令《年报和合并报表的法定审计》，虽然规定了公司的风险管理和内部控制，但并不要求公司披露对

[①] 王光远，刘秋明. 公司治理下的内部控制与审计——英国的经验与启示［J］. 中国注册会计师，2003（2）：17－21.

内部控制有效性的评估结果。注册会计师或会计师事务所的责任也仅限于向公司内设审计委员会报告内部控制存在的问题,而没有将内部控制审计列入法定审计的范围。

从我国的情况来看,基本上走的是 SOX 的规则,2001 年 2 月 6 日,中国证监会正式颁布并实施了《证券公司内部控制指引》,2001 年起财政部连续制定发布了《内部会计控制规范——基本规范》等 7 项内部会计控制规范。2006 年上交所和深交所分别发布了《上海证券交易所上市公司内部控制指引》和《深圳证券交易所上市公司内部控制指引》,要求上市公司董事会在年度报告披露的同时,披露年度内部控制自我评估报告及审计师出具的意见。2006 年成立的内部控制标准委员会于 2008 年 6 月 28 日正式出台了《内部控制基本规范》,要求执行基本规范的上市公司应当对本公司内部控制的有效性进行自我评价,披露年度自我评价报告,并可聘请具有证券、期货业务资格的中介机构对内部控制的有效性进行审计,并于 2010 年 4 月 15 日发布了与之配套的三项指引《企业内部控制应用指引》、《企业内部控制评价指引》和《企业内部控制审计指引》。至此,在基本建成我国企业内控规范体系的同时,确立了企业内控有效性的自我评价制度和注册会计师审计制度(刘玉廷和王宏,2010)[1],但我国目前将公司内部控制评价报告与内部控制审计报告相互割裂的做法仍然与美国存在差异,后者仅仅针对"财务报告内部控制"这一较为狭窄的范围,管理层内部控制评价报告却包括广义的内部控制范畴。

7.2 内部控制审计制度的目标定位

SOX 法案颁布后,对上市公司的法定审计包括了财务报表审计与内部控制审计,审计师在出具传统的财务报表审计报告的同时还需出具内部控制审计报告。然而,内部控制审计的目的是什么?它与传统的财务报表审计有何区别或者联系?这一新增的制度设计在耗费大量社会成本的同时是否具备额外的价值功能?这需要从整个内部控制披露制度的目标定位来加以分析。

在我国内部控制规范体系中,涉及两个基本概念:一个是"内部控制"概

---

[1] 刘玉廷, 王宏. 提升企业内部控制有效性的重要制度安排——关于实施企业内部控制注册会计师审计的有关问题 [J]. 会计研究, 2010 (7): 3-10.

念，另一个是"财务报告内部控制"概念，其中，《企业内部控制应用指引》及《企业内部控制评价指引》中所指的是前者，《企业内部控制审计指引》中所指的是后者。比较两个概念，显然两者在内涵及外延上均大相径庭。内部控制是一个内涵更为丰富、涵盖范围更为宽广的概念，根据 COSO 所构建的内部控制基本框架，包含了财务报告可靠性、经营的效果和效率、相关法令的遵循三个目标，财务报告内部控制只涉及与财务报告可靠性目标相关的内部控制部分，从理论上说，仅仅是内部控制的一个子系统。在同一规范体系中对内部控制概念的实际应用不一致，导致的直接后果就是各说各话，企业管理层对内部控制及有效性进行披露与评价，审计师则对财务报告内部控制的有效性发表审计意见，形成了我国现行的内部控制自我评价制度与注册会计师审计制度的相互割裂状态，这种割裂折射出当前内部控制披露制度建设中值得深究的一个理论性问题：内部控制披露制度的目标定位究竟是什么？

1. 财务报告可靠性：特定背景下的目标定位

内部控制披露的目标究竟是什么？在后"安然"时代，作为探索内部控制披露制度的先行者及领导者的美国对此非常明确，即对财务报告可靠性的保障功能。2003 年 6 月 5 日美国证券交易委员会（SEC）颁布最终规则《管理层对财务报告内部控制的报告及其对定期披露的证明》，其中对财务报告内部控制的定义为：由公司的首席执行官、首席财务官或者公司行使类似职权的人员设计或监管的，受到公司的董事会、管理层和其他人员影响的，为财务报告的可靠性和满足外部使用的财务报表编制符合公认会计原则提供合理保证的控制程序。2004 年 3 月和 2007 年 7 月，公众公司会计监管委员会（PCAOB）分别颁布了第 2 号审计准则（AS NO.2）和第 5 号审计准则（AS NO.5，取代 AS NO.2），在 AS NO.5 引言段中指出，财务报告内部控制审计中审计师的目标是"对公司财务报告内部控制的有效性发表意见"，而"有效的财务报告内部控制能够为财务报告可靠性以及出于外部目的的财务报表编制提供合理保证"。[1]

应该看到，当前国内外对内部控制披露的极大热情直接始于 2001 年"安然事件"为导火索的一系列全球财务造假，面对迅速塌陷的资本市场信心，美国 SEC 快速反应，抛出了 SOX 法案，揭开了重构和优化公司财务报告整个制度结构和法

---

[1] PCAOB. 2007. Auditing Standard No. 5 – An Audit of Internal Control Over Financial Reporting that is Integrated with An Audit of Financial Statements ［OL］, www.PCAOB.com.

律环境的序幕，SOX法案的核心就是如何保障财务报告的高质量，尤其是可靠性。强制性内部控制披露作为SOX法案中的主要组成部分无疑也以此为目标。特定的背景给现行内部控制披露制度建设的目标定位打下了深刻的烙印，但也因此带来了单元化思维的局限性。然而，美国对内部控制披露制度的目标定位极大地影响了其他国家，继美国颁布SOX法案之后，很多国家都纷纷修订或制定与内部控制相关的法规和指南，尽管各个国家在内部控制披露制度的具体设计上还存在很多分歧，尤其是在"管理层是否应当对内部控制有效性进行评价"和"审计师是否应该对内部控制有效性进行审计"这两个核心问题上仍未达成完全共识，但它们对内部控制披露制度的目标定位均停留在对财务报告可靠性的保障功能上。

2. 内部控制功能及披露需求

内部控制披露制度的目标定位离不开对内部控制披露需求的了解，而要弄清楚"我们为什么需要内部控制信息？"首先应了解内部控制本身是什么、它能做什么，以及其背后的信息含义。

从内部控制相关研究文献来看，可以发现这些研究主要来自两方面：独立审计和企业管理（治理），两者对内部控制功能的关注点有着显著的差异，但由于现有大多数内部控制理论研究成果均来自于会计职业团体发布的各种规范性文件，因此，大家很容易将内部控制研究局限于审计的范畴，而忽略了后一领域。

审计界对内部控制的研究源于20世纪40年代审计师寻求新的审计方法以实现审计效率与审计质量两者之间的平衡，现代流行的审计方法本质上仍然是建立在抽样审计与内部控制评审相结合基础之上的一种方法，这种方法可以满足审计师以一定的成本完成审计工作，并将审计风险控制在可以承受的范围之内。对于审计界而言，对内部控制的研究主要是为了满足审计师对内部控制风险进行评价，并最终对财务报告提出恰当的审计意见，内部控制被运用于审计是出于保证会计信息真实性之目的。因此，基于审计的内部控制关注的是内部控制与财务报告可靠性之间的联系，企业内部控制（尤其是与财务报表编制相关的内部控制）水平的高低将影响财务报告的可靠性，两者之间有着一定的因果关系。这同样成为当前内部控制披露制度的一个重要理论假设，基于这一假设，对财务报告内部控制进行强制性披露并审计可以有助于财务报表使用者判断财务报告的可靠性，并反过来促进财务报告可靠性的提高。

但从内部控制的产生和发展来看，其管理控制功能的重要性远远超出了审计的需求。从时间逻辑来看，来自企业内部查错防弊的管理性需求是内部控制思想产生的最初动力,如通过职能分离、授权、账簿核对等控制手段来保证财产的安全性,防范企业内部的错弊行为,内部控制的这种功能即便现在都一直在企业的内部基本管理中发挥着作用。随着企业组织规模的扩大及业务的复杂性,企业越来越重视内部控制,内部控制功能进一步拓展。COSO 在其《内部控制整合框架》中,提出了生产经营效果和效率、财务报告可靠性和合规性三大目标。与COSO 框架相提并论为现代内部控制两大理论框架的加拿大 CoCo 委员会 1995 年发布的《控制指南》中指出内部控制是"组织中有助于实现其目标的各个要素(包括企业资源、信息系统、企业文化、组织结构和运作过程等)的总和","内部控制之所以重要是因为它为企业实现其目标提供了合理的保证或者说把企业实际承担的风险控制在可接受的水平之下"。[①] 实务中,内部控制贯穿于企业的所有管理控制活动,安东尼(2004)曾按照管理层级将其分为战略规划、管理控制和作业控制,从某种意义上说,内部控制已成为企业经营活动正常运行的保驾护航人。通过内部控制披露,外部人可以了解有关企业内部组织结构和控制体系,能够对企业经营活动的整体运行状况以及未来的风险作出合理的估计,从而调整相关的决策。

可见,对内部控制信息披露的需求可以定位于两个方面:一是提供有关财务报告可靠性的相关信息;二是提供有关企业内部管理控制的相关信息。当前国内外内部控制披露制度的目标定位主要是满足第一种需求,而我国的制度设计却希望兼顾两种需求,同时提出了"广义内部控制自我评价"和"狭义财务报告内部控制审计",但这又引发了另一个问题,制度设计的构建逻辑问题,我们将在后面部分进行阐述。

3. 财务报告的局限性与公司对外报告的信息需求趋势

资本市场上公司财务造假一直屡禁不绝,审计的公信力也一次次被挑战,暴露出资本市场的制度性虚弱。其中,信息来源单一、过多偏重于公司财务信息就是一个主要问题。虽然财务报告披露制度经过长期的实践被证明是缓解资本市场信息不对称的一种有效的制度,但实证研究表明会计信息含量并不充分。美国会计学家列弗(1989)曾对 1970~1989 年在美国三大杂志上发表的所有有关会计盈余信息含量研究的结论进行了总结性分析,发现即使对于较宽(一个季度)和很宽(最长为两年)的窗口期的研究来说,会计盈余对证券价格的解释力也只有

---

① Criteria of Control Board, 1995, Guidance on control.

4%~7%，而研究者普遍认为会计报表中信息含量最高的就是会计盈余。列弗认为会计盈余对证券价格的解释力之所以这样低的原因在于会计盈余的低质量，而导致会计盈余低质量的原因则很多，如历史成本计量属性的应用、会计盈余容易被操纵、审计的独立性风险等，但无论原因何在，一个很现实的结论就是单单凭借会计信息无法对公司价值做出正确的估计和判断。

FASB 在《财务会计概念框架第 1 号》中指出会计的目标是提供对现在和潜在使用者的投资决策、信贷决策有用的信息，具体包括"提供有助于信息使用者考查评估报告主体未来现金流量的数额、时间分布和不确定性的信息。"实事上，会计信息的局限性远远不能满足这一目标，尤其是无法提供未来的不确定性（或者说风险）的信息。这是因为会计信息主要是一种结果信息，它的持续性和预测性需要得到更多信息的佐证。1991 年《哈佛商业评论》发表了一篇名为"业绩度量宣言"的文章，号召建立一套更广泛的度量体系，以便进行业绩度量与管理，"将财务数字由原来的作为度量指标的基础，转变为作为一个度量集的一种"。[①] 与此相呼应，卡普兰和诺顿构建了著名的公司业绩评估的"平衡计分卡"，其中包含了财务、客户、内部流程、学习和成长四个维度，平衡计分卡认为在评价公司的业绩时仅仅只知道财务结果是远远不够的，还必须了解其原因，或者说驱动因素，只有它们才是我们对未来做出预测的重要因素，而不是过去的财务成果。[②] 伊克利斯等则掀起了一场"价值报告革命"，提出构建一个能够显示各类关键动因之间的因果关系的"商业模型"，以此向投资者传递有关公司价值的信息。而早在 20 世纪 60 年代，美国会计学家索特提出了事项会计思想，掀起了关于价值会计法与事项会计法的争论，事项会计法的核心思想就是提供"原汁原味"的数据，即"事项"，这些事项是说明企业价值创造结果（价值法下综合性的会计数据）的原因所在，或者说这些事项描述了企业的价值创造过程。[③] 这些思想的共同之处就是表达了企业对外报告应超越财务信息、向公司"透明度"[④] 的信息需求趋势发展，谢志华（2003）也曾提出以会计信息为基础整合企业信息体系，以实现以会计信息系统为结果信息、其他信息为原因信息的全面集

---

① [美] 伊克利斯等著，叶鹏飞等译. 价值报告革命：远离盈余游戏. 北京：中国财政经济出版，2004：1.
② "企业内部管理控制的相关信息"就是我们了解财务报告结果背后的重要驱动性因素之一。
③ 张艳、钟文胜. 以事项会计构建财务报告模式的适用性探讨. 审计与经济研究. 2006（3）：58－60.
④ 公司透明度是公司财务与管理信息的公开披露程度，投资者往往根据公司所披露的信息决定如何选择资产组合。

成的企业信息系统。[①]

比较内部控制信息披露需求的两种定位,也反映了这两种思想的交锋,是固守财务信息,还是顺应外部信息使用者对公司透明度下多元化信息的需求趋势?如果是后者,那么在内部控制披露中单独提出"财务报告内部控制"这个概念就是多余的,况且在实务中财务报告内部控制能否单独从企业内部控制中分离出来就颇让人怀疑,审计中曾将"会计控制"与"管理控制"分开,后又合二为一就是例子。而从上面的分析我们可以推论,基于外部信息需求者的需求趋势提供有关企业价值驱动性因素的内部控制信息披露制度必然会取代当前仅仅将内部控制信息作为财务报告信息补充地位的狭窄定位。

7.3 内部控制审计制度的构建逻辑

一项制度的设计至少在其内部体系上应前后逻辑一致,内部控制披露制度包括两个环节:一是企业管理层对内部控制进行披露,并对其有效性进行评价;二是审计师对内部控制的有效性发表审计意见。[②] 先就目标定位是否科学这一问题姑且不论,从美国内部控制披露制度的设计来看,其构建逻辑与其目标定位是一致的,也是清晰的,均围绕如何促进财务报告的可靠性这一目标展开,如第 5 号审计准则(AS NO.5)在引言段中指出,"该准则旨在为审计师对公司管理层对财务报告内部控制有效性评价进行审计提供标准和应用指南",财务报告内部控制审计中审计师的目标是"对公司财务报告内部控制的有效性发表意见",而"有效的财务报告内部控制能够为财务报告可靠性以及出于外部目的的财务报表编制提供合理保证"。并且要求审计师在出具的内部控制审计报告中必须包括管理层对财务报告内部控制的评价报告。公司管理层及审计师针对的对象均为财务报告内部控制,目的就是为报表使用者提供与财务报表编制相关的内部控制信息,以帮助他们更好地判断财务信息的真实性。

比较我国的内部控制披露制度,其逻辑线索却并不清晰,公司管理层披露及评价的对象是内部控制,审计师发表审计意见针对的对象是财务报告内部控制,两个环节相互独立,并不相互承接,似乎既希望扩大内部控制信息的披露又要顾

---

① 谢志华.会计的逻辑——以会计信息为基础整合企业信息体系.会计研究.2003(6):11-17.
② 在各国具体操作中,针对管理层是否应对内部控制的有效性进行评价以及审计师是否应对内部控制的有效性发表审计意见这两个方面还存在较大分歧。

及审计师对内部控制审计的责任,这种瞻前顾后的态度导致了实务中内部控制披露现状非常混乱。以已披露内部控制信息的上市公司为例,有的只在年报的"公司治理"部分对内部控制制度进行了描述和评价,但未进行审计或审核;有的提供了单独的公司董事会内部控制自我评价报告,但在审计(审核)环节,有的是由承担保荐机构的券商针对自我评价报告提供核查意见,有的则是聘请会计师事务所针对财务报告内部控制出具审计或审核报告,随审计报告所附的却是公司的内部控制自我评价报告。这一做法本身就很矛盾,内部控制审计报告附上公司的内部控制自我评价报告,传递的含义就是两者是相关的,并非"相互独立、并行不悖"[①],但由于公司内部控制自我评价报告是从管理控制的角度对内部控制的整体状况进行描述和评价,基本不会就财务报告内部控制部分单独进行阐述,两者在内容上又几乎毫不相关,这就造成了内部控制审计本意上是对管理层出具的内部控制报告进行审计并发表意见,[②] 但却因两者毫无前后承合关系,形成了各说各话的局面,可以想象使用者面对毫无关联的两者放在一起究竟是何用必是一头雾水,更严重的是这将可能误导使用者将内部控制审计报告看做是审计师单独对公司内部控制有效性发表的一种承诺,而非是对公司管理层所出具内部控制报告的一种再认定,从法律责任而言,这对审计师将是另一场灾难。

总之,从历史的演变来看,对内部控制披露的需求并不因"安然事件"而突然迸发,为应对"安然事件",采取一系列有力措施(包括强制性内部控制披露)加强公众对财务报告可靠性的信心本来无可厚非,但如果一直将当时这种救火式思路加以延续则十分有害。我们有理由怀疑对财务报告内部控制信息进行审计和披露能够在财务报表审计之外提供多少额外的信息含量,毕竟外部使用者最终关心的只是财务报告质量的最终结果,如果他们不信任审计师对财务报告鉴证结果的可靠性,又怎么会认为依据审计后的财务报告内部控制信息来推断财务报告结果这种方式更可靠?对内部控制披露制度的目标定位需要摆脱固有的观念,考虑契合企业外部使用者的信息需求趋势,以强化公司透明度作为内部控制披露的目标定位,并在此基础上理清制度构建的逻辑似乎是一个更为可行的选择。

---

① 刘玉廷、王宏认为"企业内控自我评价与注册会计师内控审计是相互独立、并行不悖的",会计研究,2010.7"提升企业内部控制有效性的重要制度安排——关于实施企业内部控制注册会计师审计的有关问题"。

② 虽然内部控制报告审计中审计师是直接对内部控制的有效性发表意见,但这只是为了避免使用者误解(如被审计单位内部控制存在缺陷但管理层在内部控制评价报告中已作充分披露,那么注册会计师出具无保留意见,容易引起误解),实质上仍然遵循审计的本质,是针对管理层内部控制报告的一种再认定。要求内部控制审计报告中附上管理层对内部控制的自我评价报告即为此意。

7.4 内部控制审计的价值功能

1. 关于内部控制审计的争论

当前国内外在内部控制披露制度建设中存在着两个一直未曾解决的争议性问题：一是管理层是否应该对内部控制的有效性进行评价？二是审计师是否应对内部控制的有效性出具审计意见？

对上述问题，支持者认为，如果不对所披露的内部控制信息出具证明（如管理者评价和审计意见），内部控制信息就会因为缺少控制机制导致"可靠性"问题，并且因为"低成本的信号不具有可信性"，内部控制披露的信息含量就很让人怀疑。反对者则认为，避免对内部控制报告进行评审主要是出于以下两点考虑：首先是对成本的考虑。对内部控制进行评审势必会加大公司的披露成本，尤其是对中小公司影响更大。美国财务经理协会（Financial Executive International，FEI）曾对2003~2005年美国公司执行SOX404条款成本进行了四次调查，结果表明执行成本非常高并且逐年增加，如2003年执行404条款新增人工平均值为6 000小时，2005年增加到35 099小时；2004年执行404条款新增总成本平均值为193.5万美元，其中大公司为460万美元，小公司为17万美元，2005年新增总成本平均值上升到435.5万美元，其中，大公司平均值超过了1 000万美元，小公司超过了400万美元。[①] 其次是对诉讼风险增加的担心。在对内部控制"有效性"评价缺乏高度认同的精准标准之前，公司管理层及审计师都不愿因为引起公众对"有效性"、"绝对保证"的误会而承担更多不确定性的法律风险。面对各执一词的两种观点，监管部门只能在现实的利益冲突中采取了骑墙的态度。

然而，真正的原因是否仅仅如上所言？对于一项制度的理性选择理应取决于成本与效益的对比，制度的执行成本只是其中一个方面，相较于实施前的制度设计是否能产生增值功能才是问题的关键。什么样的内部控制信息披露才具有增值性是我们进行内部控制披露制度设计的逻辑起点，而在这一点上，坚持系统论的方法，从相关的制度体系入手、结合系统中其他制度的相互作用来分析一项新制

---

① [美] W. 罗伯特·克涅科著，程悦译. 审计：增信服务与风险（第二版）[M]. 北京：中信出版社，2007.

度引进的合理性才是更可行的做法。下面我们抛却内部控制评价标准技术方面的争论，从财务报告控制机制的协同性入手，对SOX法案404条款存在的逻辑缺陷进行分析。

2. 财务报告质量体系中的控制机制分析

所谓协同，是指协调两个或者两个以上的不同资源或者个体，协同一致地完成某一目标的过程或能力。内部控制信息披露制度的目标是什么？根据COSO的定义（1992，1994），内部控制是指"由公司董事会、经理阶层和其他员工共同实施的，为营运的效率效果、财务报告的可靠性及相关法规的遵循性等目标的达成而提供合理保证的过程"，但从内部控制披露制度产生的背景及制度设计来看，关注的重点主要集中于它对财务报告可靠性的保障功能，如美国SEC在最终规则中对财务报告内部控制的定义为：财务报告内部控制是指由公司的首席执行官、首席财务官或者公司行使类似职权的人员设计或监管的，受到公司的董事会、管理层和其他人员影响的，为财务报告的可靠性和满足外部使用的财务报表编制符合公认会计原则提供合理保证的控制程序。这一定义与COSO报告中对内部控制的定义相比仅仅包含了与财务报告可靠性目标相关的部分，而省略了经营活动的效率效果的目标。相应地，当前对内部控制信息的披露内容的规定主要是针对财务报告内部控制的缺陷，包括设计环节及实施环节两个方面。

如果将财务报告从生产到最后的对外报告及使用看作一个链条，沿着这个链条，至少存在四种主要的控制机制对财务报告质量提供保障功能，即会计准则规范、公司治理、证券市场监管及独立审计，这四种机制涵盖了内部控制和外部控制两种类型，它们的作用机制各异，功能大小取决于在特定的环境下的约束条件和运行效率。会计准则规范、证券市场监管与独立审计是SOX法案颁布之前三种常规监管制度，其中，会计准则规范处于财务报告监管的生产环节，直接对财务报告的确认、计量及报告提供操作性指南；证券市场监管处于对外报告环节，主要通过一系列法律、规范对公司对外信息披露的范围、格式进行指引，并对违规惩处作出规定。对财务报告可靠性提供鉴证及合理保证一直是独立审计的重要功能，甚至被称为上述四条防线中最后的"马其诺防线"。审计对财务报告的监管功能取决于专业能力和独立性两个因素，尤其是独立性被称为审计的灵魂。但由于审计职业在独立性方面存在着先天性的缺陷，一直以来就被公众所诟病，为了强化公众对审计职业的信任，政府和市场充当了最后的担保人，法律机制和声誉机制成为约束审计师独立性风险的两种最重要的保证机制，但因为这两种机制的运行效率受到诸多因素的限制而不免会产生"失灵",① 正如现实中"马其诺防线"最后的沦陷,独立审计这条防线屡屡被突破,公众开始意识到审计制度的固有缺陷和力不从心,这迫使研究者及监管者都不得不另辟蹊径,寻找更为有效的控制措施,强制性内部控制披露制度正是在这一背景下提出的。

内部控制是公司内部的管理活动,属于公司治理的一部分,保证财务报告的可靠性是强制性内部控制披露制度设计的初衷。从内部控制披露对财务报告质量保证的作用机制来看,主要是基于以下逻辑:第一,内部控制作为企业风险管理的重要实施机制,良好的内部控制体系不但能够直接防范企业内部的错误与舞弊行为,即减少舞弊的机会,而且能够降低企业的经营风险,从而在根本上削弱企业财务造假的动机。根据舞弊三角理论,动机、机会与借口是引发舞弊的三大因素,因此,良好的内部控制体系能够减少企业各种无意和有意的错误,具备不同内部控制特征的公司在财务报告质量上具有质的差别。第二,由于内部控制属于企业内部的管理机制,投资者无法直接观察,对其信息披露的要求就应运而生。投资者借助公司所披露的内部控制信息来区分公司,可以及时识别、评价可能损害企业经营的相关风险以及那些可能会影响到财务报告错报及盈余管理的因素,从而有助于对财务报告可靠性判断提供信息,降低信息的不对称。严格地说,在以上两个环节中,真正对财务报告质量起到控制功能的是内部控制活动,事后的披露只是将这一活动的信息传递给外部投资者以进行相关的决策。②

可见,财务报告质量控制体系是一个由不同类型的控制方法构成的系统,在这个系统中,不同的控制方法处于财务报告链条上的位置不相同,影响财务报告的作用机理也存在本质性差异,会计准则规范和内部控制更靠近财务报告生产的前端,是对财务报告的生产过程进行控制,属于事前和事中的防范机制,独立审计是对财务报告结果进行直接的鉴证,属于事后的防范机制,证券市场监管则兼具事中和事后防范两种功能。四种机制在设计上互相补充,只有充分发挥其协同作用,才能更好地防范公司造假,保证财务报告的可靠性。

3. 内部控制披露制度在财务报告体系中的协同功能分析

由于在财务报告系统中,各种控制机制并不是独立地发生作用,而是存在相

---

① 张艳. 论事务所规模化与审计质量保证 [J]. 审计与经济研究,2007 (3):34 – 38.
② 还有一种观点认为,通过强制性信息披露,使内部控制置于公众监督之下,可以加强管理者完善内部控制的意识。

互影响，① 当我们对当前内部控制披露制度中存在的问题进行分析时，应考虑最终的制度协同性后果，这一后果可以从以下两个方面来评价：一是对财务报告质量的保障功能；二是分散系统内制度风险的功能。

（1）对财务报告质量的保障功能。从上述内部控制信息披露的作用机制来看，内部控制信息披露及评价有助于外部投资者对财务报告质量进行判断，已有的实证研究结果也表明内部控制信息披露具有一定的价值，如内部控制与财务报告质量的相关性研究表明，内部控制缺陷会影响财务报告的应计质量（Ashbaugh-Skaife et al.，2008；Doyle et al.，2007）。Irving（2006），Hammersley等（2008）以及Beneish等（2008）则考查了内部控制信息披露的信息含量，他们利用美国上市公司数据，考查了市场投资者对公司所披露的内部控制缺陷的反应，发现内部控制缺陷的披露具有增量信息。至于管理层对内部控制有效性的评价这一点，"有效性"的标准问题并不是反对的充分理由，管理层是内部控制设计及实施的责任人，对其有效性进行评估本来就是题中之意，而且还可以防止实际披露中没有实质性观点的形式主义，以免让人看了半天也不知所云②。而如何界定"有效性"只是一个技术性问题，与本书的分析并无太大关系。

审计的价值之一就在于它出具的意见降低了所鉴证信息的可靠性风险，既然内部控制披露具有一定的价值功能，对其可靠性进行审计的要求似乎就自然成为了一种选择，然而，对内部控制及评价进行审计是否具备这种增值作用呢？它与我们所熟悉的财务报表审计有何区别？从功能上说，在内部控制审计下，其本质就是将内部控制及审计的两种不同功能进行复合，更确切地说，是将内部控制功能最终纳入审计的框架之下。在财务报表审计中，对内部控制进行评价是审计程序中必不可少的环节，即使在SOX时代，要求审计师单独出具内部控制有效性评价的审计报告，也并不能代替财务报表审计过程中的内部控制评审程序。与财务报告内部控制审计相比较，两者在审计师对内部控制的评价过程方面可能是相同的，如PCAOB先后发布的第2号、第5号审计准则都提出了将财务报表审计与财务报告内部控制审计相整合的观点，只是两者对相关信息的披露要求却不相同。财务报表审计中，内部控制评价只是审计过程的一部分，其结果最多体现在

---

① 这一点已为很多实证研究所证实。如Raghunandan 和Rama（2006）；Hogan 和 Wilkins（2008）；Yan（2007）；Li（2007）等研究都证明了内部控制对审计的影响。Michelon 等（2009）证明了在应计质量上审计对内部控制具有替代效应。

② 如张立民等（2003）；李明辉等（2003）；瞿旭等（2009）的研究均表明当前我国上市公司内部控制信息的披露在很大程度上流于形式，没有实质性内容，自愿性披露动机不强。

并不对外公开的审计底稿中，内部控制审计则要求将审计师对财务报告内部控制的评价结果对外披露，这就意味着审计报告的使用者不但可以看到最终的审计结果——审计意见，还能获得有关审计过程的部分信息。但从财务报告可靠性的控制目标来看，这充其量不过是相同的主体对相同的目标提供了一份双重证明，尽管角度不同，但并不会产生额外的保障功能。因为外部投资者最终关心的只是有关财务报告质量的最终结果，如果他们不信任审计师对财务报告鉴证结果的可靠性，怎么又会相信审计后的内部控制信息更可靠？即便排除了独立性的疑虑，内部控制对财务报告更多是一种间接性的影响，它主要通过影响财务报告的生产环境来影响财务报告产生错报的可能性，公众根据企业内部控制来推断财务报告质量也仅仅是一种间接的手段，试图在财务报表审计结果之外，通过审计后的内部控制信息来增加有关财务报告质量的判断几乎很天真，难道广大投资者的专业判断能力可以胜过"专业"的审计师？更何况，我们透过一纸报告所看到的信息永远没有审计师充分。

（2）分散系统内制度风险的功能。在对 SOX404 条款的争论中，一个被人忽视的潜在影响是它对系统内制度风险的分散功能。SOX 法案后的财务报告监管模式更强调对过程的控制，在这种从结果控制向过程控制纵深发展的监管模式下，财务报告监管的重心开始向财务报告链条的上游转移，从源头上削弱财务造假的风险，同时也减轻了审计师的责任，将防范公司财务造假的制度风险进行了分散。随着证券市场的发展和商业环境的变化，广大投资者、社会公众和政府越来越依赖会计信息，公众要求审计师承担更多的法律责任，审计师对第三人的民事法律责任不断扩张，20 世纪六七十年代，美国的审计师甚至进入了"诉讼爆炸"，用 Epstein 和 Spalding 的话来说，"几乎每一桩针对会计师个人的诉讼，都酿成整个职业的一场危机"。[①] 但大量的研究表明，审计师法律责任的扩张并没有带来审计质量的提高，反而激发了审计师的过度保守行为，一个极端的后果就是审计师"只与成功的公司打交道"，这已经完全背离了审计制度的目标。针对这种情况，德国学者 Ebke（1984）在其《另辟蹊径：公司治理与独立审计师的法律责任的比较法视角》一文中就曾指出，解决会计师法律责任困境的出路在于优化公司财务报告的整个制度结构和法律环境，这需要立法者、证券市场监管者、公司管理层、会计职业界等各方面的共同努力。[②] SOX 法案对内部控制的重

---

① 转引自：刘燕．会计师民事责任研究：公众利益与职业利益的平衡 [M]．北京：北京大学出版社，2004：4．
② 刘燕．注册会计师民事责任研究：回顾与展望 [J]．会计研究，2003（11）：34 – 38．

视恰好印证了这一思想,但却并没有充分地贯彻这一思想,404条款中要求对内部控制的有效性评价进行审计实际上又回到了老路上,即将防范财务造假的责任及最终的风险又推到了审计这一个环节,这岂不有违制度设计的初衷?因此,从分散风险的角度来看,对内部控制及评价进行审计并不明智。

Williamson(1983)曾指出,公司控制系统是一个结构化的控制机制组合,不同控制机制之间存在替代或补充作用,公司可以选择不同的组合结构。[①] 不仅公司如此,对监管者来说,也需要从系统的角度来考虑监管机制的设计。如果在一个监管框架中,一种控制机制的功能被其他机制完全包含了,或者说两者具有充分的替代效应,则这项机制就不可能具有信息含量和增值功能。此外,对公司来说,它会积极地在已有的制度安排中进行组合选择,这种选择本身就具有信号功能,当各种控制机制之间重合越多,公司进行组合选择的空间就越小,就容易使我们陷入Krishnan和Visvanathan所担忧的由于政府监管的过度干涉导致的公司治理趋同(corporate governance convergence)结果,这种趋同会抹平公司之间的特征差异,给外部投资者的信号识别带来困难,反而会削弱系统的绩效。[②] 因此,在未来的内部控制披露制度及财务报告监管框架的构建中,协同性是一个必须考虑的因素。在当前的狭窄的目标定位下,内部控制审计制度的设计无论从财务报告质量的保障功能还是从制度风险的分散功能来看,似乎都还不能具备额外的增值功能。

7.5 内部控制审计报告行为考察

7.5.1 内部控制信息的信号作用及制约机制

在当前内部控制披露制度的目标定位下,内部控制的重点是对会计信息可靠性的保障功能,因此,公司披露的内部控制信息成为推断会计信息质量的一种信

---

① Williamson, O. E. 1983. Organizational Form, Residual Claimants and Corporate Control [J]. Journal of Law and Economics, 26: 351-366.

② Gopal V. Krishnan, Gnanakumar Visvanathan. 2007. Reporting Internal Control Deficiencies in the Post-Sarbanes-Oxley Era: The Role of Auditors and Corporate Governance [J]. International Journal of Auditing, Volume 11, Issue 2: 73-90.

号显示。同时，内部控制信息的披露也能向外部释放有关企业内部控制质量的信号，由于现实中内部控制系统与"财务报告内部控制"难以明确划分，内部控制活动的后果并不唯一体现在会计信息上，还能对企业的内部管理活动过程及经营后果产生影响，因此内部控制报告对外部传递了更为丰富的信息含义。

在公司控制下，由于所有权与经营权的分离以及信息不对称引发了代理问题的不可避免，根据詹森和麦克林的划分，代理成本由委托方的监督成本、代理方提供的保证成本和剩余损失三部分构成，为了缓解代理冲突，委托人和代理人都有动力采取措施来降低代理成本，信息披露制度就是其中的一项主要措施。因此从内部控制信息的供给方和需求方来说均有动力来披露相关信息。但披露的质量会受到多方面的影响，从而降低信息的传递的有效性，造成"信息失灵"。

从当前内部控制信息披露的环节来看，包括内部控制报告披露、内部控制评价、内部控制审计（鉴证）三个步骤，其中前两个步骤由公司管理层实施，第三个步骤由审计师实施。从本质上说，这一实施过程除了涉及的具体内容不同以外，其他方面与财务报表审计并无差异，因此在财务报表审计过程中存在的问题在内部控制审计过程中同样存在。如管理层在内部控制报告披露与评价中的舞弊现象、审计过程中审计师与公司管理层的合谋现象等。我们在前面对影响审计报告行为风险机制的研究结论同样适用内部控制审计行为，法律机制和市场声誉机制是制约内部控制审计独立性风险、保证内部控制审计质量的两大重要机制，这一点已被大量的国内外实证研究所证实。

从已有的实证研究结果我们发现，国内外资本市场上内部控制信息信号的有效性存在较大的差异，西方国家尤其是美国的研究结果表明内部控制信息具备较大的信息含量，股东尤其是大股东和机构投资者对内部控制信息需求更高，如Ashbaugh等（2007）发现公司的股权越集中，管理层查找并披露内部控制缺陷的动机越强。更多的研究表明内部控制信息披露会产生显著的经济后果性，如Deumes和Knechel（2008）从债务代理成本和信息角度，以债务的账面价值除以债务市场价值和权益市场价值之和测度财务杠杆，发现其与内部控制披露内容显著关联。Irving（2006）用未预期收益波动率和未预期交易量来度量信息含量，运用单变量比较发现首次披露重大缺陷的公司两项指标均显著大于临近的非披露期，也大于同期没有披露内部控制问题的公司。通过多元回归分析发现重大内部控制缺陷披露对两项指标均有显著的正向影响。研究结论说明，SOX内部控制披露能为投资者的资源配置决策提供有用的增量信息。Hamersley等（2008）用规模调整的收益率（size-adjusted return）代表信息含量，研究发现内部控制缺陷披露能引起负面的市场反应，内部控制缺陷的严重性、管理层对内部控制有效性的结论、内部控制缺陷的可审度、披露的模糊性等缺陷特征都具有信息含量。研究结论说明，内部控制缺陷的披露及其特征将给市场投资者带来新的决策有用信息。Ashbaugh-Skaife 等（2008）发现披露内部控制缺陷的公司具有较低的应计质量，内部控制信息披露与财务报告质量存在相关性。与之形成对比的是国内同类研究得到的支持性证据则弱得多，公司披露内部控制信息的可靠性已受到广泛质疑。其主要原因是我国当前信息披露监管和中介服务市场环境和美国相去甚远，无法为内部控制报告的可靠性提供保证。

7.5.2 我国上市公司内部控制信息披露相关规定

2000 年中国证监会颁布的《公开发行证券公司信息披露编报规则第 1 号——商业银行招股说明书内容与格式特别规定》第五条规定，商业银行应建立健全内部控制制度，并在招股说明书中专设一部分，对其内部控制制度的完整性、合理性和有效性作出说明，还应聘请会计师事务所对其内部控制及风险管理系统的完整性、合理性和有效性进行评价，提出改进建议，并以内部控制评价报告的形式做出报告。内部控制评价报告随招股说明书一并呈报中国证监会。所聘请的会计师事务所指出以上"三性"存在严重缺陷的，商业银行应予以披露，并说明准备采取的改进措施。

2000 年中国证监会发布的《公开发行证券公司信息披露编报规则第 7 号——商业银行年度报告内容与格式特别规定》、《公开发行证券公司信息披露编报规则第 8 号——证券公司年度报告内容与格式特别规定》规定，商业银行、证券公司在年度报告中应对内部控制制度的完整性、合理性与有效性作出说明。还应委托所聘请的会计师事务所对其内部控制制度，尤其是风险管理系统的完整性、合理性与有效性进行评价，提出改进建议，并出具评价报告。评价报告随年度报告一并报送中国证监会和证券交易所。所聘请的会计师事务所指出以上"三性"存在严重缺陷的，董事会应对此予以说明，监事会应就董事会所作的说明明确表示意见，并分别予以披露。

2001 年中国证监会颁布的《公开发行证券公司信息披露的内容与格式准则第 2 号——年度报告的内容与格式》（2004 年修订）第四十二条规定，年度报告中，监事会应对"公司决策程序是否合法，是否建立完善的内部控制制度，公司董事、经理执行公司职务时有无违反法律、法规、公司章程或损害公司利益的行为"发表独立意见。

2005年11月颁布的《国务院批转证监会〈关于提高上市公司质量意见〉的通知》，对上市公司内部控制提出了新的要求，对于推行上市公司内部控制制度的自我评估，并由外部审计核实评价的制度提供了依据。

2006年上交所和深交所分别颁布了《上海证券交易所上市公司内部控制指引》和《深圳证券交易所上市公司内部控制指引》，规定"公司应在公告中说明内部控制出现缺陷的环节、后果、相关责任追究以及拟采取的补救措施"。上市公司应当对本公司内部控制的有效性进行自我评价，并随年度披露，还"可聘请具有证券、期货业务资格的会计师事务所对内部控制的有效性进行审计"。

2008年6月28日，财政部、证监会、审计署、银监会、保监会五部委联合发布了《企业内部控制基本规范》，要求企业应将针对内部控制缺陷提出的整改方案采取适当的形式及时向董事会、监事会或者经理层报告，并要求企业出具内部控制自我评价报告。按照该规定，要求上市公司在2009年7月1日开始执行，由于各种原因这一项制度推迟到2011年才全面在海内外双重上市公司要求强制实施。

2010年4月26日，财政部等五部委联合发布了内部控制配套指引《企业内部控制应用指引》、《企业内部控制评价指引》和《企业内部控制审计指引》，同时提出了自2011年起逐步在上市公司中开展内部控制审计的要求，内部控制审计成为我国注册会计师的一项重要的独立鉴证业务。

7.5.3 我国内部控制信息披露现状与审计行为

下面我们采用文献分析法对国内学者近些年来有关我国内部控制信息披露及鉴证的代表性研究成果进行了汇总分析，从表7-1~表7-3中可以一览中国上市公司内部控制信息披露及审计行为的概貌。

表7-1　　　　　　　　上市公司内部控制信息披露情况

研究出处	样本对象	内部控制信息披露情况
李明辉，何海，马夕奎（2003）	2011年1 147家上市公司年度报告	884家（77.07%）披露了内部控制信息。主要在监事会报告中披露，在董事会报告中自愿披露的公司88家。其中4家银行、证券公司全部披露且披露的情况较好。其他880家披露状况较差，大多数只有简单一句话"本公司建立了完善的内部控制制度"或类似的话，没有实质性内容。披露了内部控制不足之处的仅有19家。

续表

研究出处	样本对象	内部控制信息披露情况
黄秋敏（2008）	2001～2006年28家上市银行年度报告	披露主体分别是公司董事会、公司监事会、管理当局以及注册会计师，对应的披露载体分别为董事会报告、监事会报告、管理层讨论与分析和注册会计师审核报告。信息披露量在2003年度之前大多采用多形式大量披露策略，而在2003年及以后年度则持续固定形式少量披露策略。对内部控制信息评价正面评价比较多。仅普华永道中天事务所对民生银行2001年度出具的《内部控制评审状况》指出银行在防止员工舞弊等特定项目上存在疏漏。
杨清香，俞麟，宋丽（2012）	2006～2009年沪市上市公司	强制性披露中，未披露公司59家，占比5%；简单披露90家，占比7%；一般陈述309家，占比24%；详细说明803家，占比64%。自愿性披露中，未披露的876家，占比69%；披露自我评估报告的146家，占比12%；披露了内控审计报告的239家，占比19%。
韩小芳（2012）	2009～2010年深圳主板A股非金融类473家上市公司	160家披露了内部控制缺陷。比较2009年与2010年的内部控制评价报告，160家中有87家缺陷得到改进，73家缺陷没有改进。披露了内部控制鉴证报告的143家次，占比15.96%；没有披露的753家次，占比84.04%。实际控制人（中央政府、地方政府、自然人）对内部控制信息披露行为存在显著影响。

表7-2　　　　　　　　　上市公司内部控制信息鉴证情况

研究出处	样本对象	内部控制信息鉴证情况
林斌，饶静，（2009）	2007年沪深两市主板1 097家A股上市公司	166家公司自愿披露了鉴证报告，占总样本数的15.13%。其中，沪市有117家披露，占沪市公司总数的16.32%；深市有49家披露，占深市公司总数的12.89%，稍低于沪市。央企控股公司有53家披露，比例为27.46%；非央企控股公司有113家披露，比例为12.5%。内控质量越好的公司越有动力披露鉴证报告，支持了内部控制信息的"信号传递"理论。
张继东，王立彦，伍丽娜（2012）	2008年沪深两市公司	主动披露内部控制评价报告并且被第三方会计事务所审计的公司总共113家，其中使用两家事务所分别审计财务年报和内部控制报告的公司42家。
方红星，戴捷敏（2012）	2008～2009年2 760个公司/年样本	披露了697份内部控制鉴证报告，披露比例为25%。鉴证范围方面，109份的鉴证范围是与整体内部控制相关，588份仅限于与财务报告相关的内部控制。鉴证业务保证程度方面609份为合理保证，88份为有限保证。鉴证业务意见类型方面全部为标准意见的鉴证报告。
董卉娜，陈峥嵘，朱志雄（2012）	2009年和2010年深市主板A股上市公司	根据深交所《关于做好上市公司2009年年度报告工作的通知》和《关于做好上市公司2010年年度报告工作的通知》的要求，深市上市公司都应根据《企业内部控制基本规范》披露内部控制向深交所评估报告，实际披露数量占所有深市上市公司的98%，深市主板473家A股上市公司披露率达99.8%。其中两年都披露了内部控制缺陷的公司为81家，占总样本的17.13%，2009年披露有缺陷，但2010年缺陷得以弥补的公司为90家，2009年没有发现缺陷，2010年发现存在缺陷的公司为48家。2009年度披露缺陷的公司过半的行业是其他制造业及金融保险业，2010年度披露缺陷的公司过半的行业是造纸、印刷行业及食品、饮料行业。

续表

研究出处	样本对象	内部控制信息鉴证情况
佟岩，冯红卿，吕栋（2012）	2007～2009年深沪两市4 131个公司样本	2007年内部控制鉴证报告的披露比例约为15.13%，2008年和2009年，在可找到信息的上市公司中，披露了内部控制鉴证报告的分别有319家和537家，披露比例约为20.05%和31.57%。市场集中度和控制权特征是影响公司内部控制鉴证报告自愿性披露的重要因素。整体上内部控制鉴证报告披露的概率随着市场集中程度的变化呈倒U型关系；当市场从极度分散向相对集中变化时，非国有企业更倾向于披露内部控制鉴证报告获取一定优势；但如果金字塔层级较多，非国有企业的内部控制鉴证报告披露动机会减弱。

表7-3　　　　　上市公司信息披露及鉴证报告的信息含量

研究出处	研究样本及方法	研究结论
吴益兵（2009）	2007年度A股自愿披露内部控制信息的企业	在没有经过独立审计情况下，企业内部控制信息披露并无法提高企业会计信息的价值相关性，自愿性内部控制信息披露并不能降低资本成本；经过独立审计的情况下，内部控制信息披露能够降低企业的资本成本。
于忠泊，田高良（2009）	2006～2007年沪市A股制造业（上市公司代码以C开头）、未发行B股且未在海外交叉上市的公司	通过应用Basu模型、Jones模型、Richardson模型的截面、差分和混合数据分析，发现内部控制评价报告的披露与审核对会计信息稳健性、可操控应计利润和资源配置效率的促进作用不显著，自我评价报告的自愿性披露与审核没有显著地提高内部控制的效率。
张龙平，王军只，张军（2010）	2006～2008年沪市A股公司	2 544份公司年报中，227家公司3年共累计335次聘请了会计师事务所对其内部控制进行鉴证。研究结果表明执行内控鉴证公司的会计盈余质量要好于未执行内控鉴证的公司。
田高良，李留闯，齐保垒（2011）	2008～2009年沪深两市2 669家上市公司	2 669家样本公司中699家上市公司披露内部控制鉴证报告。研究发现，公司披露鉴证报告与否和会计信息质量无关，但披露高质量（声誉）审计师签署的鉴证报告，公司的操纵性应计更低，会计信息质量更高。研究结果表明，内部控制鉴证报告作为传递内部控制信息的二次信号是失灵的，而审计师质量具有信号甄别的作用。
张然，王会娟，许超（2012）	2007～2010年沪深主板上市的A股公司年度报告或独立公告中披露的内部控制自我评价和鉴证报告	2007～2010年样本总数为4 554，其中披露内控自我评价报告的样本为2 367，占样本总数的51.98%；披露内控鉴证报告的样本为907，占样本总数的19.92%，占披露内控自我评价报告样本的38.32%。研究发现，披露内控自我评价报告公司的资本成本显著低于未披露内控自我评价报告公司的资本成本。同时披露内控自我评价和鉴证报告公司的资本成本显著低于仅披露内控自我评价报告公司的资本成本。且对国有企业和非国有企业降低资本成本的程度没有显著差别。

从我国上市公司内部控制信息披露的现状来看，由于我国上市公司内部控制强制性披露要求始于银行证券类金融行业，之后扩展到其他行业，相比一般的上市公司，我国对金融、证券、保险业内部控制信息披露的相关规定颁布和实施时间较早，要求更为严格具体，相关上市公司内部控制信息披露的更为规范、具体。但从整体上来看，在披露过程中主要存在以下问题：

（1）上市公司缺乏自愿性内部控制信息披露的动机。虽然从历年比较对外披露内部控制信息的公司数量和比例在不断提高，目前基本能满足强制性披露的要求对外提供内部控制报告，但主动提供内部控制评价报告和鉴证报告的公司占比仍然较低。

（2）从披露内容上看，形式化严重。绝大部分公司在披露中大篇幅进行公司内部控制制度的文字性介绍，但对实施情况及有效性评价方面往往一笔带过，只是简单地一句话"本公司内部控制是有效的"或者"本公司内部控制不存在重大缺陷"。即使在公司内部控制制度的描述中，也大同小异，内容同质化严重，包含的信息含量很少。

（3）在披露过程中，上市公司主动披露内部控制缺陷的意识不强，缺乏内部控制缺陷的认定标准和披露标准，且部分公司对内部控制缺陷界定亦不清楚。如李明辉等（2003）研究发现，在被调查的有效样本1 147家上市公司中披露了内部控制不足之处的仅有19家（其中由董事会披露的为8家，监事会披露的为11家），比例仅为1.66%。

（4）从内部控制信息鉴证来看，能够对公司内部控制报告说"不"的情况极其罕见，在已出具的审计意见类型来看，至今尚未有一例非标准意见的审计报告。而根据李若山等（2002）的一项调查发现，有近1/4左右的企业没有建立完善的内部控制制度。张颖和郑洪涛（2009）对我国企业内部控制环境的一项调查研究也表明，我国企业内部控制环境实施情况并不十分理想，表现在缺乏有效的法人治理机制、审计委员会缺失、内审机构质量低、组织结构不完善、人力资源政策和企业文化有待完善等方面。审计师所出具的内部控制鉴证报告的审计与这些调查结果形成了鲜明的反差。

（5）内部控制信息披露及鉴证报告的信息含量的研究结论尚未形成稳定的一致结论。研究者主要从会计信息质量目标和公司价值两个方面对内部控制信息的信息含量进行了检验，研究结果表明内部控制信息对判断会计信息质量与降低企业资本成本有一定的正向作用，但会受到一些中间因素的干扰，造成"信号失灵"。其中主要的两个影响因素：一是公司内部控制信息披露的供给特征，由于缺乏对内部控制信息披露格式和具体内容的详细规定，不仅造成上市公司披露时无所适从，导致上市公司信息披露很不规范，更使得一些上市公司在披露上避重就轻，导致信息披露流于形式。二是审计师在出具鉴证报告时的机会主义行为削弱了内部控制报告的可靠性。

第 8 章　研究结论与未来审计职业的发展

8.1　主要研究结论

本书从审计风险理论的研究发展入手，从理论上阐释了审计风险对审计报告行为的深刻影响，并深入考察了当前我国审计师面临的风险环境以及审计报告决策行为的风险影响因素，主要得出了以下结论：

(1) 审计报告行为从本质上来说是一种风险决策行为，它取决于审计师面临的收益—损失权衡，法律责任和市场声誉是约束审计报告行为的两种主要机制，其实际运行状况与审计产品的特殊性质相结合，使得审计风险的潜在损失与收益两者之间的对比更多时候处于失衡状态，从而导致审计报告行为的过度激进或过度保守，这两种行为都不利于审计质量的提高。

(2) 对我国审计师所处的风险环境考察结果显示在我国审计师缺乏实质性民事法律风险的同时，审计职业主要监管机构——证监会在监管中存在"软约束"，审计师面临的实际法律责任风险不足。审计市场声誉机制虽然已具备一定的功能，但声誉效应的时间持续性很短。法律风险机制及市场声誉机制运行的低效率表明审计师所面临的实际风险约束仍然比较低，从而成为导致我国审计师独立性风险的重要原因。市场竞争因素对市场声誉机制效应的发挥有着积极的影响，因此，保持审计市场适当的竞争有利于促进声誉机制的运行效率。

(3) 本书从财务报告错报风险、客户经营风险和独立性风险三方面考察了不同类型的风险因素对审计报告行为的影响，发现不同类型的风险因素在审计师决定是否出具非标意见时的重要性程度有着明显的差异，客户经营风险是审计师是否出具非标意见的主要考虑因素，财务报告重大错报风险的影响较弱，在审计报告行为中审计师表现出明显的独立性风险倾向，这种倾向在出具非持续经营非标意见时更为明显。

（4）审计报告重要性判断研究结果显示我国审计师判断审计意见类型的绩效较低，表现在判断的一致性不高。不同意见类型之间的重要性水平虽然具有一定差异，但这种差异在各种意见类型之间并不均衡，对于持续经营意见，除了无保留加强调段与无法表示意见与其他意见类型的差异比较显著以外，保留及保留加强调段与其他意见类型的差异均比较模糊；对于非持续经营样本中，无保留加强调段同其他意见类型的区分度较好，保留意见、保留加强调段与无法表示意见三种意见之间的区分非常模糊。其次，从审计意见类型的判断因素来看，审计师在出具不同意见类型时仅仅在少数事项上达成了共识。如果从整体上来比较，审计师在判断出具何种类型的持续经营意见时的绩效要优于非持续经营非标意见。

（5）对内部控制审计报告行为的研究显示，当前我国上市公司内部控制披露形式主义严重，披露内容空泛，重制度描述，轻实际执行有效性评价，对内部控制中存在的缺陷避而不谈，审计师出具的鉴证报告结论尚无一例非标准审计意见类型，低质量的信号导致了信号失灵现象。另外从内部控制披露的格式来看也非常不规范，披露的内容散见于公司对外报告的各个部分，如公司治理报告、管理者讨论与分析、内部控制报告，对披露什么、如何披露未有明确的认识。这与我国当前内部控制披露规范不健全和目标定位缺陷有关，未来一方面要加强内部控制披露规范性建设，出台披露细则指导上市公司的披露行为，同时也使内部控制审计有明确的审计依据。另一方面要进一步加强内部控制信息的定价功能研究，完善内部控制信息披露的目标定位，引导公司基于价值管理的理论主动进行内部控制信息披露。

8.2 讨论与启示

1. 关于行政监管效率与法律责任机制的完善

我国当前对审计质量的监管体制主要是一种行政监管，由于受到监管力量薄弱和"软约束"两方面的限制，效率非常低下，从中国证监会历年来对会计师事务所的行政处罚来看，从 1993～2005 年仅仅只有 35 次，[①] 这和公众对我国审计

[①] 中国证监会首席会计师办公室：2005 年证券期货相关审计市场分析，中国证券报，2006.9.28。

质量的直观感受根本不成比例，我们的研究结论也表明无论是对审计失败的识别还是事后的处罚力度，证监会对审计质量的监管效果并不如意，由于审计失败的发现概率非常小，我国审计师实际面临的法律责任风险仍然是非常低的，容易诱发审计独立性风险。民事法律责任制度同时可以起到对审计失败的事前阻却和事后救济两种功能，是一种更为有效的审计质量监督机制，这一点已被国外大量的实证研究所证明，如"四大"在不同法律体制下体现出来的审计质量差异就是一个有力的证据。但值得注意的是这种有效性不仅仅在于民事赔偿责任的惩罚后果，更在于它对审计市场声誉机制运行效率的促进性作用，后一点却往往被人所忽视。同时，民事法律责任机制的完善也有助于审计市场声誉机制的最初形成，并推动会计师事务所最初的声誉积累，迈出事务所品牌建设的最初一步。我国的法律制定思路已到了必须转向的时刻，抛开职业保护的短视，凭借法律之手支撑起公众对审计质量的信心，促进国内事务所真正走上做大做强的发展之路，"法律是会计师的朋友"① 在此时此刻尤其具有其辩证意义。

2. 关于我国审计市场声誉机制运行效率

本书研究发现，审计失败对审计师产生了不利经济后果，表明我国审计市场声誉机制已具备一定的功能，但声誉效应的时间持续性很短，通常在审计师受到处罚公告次年此效应已不显著。这同我国当前的监管效率低下和其他审计质量监督机制的匮乏有关。由于受到证监会处罚的审计失败是一个非常强烈的信号，这种信号很容易为市场所捕捉，因而市场能够在当时做出反应，但如果现实中存在的大量隐性审计失败不能被发现，同时又缺乏"声誉"之外的其他质量保证机制来促使审计师保持审计质量，在市场看来审计师的质量就不会有本质上的差别，被发现的审计失败对审计师的不利影响也不会持续很久。我们的研究结果与方军雄等（2006）的研究结果分别从投资者和客户公司的角度证实了我国资本市场已经能够对审计失败做出反应，同时也表明市场已有对高质量审计的需求且具备一定的审计需求传递，即部分解决了声誉机制的前两个问题，但这一机制的有效运行还取决于审计失败的识别效率，我国当前单纯性行政监管的低效率和其他审计质量监督机制（如民事诉讼机制）的缺乏大大影响了审计市场声誉机制的有效性，仅仅依靠公司经营失败这一市场自发的识别机制是远远不够的。

---

① 1862 年英国的公司法进一步巩固了注册会计师审计地位，从而以"会计师的朋友"闻名。文硕．世界审计史．中国审计出版社，1990．

其次，研究发现市场竞争因素对市场声誉机制效应的发挥有着积极的影响，并对审计独立性产生了一定程度的影响，在第 5 章和第 6 章两章的实证研究中，事务所的综合系数指标与审计报告行为有显著相关性，证明了当市场竞争越缓和，审计师的独立性越容易受到损害，这一结论与我们对审计市场声誉机制的考察结果相一致。特别地，这一结果也体现了当前我国审计市场竞争结构的某些特征：其一，客户的市场主导地位比较明显，市场竞争结构仍然具有明显的"同地性"特征，研究结果中显示审计覆盖范围有助于获取更多的市场份额，也为此提供了进一步的证据支持。同时也表明了从各个子市场而非整体市场的角度对我国审计市场结构进行研究是必要的。其二，我国事务所尚没有形成明显的"品牌"差异，研究中我们采用的是事务所具体执业机构数量与客户数量对比来衡量市场的竞争强度，事务所类型似乎并没有对此造成影响，这在一定程度上可以认为，对客户来说同地域的事务所具有很强的可替代性。因此"品牌"建设已成为当前我国会计师事务所构建竞争优势的当务之急。

3. 关于审计判断绩效与审计准则建设

研究表明，从整体上来比较，审计师在判断出具何种类型的持续经营意见时的绩效要优于非持续经营非标意见，究其原因，有以下几点：其一，审计准则对出具持续经营意见的规定相对要更为明确，如对有关影响企业持续经营能力的重大事项进行了比较详细的列举，但对其他非标准意见的规定却非常含糊，只是指出审计师与审计客户在会计处理上存在分歧或审计范围受到限制，并对财务报表产生了重大影响时，应考虑其影响的重要性程度，相应地出具不同类型的非标准审计报告。因此，审计准则在执行中存在的可操作性问题影响了两类审计意见判断的效率差异。其二，审计准则中所列举的关于持续经营能力的重大事项较容易用财务指标来衡量，因此更容易量化和评价。虽然在审计准则中没有明确规定企业持续经营能力影响事项的重要性水平，但在竞争性的审计市场，审计师的判断行为较容易达成一致性，尤其是在两个极端行为之间，在回归结果中，无保留意见加强调段及无法表示意见更容易被预测和准确分类就是一个明显的证据。而现实中出具其他非标意见的具体事项其类型和性质都呈多样化，而且往往很难为外界可观测的财务指标所反映，现实中更难达成判断一致，从而导致对这类意见更难预测。其三，由于审计师与管理当局在会计处理上的分歧以及因此而导致的利益冲突不能为外界所观察，非持续经营非标意见行为具有较大的弹性，更容易受到独立性损害，我们在实证中显示在非持续经营非标意见样本中，代表独立性的三个指标中有两个指标事务所竞争系数和审计师规模都在低于5%的水平上显著，在持续经营意见样本中，只有审计师规模在10%的水平上显著，证明了独立性因素对前者的影响更为显著，由于独立性因素的干扰，也削弱了实质性事项的重要性水平与审计意见类型之间的相关性。因此，在审计准则的建设中，应进一步加强准则的指导性作用，降低准则的模糊性，有利于审计师在执业中达成共识，同时执业标准的规范化也有利于防止审计师的独立性风险，Nichols 和 Price（1976）就曾指出当审计活动越趋于程式化，审计师的决策行为就越具有刚性，不易屈服于客户的压力。

4. 关于独立性

如果审计师是实质独立的，审计师在出具审计意见行为时将只要考虑审计客户财务报告存在的错报风险和经营风险因素以及这些风险因素的重要性，但实证研究结果显示，独立性风险是一个并不容忽视的因素，第5章对审计师出具非标意见行为的影响因素进行考察时，我们发现仅仅将审计意见划分为标准无保留意见与非标意见的二分类 Logit 模型不能识别出审计报告行为中的独立性风险因素，但当进一步将非标意见细分为持续经营意见和非持续经营非标意见后，代表市场竞争状况的事务所综合竞争系数（COMP）指标及单个客户的重要性（IMPO）指标分别在 0.007 和 0.0496 显著性水平上与非标准意见的出具负相关。第6章非持续经营非标意见样本的回归结果也显示事务所综合竞争系数越高（即市场竞争越缓和）、审计师为非"十大"，审计师越不可能出具较为严重的审计意见类型，但这种显著相关性仅表现在非持续经营非标意见样本，说明了审计师在出具非持续经营非标意见时更容易产生独立性风险，究其原因，或许相对于持续经营意见公司，这些公司的经营风险更低，审计失败的识别更为困难，因此更容易诱发审计师的激进报告行为。这些证据均表明当前我国审计师的独立性风险是一个值得重视的问题，而这一问题与我国当前较低的风险环境约束以及低效的审计失败识别机制不无关系，强化审计失败的识别机制是审计市场制度建设最关键的环节。

5. 关于变量与研究方法

盈余管理。在实证中，我们采用了两个指标来表示盈余管理行为：可操控性应计的绝对值（ACCA）和盈余平滑系数（SMOOTH），检验的结果比较复杂。无序多分类 Logit 模型回归结果显示，ACCA 在5%的显著性水平上与持续经营意见正相关，但与非持续经营非标意见并无显著相关性，SMOOTH 与两种性质的非标意见行为均无显著相关性，且符号为负。而对审计意见类型重要性判断差异的研究结果显示，如果不考虑其他类型的风险因素的影响，ACCA 与 SMOOTH 均与持续经营意见的严重程度显著正相关，综合其他因素后，显著性消失了，但符号仍然为正；ACCA 与非持续经营非标意见类型没有显著相关性，但符号为负，SMOOTH 在分类因素回归中与非持续经营非标意见类型在 5% 的显著性水平上负相关，在综合因素回归中显著性消失了，符号仍然为负。这一结果比较出乎意外，我们之前假设非持续经营非标意见行为更关注财务报告错报风险，ACCA 与 SMOOTH 是度量公司盈余管理行为的指标，这两个指标越大表明公司越可能存在盈余管理行为，因此所报告的盈余信息质量并不可靠，审计师理应对这类行为出具更为严重的意见类型。但事实上这两个指标与持续经营意见行为更相关，并且 SMOOTH 与非持续经营非标意见及意见严重程度之间的相关性虽然不显著，但符号均为负，其原因是市场不能识别公司的盈余平滑行为，或者市场偏好稳定的盈余？还是我们的指标有误，不能衡量实际的盈余平滑行为？盈余平滑行为的结果表现为一种稳定的盈余状况，而稳定的盈余是高质量盈余的特征之一（Hawkins，1978；Schipper and Vincent，2003；Francis et al.，2004），如果市场不能识别公司的盈余平滑行为或者市场偏好稳定的盈余，审计师就可能迎合市场的反应，对公司的这种行为采取宽容甚至鼓励的态度。如果是指标有误，这一指标与持续经营意见严重程度却呈显著正相关。真实的原因何在仍需要做进一步的研究，以获得更多的经验证据。但盈余管理研究文献表明，现有实证研究的众多矛盾结论的根源之一就是研究中应用的模型不能很好地描述实际盈余管理行为，因此，发展更为精确的计量模型是最为关键的问题。

变量的风险类型。在本书的研究中，我们根据所选变量代表的风险含义分别将其划分为财务报告错报风险类、客户经营风险类以及独立性风险类因素，此后的实证结果表明某些变量的归类可能是不恰当的。如存货项目（INVENT），如果作为审计程序风险的替代指标，与审计师出具非标意见行为应当是一种正相关关系，但研究显示，无论是哪种性质的非标意见，存货与之都是负相关的，并且与审计意见类型的严重程度呈负相关，说明了审计师对这一项目的考虑并不是源于审计程序风险，更可能是出于对存货变现性及偿债能力的考虑，即审计师重点关注的是该项目蕴含的对企业未来财务状况的不确定性影响，作为客户经营风险类因素可能更恰当。市盈率（PE）作为盈余质量指标也被证明并不恰当，它更多表现为投资者对其收益的未来预期，而非现有收益质量的评价，因此它更可能的含义是代表了公司的经营风险。虽然这两个变量所属的风险类型与我们的预期存在一定差异，但所幸并不影响研究的结论，并且，我们在分类因素回归的同时进行了综合因素的回归，可以避免由于事前对变量的误归类而得出错误的结论。由此我们也可以看出相对于财务报告错报风险，当前我国审计师更关注客户的经营风险。

档案研究方法的缺陷。在审计师重要性判断的实证研究中，一个值得注意的问题是"重要性取决于在具体环境下对错报金额和性质的判断"（审计准则第1221号），Pottillo（1976）也证实了所判断事项的性质是影响重要性水平估计的最重要因素之一。因此，对审计重要性判断决策的研究不仅要考虑事项的数量特征，还要考虑其与具体环境相联系的性质，重要性水平仅仅只是重要性特征的其中一个方面，但事实上，事项的性质因为无法量化，也无法从事后的数据进行推断，这就使得所选择的变量难以完全捕捉到因变量与自变量之间的真实关系，甚至会扭曲相互间的关系，如一些金额小但性质严重的事项，从数量上看可能低于业界平均的重要性水平，但仍然因此被出具了较为严重的审计意见类型。这种缺陷在两种性质的非标审计意见预测研究中都存在，暴露了档案研究存在的不足，也成为影响研究效果的一个重要原因。事实上，档案研究的这种不足在审计决策行为研究中普遍存在，Johnstone 等（2002）指出由于档案研究方法是从事后的数据来推断审计师的风险评价行为，模型中的风险因素替代变量往往不能精确地描述出现实中连续的风险水平变化，很多时候不能揭示出变量之间的真实关系。基于审计师风险决策行为的复杂性，多种研究方法的应用是必要的，如实验研究在一定程度上可弥补档案研究的上述缺陷。

6. 研究局限与后续性研究

本书的特点是以实证研究为主，但在研究设计中还存在不少的欠缺之处，如在对我国审计市场声誉机制的研究中，我们仅仅考虑了发生审计失败后审计师相关市场份额的变动，没有进一步分析客户的具体类型变化，这是不全面的，客户组合质量的变动可能有着更深的含义，如果审计失败导致客户组合整体质量的降低以及优质客户的稀缺，审计师声誉与客户声誉两者之间的"双向互动效应"可能会对审计师造成长期的不利经济后果。在对我国审计报告行为的重要性判断研究中，由于无法捕捉到有关重要性性质特征对审计报告意见行为的影响，降低了模型对行为的预测能力。这些缺陷期望在未来的研究中能够得到进一步改进。

对审计报告的研究是沿着"影响因素—经济后果"这一逻辑展开的，我们在本书中只对前一个环节进行了研究，从研究结果可以推测在法律机制与声誉机制运行效率低下的风险环境中我国审计报告的信息含量并不高，表现在审计师在出具非标准审计报告时主要是依据客户的经营风险，这一特征往往可以从公开可得的财务指标等信息获得,审计报告提供的"私有信息"非常有限。并且审计师在出具审计意见时的判断一致性较低,这也妨碍了公众依据审计意见对公司报告价值作出准确的评价,从而降低了审计报告的价值。但我国审计报告的实际价值如何,应当作更进一步的实证检验。

另外,对内部控制审计报告行为的研究我们主要是采用了二次文献分析方法,这些文献对内部控制审计的经济后果进行了一定的研究,但未更深入地分析内部控制审计的增量价值功能和信息含量问题,这将是我们后续研究的重点。

8.3 我国未来审计职业的发展

20世纪70年代以来国外学者对行为审计的研究持续不断,80年代中期研究审计人员专业判断能力影响因素的文章急剧增加,研究者不断发掘新的因素。与此同时,审计师行业专长(audit firm industry expertise)的研究也成为一个重要分支,继1993年毕马威率先按照行业服务线(industry service line)对其组织结构进行战略重构后,美国许多大型会计公司已进一步形成了行业专门化的显著特征,旨在提高审计师的专业能力,有效降低审计风险。相比之下,国内的研究仍然主要集中于审计独立性,对审计专业能力的研究成果相对较少,这与我国审计市场先前的发展阶段有关。但在当前开放的审计市场环境中,专业胜任能力问题已成为我国审计职业进一步发展的严重桎梏,对审计独立性与专业胜任能力的重新认识,有助于我们在两者之间保持适当的平衡,在满足公众对审计独立性需求的同时保持审计职业的健康发展。

1. 专业性与独立性的统一是审计职业发展的结果

从注册会计师审计制度发展的历史来看,在英国股份制公司发展之初,公司规模较小,单个公司的股东人数较为集中,由股东或股东代表的监事直接或聘请会计方面的专家对经营者的受托责任进行监督和审查,这些会计师都未经统一考试,从事审计只是他们的副业。[①] 即现在的注册会计师最初只是以"专家"的身份参与到对受托者的审计行为中的,对其独立性并没有提出单独的要求,原因是当时主要的利益相关者股东直接参与了审计行为并且审计委托关系明确,能够有效地

---

① 文硕. 世界审计史. 北京:中国审计出版社. 1990.

约束会计师的机会主义行为。而随着法定审计和审计职业化后，股份制公司规模的扩张、股东的分散以及审计报告利益相关者范围的扩大等因素使注册会计师聘请机制发生了实质性的改变，公司经营者（包括董事会）代替股东成为委托人，审计报告的众多利益相关者（实际委托人）并不直接参与审计签约行为，也无法对会计师的行为进行有效的监督，注册会计师仅仅具备专业胜任能力已不足够，是否取得公众的信任成为注册会计师职业的生存之本，对审计独立性的要求成为了外界判断审计报告质量的首要标准，专业性与独立性的统一成为审计职业发展的必然结果。

2. 审计质量取决于独立性与专业能力之间的平衡

DeAngelo（1981）认为审计质量是指审计人员发现财务报告的问题并愿意披露这种问题的联合概率。[1] 即审计质量同时取决于审计人员的专业胜任能力和独立性这两种因素的交互影响。而审计独立性包括实质独立和形式独立，前者是指审计人员在实施审计过程中事实上的独立，后者是指审计人员作为一种职业团体的外观上的独立性，即"实务人员的独立"和"职业的独立"。实质独立强调审计人员的一种精神状态，是审计人员在具体从事审计活动中的超然独立的态度，从而在形成和表述意见时能保持诚实和公正无私；形式独立则是外界公众对审计职业独立性的一种感知，这种感知决定了公众对民间审计职业地位的承认和接纳。因此从理论上说实质独立才是审计质量的决定因素，但相对于外界来说，实质独立不具有可视性，同时由于审计师行动的不可观察性以及审计报告质量的模糊性，也很难据此推断审计人员的独立性，形式独立往往成为公众考察审计独立性的替代变量。

审计实质独立往往能够保证专业胜任能力的发挥，提高审计的质量。莫茨和夏拉夫曾经指出审计人员在审计计划、实施审计及审计报告三个阶段对可能危及其独立性的因素进行"自我审视"，并以此来分析自己的行动和地位，根据需要采取修正措施。如审计计划的独立性指"在选择审计技术、审计程序和确定其应用范围时，不受控制和干扰。它要求在审计约定的整个范围内，无论对应采用的审计方法，还是对应达到的审计工作量，均有制定审计计划的自主权。"实施审查的独立性是指"审计人员在选择应检查的范围、活动、人际关系和管理政策方面，不受控制和干扰，这要求不得对审计人员隐瞒正当的信息来源。"审计报告的独立性指"审计人员在陈述经检查明确的事实，对检查结果提出建议和意见

---

[1] DeAngelo, L. 1981. Auditor Independence, "low balling" and disclosure regulation. Journal of Accounting and Economics: 113 – 127.

时，不受控制和干扰。"① 正是这种自我审视性不断提醒审计人员保持实质上的独立性，从而也保证了审计过程中审计人员专业能力的充分展现以及审计报告的质量。但另一方面，审计形式独立与专业能力之间的关系却比较复杂，虽然公众通过对形式独立性的要求可以对政府和审计职业界产生持续的压力，促使审计人员保持实质独立，但过多地强调形式主义会加大制度的成本，也会对审计师的专业能力产生不利的影响，最终影响审计质量，这一点从很多审计独立性的实证研究中可得以反证。如对审计师任期、会计师事务所规模、非审计服务等因素对审计独立性的影响，研究者得出的结论相互矛盾，其中，缺乏同时考虑同一因素对审计独立性与专业胜任能力的综合影响以及研究者没有严格区分形式独立与实质独立是两个主要的研究缺陷。因此在形式独立成为公众考察审计独立性的替代变量时，应充分认识到审计独立性与专业胜任能力对审计质量的综合性影响，毕竟审计质量的提高才是最终的目标，这一点对于公众和注册会计师都同样如此。

3. 审计独立性是公众理性选择的结果

从审计职业界来看，借助形式独立可以作为"信号"显示来缓解信息不对称带来的消极影响，以此向社会公众表明独立的态度和立场，增强公众对民间审计的信任度。② 但是，这种"信号"机制有着根本的逻辑缺陷。首先，从理论上看，一个有效的信号机制最主要的评定标准是信号关于代理人行动的信息揭示力，但审计职业形式独立与审计人员实质独立之间并不具有必然的因果关系，也无法根据具有较大含糊性及争议性的审计报告质量的判断来推断审计人员的行为，必然导致这种信号机制的低效乃至无效。正如 ISB 所认识到的，在特定的环境下，独立性随审计人员的不同而变化，形式独立并不能为实质独立提供担保。③其次，从实践上来看，由于独立审计制度特殊的市场安排使之受到各种"内在的与独立性相悖的因素"的影响（如与企业之间无法隔断的密切联系、营利性质等），"审计没有任何内在的特点能使怀疑论者接受其诚实性和独立性"，④ 民间审计在"形式独立"上存在先天的不足，并且这种不足随着现代股份制公司的发展与经济环境的变化日益彰显，审计活动出现时最初形成的审计三方关系的稳定

---

① [美] 莫茨．[埃及] 夏拉夫著．文硕等译．审计理论结构．北京：中国商业出版社．1990.
② 对此，王雄元（2004）曾指出审计形式独立实质上是审计职业界的一种"审计营销"行为。
③ 陈汉文、黄宗兰（2001）提出了"程序公平论"，即审计独立性是一种"程序公平"，这种程序理性能在一定的程度上保证结果理性。
④ [美] 莫茨．[埃及] 夏拉夫著．文硕等译．审计理论结构．北京：中国商业出版社．1990.

性在当前已受到了严峻挑战。

从公众方面来看，既然民间审计职业本身并不具有足够的权威使他们接受其独立性，审计职业只得对外寻求"信誉担保"，即以接受政府监管的方式来使公众信任其独立性。可以说，在审计"形式独立"先天不足的情况下，政府监管形成了社会公众对审计职业信任的最后支撑，但这种监管必须体现公众的意志，否则市场在供、需（企业）两方面都会缺乏对高独立性审计的自愿需求，审计职业就难以发展。从近代民间审计发展最迅速的美国来看，股份制公司规模扩张与资本市场融资功能活跃为审计职业的成长提供了肥沃的物质土壤，"投资者利益保护"价值观念的确立以及始终围绕这一观念发展起来的一整套法律及制度安排则为其提供了深厚的文化制度根源。制度对公众利益保护的实践和反复强化不断满足了公众对审计职业的期望，从而树立了对审计职业权威的认可，即使在形式独立存在瑕疵时仍然如此。因此，一方面，公众通过对审计形式独立性的要求对审计职业界产生持续的压力，迫使其保持职业谨慎与职业道德，对保持实质独立起到"提醒"的作用；另一方面，政府对社会公众利益保护这一核心价值观念有效承诺的历史记忆决定了公众对审计形式独立的理性态度，并不追求绝对完美，而是留有一定的心理承受弹性，两者呈正相关，并随着社会环境的变化进行调整。"安然事件"及相继一系列著名大公司的财务舞弊严重削弱了公众对现行制度对自身利益保护的信任度，也大大缩小了对审计形式独立不足的承受边界。然而在危机爆发之前，公众对这些形式独立上的缺陷熟视无睹，并没有提出强烈的质疑，可见形式独立作为外界无法直接判断审计独立性时的一种替代选择，并非因为两者之间有什么必然的逻辑关系，而是公众认为有可靠的制度足以使审计师保持实质上的独立，一旦他们发现事实并非如此时，就会对审计师的形式独立及相关制度提出更严格的要求。

4. 审计职业面临的巨大挑战对专业胜任能力提出了更高的要求

对于审计职业界来说，专业胜任能力尤其重要，特别是作为审计对象的会计信息系统正面临强烈的改革要求，对审计理论、技术方法及审计师专业胜任能力提出了前所未有的挑战，李若山教授就曾在深入分析了传统审计技术在当今经济环境变化之下的捉襟见肘之后，深感当前"注册会计师们的最大漏洞，实际上是在新的环境下，如何发展新的审计技术和工具，以适应审计对象的变化"。[①] 完善审计理论及技术方法，应对经济环境的巨大变化，对保持审计职业的发展有着深远的意义。

---

① 李若山、周勤业、方军雄. 注册会计师：经济警察吗. 北京：中国财政经济出版社. 2003.

首先，公众对财务报告目标的要求更多地倾向决策有用性，决定了决策导向型会计准则的制定以及财务报告形式与内容的变化，这种变化一方面加大了审计环境的不确定性，对审计师的专业能力提出了更高的要求，同时对公众的审计期望产生了重大的影响，审计目标、审计责任与审计风险随之变化，并进一步引导了审计技术方法的改进。如在金融资产现值计量基础下，由于金融资产的价值主要系于未来的市场状况（未来交易），审计就从传统的"验证过去"跨入了"预测企业生命力的新领域"。[①] 其次，在新一轮全球经济整合和产业链调整中，跨地域、跨行业兼并层出不穷，金融创新速度不断加快，企业组织形式及经济业务日趋复杂性和不确定性，会计信息系统与企业管理系统相互割离、相互独立的局面已经难以为继，审计作为企业会计信息系统的再次确认，也必须对企业的经济本质有深刻的洞察，审计无法再停留在账册的表面，单单从数字的钩稽关系中寻找舞弊的蛛丝马迹。20世纪70年代，会计师事务所的管理咨询业务兴起并迅速发展，单纯从服务供给来看，专业咨询机构完全可以满足企业对管理咨询服务的需要，"专业化"无法提供会计师事务所构建各自庞大的管理咨询服务帝国的充分理由。黄世忠（2003）曾从注册会计师行业内部竞争压力及审计业务风险两方面的原因分析了职业经营业务的拓展和偏向。[②] 而另一个主要原因则是企业及审计职业双方面对新的经济环境的一种内在需求，管理咨询业务引导了审计向企业管理纵深方向发展，极大地提升了审计师的专业胜任能力，同时为企业及审计师双方增加了价值，这是和企业组织内部管理环境及经济业务性质的变化相一致的。而近数十年来对审计师行为审计的研究，其背后的深层原因也正是面临当前审计环境中的重大风险变化，审计自身能力不足以满足社会需求的矛盾的突出表现。

随着审计市场日益成熟，保持审计独立性对注册会计师及客户公司双方的价值取向来说都是一致的，并且独立性问题可以通过外部制度得以弥补和强化，从而有效地调节公众对审计形式独立的承受边界。但在公司经营环境与经济业务日益复杂的情况下，为了保证审计质量，审计师专业能力的提高除了通过更好地了解企业外，还是了解企业，从这个意义上来看，民间审计职业永远无法消除公众对其形式独立的疑窦。正确理解公众对审计独立性尤其是形式独立的需求，在审计独立性与专业能力之间取得适当的平衡，更利于审计职业的健康发展。

---

① 李若山. 审计失败与COSO报告—谈企业创新与内部控制变化. 审计研究. 2005.3.
② 黄世忠. 分业经营抑或混业经营—美国注册会计师行业市场定位的嬗变及其监管启示. 财会通讯. 2003.10.

附　　录

附录 4-1　　　　我国审计师法律责任相关法律法规

行政责任	
《注册会计师法》	第三十九条：会计师事务所违反本法第二十条、第二十一条规定的，由省级以上人民政府财政部门给予警告，没收违法所得，可以并处违法所得一倍以上五倍以下的罚款；情节严重的，并可以由省级以上人民政府财政部门暂停其经营业务或者予以撤销。 注册会计师违反本法第二十条、第二十一条规定的，由省级以上人民政府财政部门给予警告；情节严重的，可以由省级以上人民政府财政部门暂停其执行业务或者吊销注册会计师证书。
《证券法》	第二百二十三条：证券服务机构未勤勉尽责，所制作、出具的文件有虚假记载、误导性陈述或者重大遗漏的，责令改正，没收业务收入，暂停或者撤销证券服务业务许可，并处以业务收入一倍以上五倍以下的罚款。对直接负责的主管人员和其他直接责任人员给予警告，撤销证券从业资格，并处以三万元以上十万元以下的罚款。
《公司法》	第二百零八条：承担资产评估、验资或者验证的机构提供虚假材料的，由公司登记机关没收违法所得，处以违法所得一倍以上五倍以下的罚款，并可以由有关主管部门依法责令该机构停业、吊销直接责任人员的资格证书，吊销营业执照。 承担资产评估、验资或者验证的机构因过失提供有重大遗漏的报告的，由公司登记机关责令改正，情节较重的，处以所得收入一倍以上五倍以下的罚款，并可以由有关主管部门依法责令该机构停业、吊销直接责任人员的资格证书，吊销营业执照。
《股票发行与交易管理暂行条例》	第七十三条：会计师事务所、资产评估机构和律师事务所违反本条例规定，出具的文件有虚假、严重误导性内容或者有重大遗漏的，根据不同情况，单处或者并处警告、没收非法所得、罚款；情节严重的，暂停其从事证券业务或者撤销其从事证券业务许可。 对前款所列行为负有直接责任的注册会计师、专业评估人员和律师，给予警告或者处以三万元以上三十万元以下的罚款；情节严重的，撤销其从事证券业务的资格。
刑事责任	
《刑法》	第二百二十九条：承担资产评估、验资、验证、会计、审计、法律服务等职责的中介组织的人员故意提供虚假证明文件，情节严重的，处五年以下有期徒刑或者拘役，并处罚金。 前款规定的人员，索取他人财物或者非法收受他人财物，犯前款罪的，处五年以上十年以下有期徒刑，并处罚金。 第一款规定的人员，严重不负责任，出具的证明文件有重大失实，造成严重后果的，处三年以下有期徒刑或者拘役，并处或者单处罚金。

续表

《注册会计师法》	第三十九条：会计师事务所、注册会计师违反本法第二十、第二十一条的规定，故意出具虚假的审计报告、验资报告，构成犯罪的，依法追究刑事责任。
《公司法》	第二百一十六条：违反本法规定，构成犯罪的，依法追究刑事责任。
《股票发行与交易管理暂行条例》	第七十八条：违反本条例规定，构成犯罪的，依法追究刑事责任。
《最高人民检察院、公安部关于经济犯罪案件追诉标准的规定》	第七十二条：承担资产评估、验资、验证、会计、审计、法律服务等职责的中介组织的人员故意提供虚假证明文件，涉嫌下列情形之一的，应予追诉：1. 给国家、公众或者其他投资者造成的直接经济损失数额在五十万元以上的；2. 虽未达到上述数额标准，但因提供虚假证明文件，受过行政处罚二次以上，又提供虚假证明文件的；3. 造成恶劣影响的。 第七十三条：承担资产评估、验资、验证、会计、审计、法律服务等职责的中介组织的人员严重不负责任，出具的证明文件有重大失实，涉嫌下列情形之一的，应予追诉：1. 给国家、公众或者其他投资者造成的直接经济损失数额在一百万元以上的；2. 造成恶劣影响的。
民事责任	
《民法通则》	相关适用条款。
《注册会计师法》	第四十二条：会计师事务所违反本法规定，给委托人、其他利害关系人造成损失的，应当依法承担赔偿责任。
《公司法》	第二百零八条：承担资产评估、验资或者验证的机构因其出具的评估结果、验资或者验证证明不实，给公司债权人造成损失的，除能够证明自己没有过错的外，在其评估或者证明不实的金额范围内承担赔偿责任。
《证券法》	第一百七十三条：证券服务机构为证券的发行、上市、交易等证券业务活动制作、出具审计报告、资产评估报告、财务顾问报告、资信评级报告或者法律意见书等文件，应当勤勉尽责，对所制作、出具的文件内容的真实性、准确性、完整性进行核查和验证。其制作、出具的文件有虚假记载、误导性陈述或者重大遗漏，给他人造成损失的，应当与发行人、上市公司承担连带赔偿责任，但是能够证明自己没有过错的除外。
《股票发行与交易管理暂行条例》	第七十七条：违反本条例规定，给他人造成损失的，应当依法承担民事赔偿责任。
《关于审理证券市场因虚假陈述引发的民事赔偿案件的若干规定》	第二十四条：专业中介服务机构及其直接责任人违反证券法第一百六十一条和第二百零二条的规定虚假陈述，给投资人造成损失的，就其负有责任的部分承担赔偿责任。但有证据证明无过错的，应予免责。 第二十七条：证券承销商、证券上市推荐人或者专业中介服务机构，知道或者应当知道发行人或者上市公司虚假陈述，而不予纠正或者不出具保留意见的，构成共同侵权，对投资人的损失承担连带责任。 第二十九条：虚假陈述行为人在证券发行市场虚假陈述，导致投资人损失的，投资人有权要求虚假陈述行为人按本规定第三十条赔偿损失；导致证券被停止发行的，投资人有权要求返还和赔偿所缴股款及银行同期活期存款利率的利息。

附录 4-2　　各变量 Pearson 相关系数表

	Z1	Z2	Z3	Comp1	Comp2	Comp3	Comp4	Size1	Size2	Quality	Opinion	Influence
MLOST	0.132*	0.002	0.052	-0.003	-0.118*	0.142**	0.047	0.416**	0.108*	0.019	0.088	0.217**
MIPO	-0.036	-0.02	0.031	0.217**	0.288**	0.056	0.180**	0.332**	0.044	-0.148**	-0.048	0.023
MSWI	-0.017	0.011	-0.02	-0.02	-0.062	0.135*	0.076	0.283**	0.012	0.110*	0.129*	0.283**
MALL	-0.035	0.01	-0.038	0.066	0.098	0.139**	0.157**	0.359**	0.033	0.043	0.091	0.292**
Z1	1	-0.006	0.087	-0.013	0.002	0.033	0.025	0.018	-0.007	-0.011	0.062	0.039
Z2		1	-0.025	-0.02	-0.055	-0.028	-0.049	0.01	-0.1	0.087	0.03	0.014
Z3			1	0.02	0.012	-0.004	0.004	0.046	0.012	0.114*	0.092	0.025
Comp1				1	0.627**	0.380**	0.619**	0.263**	-0.149**	-0.08	-0.026	-0.243**
Comp2					1	0.146**	0.617**	0.055	-0.246**	-0.130**	-0.065	-0.141**
Comp3						1	0.865**	-0.005	0.004	0.002	0.122	-0.119**
Comp4							1	0.014	-0.124*	-0.063	0.065	-0.184**
Size1								1	0.183**	-0.041	-0.008	0.097
Size2									1	0.071	0.046	0.053
Quality										1	0.557**	0.046
Opinion											1	0.019
Influence												1

注：*，** 分别表示在 5%，1% 的水平上显著（2-tailed）。

附录 · 169

附表 5-1　2001~2005 年度非标意见事项汇总

强调段事项	2001年	2002年	2003年	2004年	2005年	合计	保留事项	2001年	2002年	2003年	2004年	2005年	合计	无法表示意见事项	2001年	2002年	2003年	2004年	2005年	合计
1. 持续经营	21	27	34	45	50	177	1. 持续经营	5	7	4	4	11	31	1. 持续经营	13	9	13	25	29	89
报表编制基础	1	7	4	1	4	17	报表编制基础	2	0	0	0	2	4	报表编制基础	12	6	11	24	25	78
持续经营能力	20	20	30	44	46	160	持续经营能力	3	7	4	9	9	27	持续经营能力	1	3	2	1	4	11
2. 会计处理事项说明	69	58	16	19	16	178	2. 表内确认	40	52	26	54	49	221	2. 报表整体性评价	2	4	5	4	6	21
期初余额	1	1	0	0	0	2	期初余额	3	3	0	3	1	11	合并报表编制	1	1	1	0	0	3
期后事项	1	0	0	0	0	1	期后事项	1	0	0	0	0	1	报表整体的不确定	1	3	4	4	6	18
会计处理不合规	0	1	0	0	1	2	涉及他方报表	6	13	4	16	14	53	3. 表内确认	45	27	26	33	59	190
重要会计处理说明	29	22	4	6	4	65	在建工程	2	2	3	1	0	8	期初余额	7	3	1	1	5	17
资产减值准备或核销	17	15	7	5	8	52	准备计提	5	12	7	10	14	48	期后事项	0	0	1	0	0	1
会计差错调整	3	5	0	4	1	13	会计差错调整	1	2	0	0	2	5	涉及他方报表	1	2	6	4	7	20
会计政策、估计变更	12	8	0	0	0	20	股权/债权投资	2	4	3	3	5	17	会计差错调整	0	3	1	0	0	4
预计负债	6	4	5	4	2	21	预计负债	3	3	0	2	1	9	准备计提	10	7	5	7	10	39
收入确认	0	2	0	0	0	2	往来款	6	6	2	5	7	26	预计负债	1	1	0	3	6	11

续表

强调段事项	2001年	2002年	2003年	2004年	2005年	合计	保留事项	2001年	2002年	2003年	2004年	2005年	合计	无法表示意见事项	2001年	2002年	2003年	2004年	2005年	合计
3. 重大事项	184	146	106	112	147	695	存货	3	1	1	1	2	8	往来款项	5	5	4	4	8	26
资金占用	25	18	12	10	24	89	银行存款	0	2	1	4	0	7	存货	5	0	1	0	2	8
债务风险	10	10	13	20	31	84	交易确认	5	3	3	6	3	18	货币资金	2	1	1	4	2	10
未决诉讼	13	14	9	22	19	77	其他	3	1	3	3	0	10	银行借款	2	1	1	1	1	6
担保	16	12	14	8	15	65	3. 披露	3	4	1	6	4	18	固定资产	3	0	3	0	2	8
资产抵押	0	0	0	3	10	13	4. 重大事项	39	28	13	28	26	134	交易确认	6	3	2	3	8	20
法律手续未完成	14	14	9	4	3	44	款项回收不确定	7	9	4	9	11	40	其他	3	1	2	6	8	20
收入/利润来源	15	13	2	0	4	34	法律手续办理	4	3	1	3	3	14	4. 披露	4	2	3	4	4	17

注：基于篇幅和重要性考虑，在上表报告中，我们对发生频度很低的事项进行了合并，计入了"其他"项；2001年度ST九州（000653，拒绝发表意见），氯碱化工（600618，无保留意见加说明段）审计报告不详。

附录 5 – 2
ROC Curve

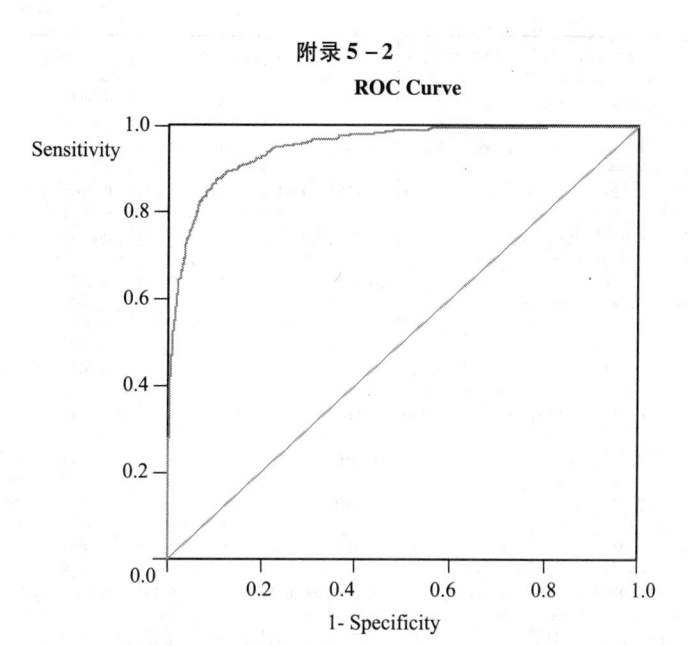

二分类 Logit 综合因素模型（一）的 ROC 曲线图

Area Under the Curve

Test Result Variable（s）：Predicted probability

Area	Std. Error（a）	Asymptotic Sig.（b）	Asymptotic 95% Confidence Interval	
			Lower Bound	Upper Bound
.951	.005	.000	.941	.962

a Under the nonparametric assumption
b Null hypothesis：true area = 0.5

附录 5-3　　　　　　　　　　　　　　　　　　　　　　　　　　　Pearson 和 Spearman

	OPI	SIZE	INVEST	INVENT	RECEI1	RECEI2	ACCD	SMOOTH	PE	PCF	EQUNOT	QUICK	BANK
OPI	1	-0.243	0.055	-0.056	0.211	0.202	0.139	-0.063	0.027	-0.034	0.398	-0.085	0.066
SIZE	-0.214	1	-0.033	0.064	-0.275	-0.147	0.011	0.039	-0.100	0.144	-0.293	-0.077	-0.137
INVEST	0.037	0.016	1	-0.132	-0.044	-0.018	-0.027	0.008	0.035	-0.046	0.036	0.005	0.072
INVENT	-0.081	0.049	-0.094	1	-0.046	0.174	-0.032	-0.021	0.006	0.036	-0.056	0.013	-0.052
RECEI1	0.158	-0.247	0.021	0.116	1	0.185	0.055	-0.062	0.054	-0.140	0.159	-0.040	0.145
RECEI2	0.129	0.016	-0.041	0.400	0.302	1	0.134	-0.047	-0.039	0.073	0.383	-0.176	-0.222
ACCD	0.108	-0.037	-0.087	-0.021	0.045	0.017	1	0.006	-0.067	-0.004	0.218	-0.025	-0.040
SMOOTH	-0.146	0.150	-0.035	0.008	-0.150	-0.061	0.007	1	-0.046	0.038	-0.035	0.022	-0.024
PE	-0.069	-0.127	0.095	0.040	0.050	-0.086	-0.213	0.022	1	0.014	-0.054	0.051	0.082
PCF	-0.018	0.147	-0.031	0.013	-0.128	0.090	-0.043	0.101	0.073	1	-0.065	-0.002	-0.100
EQUNOT	0.398	-0.247	0.011	-0.061	0.118	0.199	0.160	-0.051	-0.177	-0.068	1	-0.119	0.041
QUICK	-0.221	-0.038	-0.051	0.240	0.108	-0.229	0.001	0.151	0.138	0.036	-0.295	1	-0.291
BANK	0.064	-0.131	0.118	-0.037	0.155	-0.291	-0.034	-0.104	0.103	-0.095	0.036	-0.343	1
BAD	0.252	-0.232	0.015	0.005	-0.022	0.138	0.069	-0.231	-0.114	-0.040	0.254	-0.164	-0.018
CL	0.307	-0.147	0.081	-0.048	0.154	0.196	0.126	-0.150	-0.177	-0.059	0.398	-0.254	0.002
DB	0.108	-0.034	0.164	-0.008	0.150	0.023	-0.005	0.019	0.121	0.008	0.053	-0.103	0.199
IMPR	0.064	-0.025	0.087	-0.010	0.180	-0.020	0.004	0.024	0.139	0.008	0.023	0.001	0.129
LITI	0.247	-0.165	0.083	-0.004	0.143	0.136	0.049	-0.178	-0.045	-0.044	0.218	-0.186	0.075
LOSS	0.278	-0.230	0.023	-0.073	0.218	0.107	0.211	-0.376	-0.620	-0.200	0.330	-0.249	0.139
RETUM	-0.089	0.196	-0.077	0.001	-0.159	-0.030	0.037	0.188	0.038	0.122	-0.132	0.092	-0.142
GROW	-0.166	0.194	-0.105	0.067	-0.091	0.054	-0.044	0.301	0.056	0.173	-0.173	0.052	-0.138
VIOL	0.257	-0.102	0.028	-0.044	0.147	0.043	0.100	-0.128	-0.070	-0.079	0.168	-0.131	0.092
MS	-0.029	0.015	0.005	0.058	-0.046	0.019	-0.026	0.010	-0.050	0.005	0.004	0.022	-0.051
GQL	0.149	-0.244	0.101	0.009	0.155	0.087	-0.001	-0.086	-0.012	-0.017	0.137	-0.109	0.099
GQH	-0.092	0.229	-0.071	0.000	-0.122	-0.050	0.018	0.085	-0.038	0.042	-0.093	0.097	-0.123
COMP	-0.024	-0.022	0.078	-0.017	-0.044	-0.026	-0.003	0.054	0.073	0.009	-0.002	-0.031	0.046
IMPO	-0.162	0.687	-0.034	0.048	-0.114	0.012	-0.035	0.108	-0.096	0.127	-0.188	-0.039	-0.066
BIG	-0.066	0.235	0.091	-0.005	-0.163	-0.021	0.025	0.086	0.002	0.021	-0.073	0.039	-0.072

注：上半部分为 Pearson Correlation，下半部分为 Spearman Correlation，均为双尾检验（2-tailed）。

相关系数检验

BAD	CL	DB	IMPR	LITI	LOSS	RETUM	GROW	VIOL	MS	GQL	GQH	COMP	IMPO	BIG
0.151	0.196	0.175	0.076	0.247	0.278	-0.078	0.044	0.257	-0.029	0.149	-0.092	-0.052	-0.074	-0.066
-0.110	-0.206	-0.140	-0.040	-0.172	-0.238	0.190	-0.022	-0.098	0.007	-0.251	0.244	-0.018	0.507	0.262
0.004	0.060	0.043	0.014	0.079	0.055	-0.059	-0.014	0.035	0.002	0.083	-0.061	0.004	-0.067	0.071
-0.029	-0.036	-0.022	-0.008	0.035	-0.068	0.017	0.053	-0.044	0.080	0.028	-0.024	0.008	0.015	0.007
-0.002	0.082	0.104	0.026	0.165	0.257	-0.158	0.000	0.183	-0.045	0.165	-0.120	-0.033	-0.073	-0.142
0.251	0.539	0.224	0.034	0.148	0.154	-0.024	0.015	0.042	-0.005	0.091	-0.048	-0.018	-0.010	-0.033
0.123	0.079	0.137	0.023	0.047	0.194	0.038	0.004	0.110	-0.041	0.020	0.018	-0.003	0.056	0.032
-0.018	-0.008	-0.009	-0.008	-0.064	-0.114	0.041	0.002	-0.049	-0.025	-0.036	0.044	0.027	0.004	0.028
-0.018	-0.024	0.006	-0.008	0.071	-0.231	-0.033	-0.002	0.022	-0.026	0.029	-0.032	0.003	-0.045	0.004
-0.010	-0.018	-0.043	-0.004	-0.048	-0.178	0.138	0.033	-0.092	0.008	-0.019	0.045	0.005	0.086	0.019
0.232	0.373	0.289	0.128	0.218	0.330	-0.133	-0.004	0.168	0.004	0.137	-0.093	-0.016	-0.091	-0.073
-0.029	-0.054	-0.058	-0.018	-0.082	-0.104	0.035	-0.001	-0.034	0.000	-0.041	0.003	-0.015	-0.060	0.048
0.015	-0.025	0.036	0.006	0.078	0.140	-0.154	-0.015	0.093	-0.048	0.098	-0.121	0.028	-0.104	-0.071
1	0.149	0.045	0.021	0.041	0.122	-0.053	0.000	0.036	-0.005	0.063	-0.033	-0.011	-0.030	-0.019
0.255	1	0.319	0.033	0.098	0.137	-0.031	-0.001	0.043	-0.017	0.055	-0.017	-0.008	-0.046	-0.014
0.015	0.130	1	0.103	0.133	0.126	-0.096	0.009	0.096	-0.030	0.084	-0.059	0.022	-0.039	-0.014
0.015	0.061	0.434	1	0.053	0.063	-0.037	0.013	0.027	-0.012	0.043	-0.022	-0.010	-0.013	-0.015
0.254	0.318	0.160	0.109	1	0.241	-0.086	0.036	0.179	0.008	0.161	-0.106	-0.021	-0.062	-0.059
0.274	0.317	0.067	0.050	0.241	1	-0.290	-0.029	0.215	-0.029	0.164	-0.109	-0.028	-0.067	-0.113
-0.070	-0.112	-0.075	-0.058	-0.099	-0.316	1	0.040	-0.096	0.048	-0.095	0.086	-0.028	0.077	0.086
-0.140	-0.154	-0.021	0.006	-0.139	-0.338	0.265	1	-0.010	-0.002	0.031	-0.017	0.000	-0.009	-0.019
0.122	0.165	0.072	0.080	0.179	0.215	-0.100	-0.095	1	-0.026	0.089	-0.051	-0.023	-0.002	-0.056
0.009	0.012	-0.070	-0.067	0.008	-0.029	0.041	0.001	-0.026	1	0.015	-0.020	-0.021	0.012	-0.055
0.112	0.173	0.103	0.004	0.161	0.164	-0.104	-0.092	0.089	0.015	1	-0.542	0.009	-0.081	-0.107
-0.057	-0.117	-0.109	0.004	-0.106	-0.109	0.085	0.107	-0.051	-0.020	-0.542	1	-0.011	0.117	0.052
-0.023	0.008	0.173	0.166	0.023	-0.015	-0.016	0.026	0.003	-0.027	0.022	-0.038	1	-0.108	0.311
-0.163	-0.115	0.003	0.033	-0.111	-0.137	0.112	0.155	-0.062	0.020	-0.132	0.156	-0.199	1	-0.137
-0.062	-0.039	0.002	-0.011	-0.059	-0.113	0.072	0.042	-0.056	-0.055	-0.107	0.052	0.257	-0.289	1

附录 5-4　　　　　　　线性回归模型多重共线性诊断

	B	t	Sig.	Tolerance	VIF
(Constant)	-0.216	-1.958	0.050		
OPI	0.326	23.064	0.000	0.736	1.359
SIZE	0.007	1.364	0.173	0.485	2.063
INVEST	0.102	2.391	0.017	0.939	1.065
INVENT	-0.074	-2.603	0.009	0.886	1.128
RECEI1	0.185	6.146	0.000	0.787	1.270
RECEI2	0.002	0.067	0.947	0.486	2.058
ACCD	0.146	3.119	0.002	0.858	1.165
SMOOTH	0.001	0.733	0.463	0.935	1.070
PE	0.000	4.153	0.000	0.869	1.151
PCF	-0.023	-3.568	0.000	0.915	1.093
EQUNOT	0.305	11.907	0.000	0.618	1.619
QUICK	-0.002	-1.176	0.240	0.798	1.253
BANK	0.014	0.754	0.451	0.722	1.385
BAD	0.005	1.309	0.191	0.882	1.134
CL	0.009	0.827	0.408	0.608	1.645
DB	0.012	0.735	0.462	0.824	1.214
IMPR	0.004	0.738	0.461	0.972	1.029
LITI	0.056	5.953	0.000	0.844	1.185
LOSS	0.240	19.229	0.000	0.650	1.537
RETUM	-0.041	-1.963	0.050	0.858	1.166
GROW	0.000	0.864	0.388	0.987	1.013
VIOL	0.123	5.959	0.000	0.877	1.140
MS	-0.019	-1.125	0.261	0.968	1.033
GQL	0.018	1.978	0.048	0.665	1.504
GQH	0.003	0.273	0.785	0.684	1.462
COMP	-0.002	-1.583	0.114	0.849	1.178
IMPO	-0.048	-0.869	0.385	0.645	1.550
BIG	0.012	1.174	0.241	0.727	1.376
Y04	0.049	5.191	0.000	0.668	1.498
Y05	0.036	3.781	0.000	0.622	1.607

注：因变量 y，如果是标准审计意见，y=0，如果是非标意见，y=1。

附录 5-5　　　　　　二分类 Logit 模型逐步回归结果

变量名称	Forward Stepwise (Likelihood Ratio)			Backward Stepwise (Likelihood Ratio)		
	B	Wald	Sig.	B	Wald	Sig.
OPI	2.677	217.210	0.000	2.470	168.891	0.000
SIZE				0.193	4.707	0.030
INVEST	2.665	11.829	0.001	2.409	9.246	0.002
RECEI1	2.956	31.765	0.000	3.449	38.918	0.000
ACCD	1.630	3.855	0.0496			
SMOOTH				-0.146	2.939	0.086
PE	0.002	21.715	0.000	0.002	22.228	0.000
PCF	-0.514	10.241	0.001	-0.597	12.984	0.000
EQUNOT	2.000	29.984	0.000	1.127	7.408	0.006
QUICK	-0.168	5.278	0.022	-0.121	3.595	0.058
BAD				1.945	22.733	0.000
CL				2.639	4.461	0.035
LITI	0.820	26.839	0.000	0.685	17.411	0.000
LOSS	2.338	154.555	0.000	2.186	122.399	0.000
RETUM	-1.053	5.126	0.024	-1.072	5.194	0.023
VIOL	0.836	9.735	0.002	0.750	7.815	0.005
COMP				-0.049	2.758	0.097
Constant	-5.056	449.988	0.000	-9.048	20.752	0.000
Nagelkerke R-Square	0.611			0.626		
H-L Chi-square (Sig.)	13.394 (0.099)			9.754 (0.283)		
模型预测整体正确率	93.8%			93.9%		
标准意见预测正确率	98.2%			98.3%		
非标准意见预测正确率	57.2%			58.2%		

附录6-1　　　　　　　　持续经营样本各变量特征比较

变量	组别	Mean	Std. Deviation	Minimum	Maximum	Median	Range	四分位距	变异系数
GC	1	0.439	0.499	0	1	0	1	1	1.137
	2	0.625	0.500	0	1	1	1	1	0.800
	3	0.290	0.461	0	1	0	1	1	1.590
	4	0.594	0.495	0	1	1	1	1	0.833
NGC	1	0.194	0.397	0	1	0	1	0	2.046
	2	0.250	0.447	0	1	0	1	0.75	1.788
	3	0.323	0.475	0	1	0	1	1	1.471
	4	0.156	0.366	0	1	0	1	0	2.346
SIZE	1	20.281	0.966	17.497	22.467	20.365	4.971	1.059	0.048
	2	19.525	1.506	17.412	22.732	19.413	5.320	1.876	0.077
	3	20.199	1.118	17.591	22.725	20.354	5.134	1.604	0.055
	4	19.874	0.998	17.061	21.633	19.940	4.571	1.275	0.050
INVEST	1	0.081	0.102	−0.006	0.483	0.051	0.489	0.099	1.259
	2	0.085	0.069	0.008	0.267	0.075	0.259	0.079	0.812
	3	0.101	0.089	0	0.373	0.080	0.373	0.1	0.881
	4	0.084	0.135	−0.026	0.760	0.022	0.786	0.112	1.607
INVENT	1	0.137	0.117	0	0.508	0.107	0.508	0.152	0.854
	2	0.131	0.136	0.008	0.527	0.075	0.519	0.149	1.038
	3	0.091	0.070	0	0.255	0.078	0.255	0.084	0.769
	4	0.076	0.073	0.000	0.313	0.051	0.313	0.09	0.961
RECEI1	1	0.336	0.193	0.004	0.894	0.332	0.889	0.312	0.574
	2	0.371	0.354	0.052	1.517	0.290	1.465	0.373	0.954
	3	0.367	0.187	0.064	0.687	0.383	0.623	0.304	0.510
	4	0.352	0.208	0.021	0.997	0.311	0.976	0.216	0.591
RECEI2	1	0.314	0.211	0.027	1.079	0.257	1.052	0.183	0.672
	2	0.817	0.870	0.108	2.999	0.553	2.891	0.708	1.065
	3	0.406	0.525	0.029	2.571	0.205	2.541	0.183	1.293
	4	0.534	0.809	0.040	4.630	0.329	4.589	0.268	1.515
ACCD	1	0.097	0.107	0	0.798	0.073	0.798	0.084	1.103
	2	0.199	0.377	0.011	1.546	0.081	1.536	0.225	1.894
	3	0.099	0.103	0.008	0.524	0.064	0.516	0.105	1.040
	4	0.177	0.239	0.004	1.320	0.105	1.316	0.163	1.350

续表

变量	组别	Mean	Std. Deviation	Minimum	Maximum	Median	Range	四分位距	变异系数
SMOOTH	1	0.439	0.589	0.021	3.466	0.231	3.445	0.431	1.342
	2	0.693	0.811	0.036	2.888	0.377	2.852	0.684	1.170
	3	0.543	0.537	0.007	2.425	0.372	2.418	0.626	0.989
	4	0.889	1.258	0.028	8.717	0.516	8.689	0.738	1.415
PE	1	68.509	194.350	−78.188	922.332	−2.293	1 000.521	63.299	2.837
	2	58.529	161.607	−115.847	481.629	−2.574	597.477	4.929	2.761
	3	17.982	96.650	−76.463	512.428	−3.239	588.892	4.436	5.375
	4	−4.948	9.692	−50.648	0.000	−1.785	50.648	3.079	1.959
PCF	1	−0.138	0.407	−2.153	0.812	−0.018	2.966	0.163	2.949
	2	−0.239	0.465	−1.152	0.572	−0.015	1.725	0.63	1.946
	3	−0.383	0.651	−2.438	0.927	−0.159	3.365	0.622	1.700
	4	−0.400	0.936	−5.945	0.343	−0.067	6.288	0.346	2.340
EQUNOT	1	0.286	0.454	0	1	0	1	1	1.587
	2	0.563	0.512	0	1	1	1	1	0.909
	3	0.548	0.506	0	1	1	1	1	0.923
	4	0.719	0.453	0	1	1	1	1	0.630
QUICK	1	0.718	0.565	0.025	4.151	0.646	4.126	0.52	0.787
	2	0.398	0.335	0.027	1.055	0.302	1.028	0.507	0.842
	3	0.665	0.467	0.006	2.445	0.587	2.439	0.437	0.702
	4	0.419	0.443	0.008	2.503	0.288	2.495	0.481	1.057
BANK	1	0.476	0.203	0	0.846	0.506	0.846	0.258	0.426
	2	0.344	0.207	0	0.707	0.328	0.707	0.277	0.602
	3	0.514	0.186	0.148	0.859	0.494	0.711	0.25	0.362
	4	0.445	0.184	0.037	0.898	0.445	0.862	0.263	0.413
BAD	1	1.005	5.484	0	54.652	0.421	54.652	0.535	5.457
	2	0.749	0.672	0.059	2.912	0.787	2.853	0.742	0.897
	3	0.679	1.608	0.053	9.174	0.307	9.120	0.592	2.368
	4	0.663	1.033	0.002	8.102	0.504	8.100	0.656	1.558
CL	1	0.130	0.348	0	2.334	0.000	2.334	0.098	2.677
	2	1.193	2.054	0	6.556	0.158	6.556	1.541	1.722
	3	0.176	0.368	0	1.711	0.007	1.711	0.147	2.091
	4	0.830	2.430	0	17.872	0.199	17.872	0.705	2.928

续表

变量	组别	Mean	Std. Deviation	Minimum	Maximum	Median	Range	四分位距	变异系数
DB	1	0.148	0.445	0	2.962	0	2.962	0.083	3.007
	2	1.217	2.738	0	10.674	0	10.674	1.917	2.250
	3	0.196	0.517	0	2.759	0	2.759	0.166	2.638
	4	0.191	0.415	0	2.331	0	2.331	0.137	2.173
IMPR	1	0.148	0.377	0	2.589	0	2.589	0.095	2.547
	2	0.094	0.288	0	1.114	0	1.114	0	3.064
	3	0.075	0.155	0	0.724	0	0.724	0.111	2.067
	4	0.671	4.164	0	33.359	0	33.359	0.22	6.206
LITI	1	0.643	0.482	0	1	1	1	1	0.750
	2	0.750	0.447	0	1	1	1	0.75	0.596
	3	0.742	0.445	0	1	1	1	1	0.600
	4	0.719	0.453	0	1	1	1	1	0.630
LOSS	1	0.684	0.467	0	1	1	1	1	0.683
	2	0.813	0.403	0	1	1	1	0	0.496
	3	0.806	0.402	0	1	1	1	0	0.499
	4	1	0	1	1	1	0	0	0.000
RETUM	1	-0.086	0.228	-0.638	0.611	-0.109	1.249	0.239	2.652
	2	-0.090	0.234	-0.451	0.375	-0.152	0.826	0.391	2.589
	3	-0.165	0.134	-0.454	0.062	-0.145	0.515	0.219	0.816
	4	-0.177	0.171	-0.534	0.211	-0.197	0.745	0.232	0.965
VIOL	1	0.173	0.381	0	1	0	1	0	2.202
	2	0.250	0.447	0	1	0	1	0.75	1.788
	3	0.129	0.341	0	1	0	1	0	2.643
	4	0.313	0.467	0	1	0	1	1	1.492
MS	1	0.031	0.173	0	1	0	1	0	5.581
	2	0	0	0	0	0	0	0	0
	3	0	0	0	0	0	0	0	0
	4	0	0	0	0	0	0	0	0
GROW	1	0.985	10.174	-1.000	100.000	-0.147	101.000	0.534	10.329
	2	-0.190	0.514	-0.745	1.329	-0.274	2.074	0.576	2.705
	3	-0.119	0.873	-1.000	3.646	-0.335	4.646	0.523	7.336
	4	0.402	6.037	-1.000	47.482	-0.444	48.482	0.717	15.017

续表

变量	组别	Mean	Std. Deviation	Minimum	Maximum	Median	Range	四分位距	变异系数
GQL	1	0.643	0.482	0	1	1	1	1	0.750
	2	0.750	0.447	0	1	1	1	0.75	0.596
	3	0.677	0.475	0	1	1	1	1	0.702
	4	0.734	0.445	0	1	1	1	1	0.606
GQH	1	0.194	0.397	0	1	0	1	0	2.046
	2	0.125	0.342	0	1	0	1	0	2.736
	3	0.129	0.341	0	1	0	1	0	2.643
	4	0.109	0.315	0	1	0	1	0	2.890
COMP	1	5.968	2.530	2.625	17.200	5.198	14.575	3.179	0.424
	2	5.658	1.495	3.048	9.929	5.637	6.881	1.599	0.264
	3	5.278	2.717	2.909	17.200	4.167	14.291	2.427	0.515
	4	6.437	3.354	2.867	22.000	5.601	19.133	2.952	0.521
IMPO	1	0.023	0.040	0.001	0.337	0.012	0.337	0.019	1.739
	2	0.015	0.022	0.001	0.083	0.005	0.083	0.015	1.467
	3	0.030	0.038	0.000	0.203	0.016	0.202	0.033	1.267
	4	0.017	0.021	0.000	0.123	0.011	0.122	0.018	1.235
BIG	1	0.122	0.329	0	1	0	1	0	2.691
	2	0.188	0.403	0	1	0	1	0	2.150
	3	0.129	0.341	0	1	0	1	0	2.641
	4	0.125	0.333	0	1	0	1	0	2.667

注：1＝无保留加强调段，2＝保留，3＝保留加强调段，4＝无法表示意见。

附录6－2　非持续经营非标样本各变量特征比较

变量	组别	Mean	Std. Deviation	Minimum	Maximum	Median	Range	四分位距	变异系数
GC	1	0.072	0.260	0	1	0	1	0	3.604
	2	0.045	0.208	0	1	0	1	0	4.654
	3	0.05	0.224	0	1	0	1	0	4.472
	4	0.133	0.352	0	1	0	1	0	2.639
NGC	1	0.340	0.476	0	1	0	1	1	1.400
	2	0.328	0.473	0	1	0	1	1	1.441
	3	0.35	0.489	0	1	0	1	1	1.398
	4	0.6	0.507	0	1	1	1	1	0.845

续表

变量	组别	Mean	Std. Deviation	Minimum	Maximum	Median	Range	四分位距	变异系数
SIZE	1	20.871	1.057	16.884	23.787	20.972	6.902	1.06	0.051
	2	20.977	0.972	17.967	23.153	20.992	5.186	1.298	0.046
	3	21.133	0.766	19.802	22.462	20.958	2.660	1.124	0.036
	4	20.619	0.602	19.693	21.533	20.637	1.840	1.127	0.029
INVEST	1	0.085	0.106	−0.019	0.575	0.047	0.594	0.118	1.237
	2	0.118	0.132	0	0.683	0.080	0.683	0.151	1.117
	3	0.071	0.055	0	0.230	0.068	0.230	0.05	0.777
	4	0.065	0.103	−0.010	0.343	0.025	0.353	0.082	1.598
INVENT	1	0.133	0.130	0	0.600	0.092	0.600	0.127	0.980
	2	0.138	0.135	0.000	0.805	0.116	0.804	0.115	0.980
	3	0.100	0.108	0.002	0.447	0.062	0.445	0.127	1.081
	4	0.117	0.131	0	0.423	0.068	0.423	0.085	1.120
RECEI1	1	0.284	0.169	0.002	0.797	0.272	0.795	0.2	0.594
	2	0.298	0.170	0.017	0.677	0.301	0.660	0.2	0.570
	3	0.264	0.144	0.060	0.591	0.261	0.531	0.222	0.545
	4	0.307	0.196	0.106	0.720	0.253	0.614	0.13	0.638
RECEI2	1	0.276	0.541	0.009	5.275	0.181	5.266	0.179	1.957
	2	0.220	0.163	0.008	1.042	0.212	1.034	0.205	0.744
	3	0.176	0.083	0.076	0.420	0.153	0.343	0.064	0.474
	4	0.280	0.367	0.072	1.505	0.132	1.432	0.241	1.315
ACCD	1	0.067	0.072	0.000	0.278	0.037	0.278	0.074	1.072
	2	0.059	0.059	0.001	0.272	0.042	0.271	0.054	0.995
	3	0.055	0.090	0.003	0.404	0.029	0.401	0.049	1.637
	4	0.123	0.153	0.002	0.479	0.035	0.477	0.229	1.244
SMOOTH	1	0.688	1.134	0.012	9.277	0.434	9.265	0.657	1.647
	2	0.392	0.923	0.001	6.462	0.119	6.461	0.245	2.355
	3	0.251	0.238	0.020	0.888	0.176	0.868	0.38	0.946
	4	0.404	0.355	0.033	1.239	0.258	1.207	0.465	0.877
PE	1	104.129	257.101	−150.870	1977.807	22.820	2128.678	105.382	2.469
	2	91.413	190.509	−69.112	1080.931	−2.236	1150.044	127.311	2.084
	3	85.742	217.583	−36.818	928.656	−1.798	965.474	108.976	2.538
	4	13.057	70.974	−16.615	269.097	−3.461	285.711	6.339	5.436
PCF	1	−0.144	0.510	−3.807	0.856	−0.014	4.663	0.262	3.545
	2	−0.396	0.659	−2.328	0.778	−0.149	3.107	0.794	1.663
	3	−0.189	0.613	−2.415	0.570	−0.078	2.985	0.595	3.246
	4	−0.367	0.593	−1.904	0.208	−0.074	2.112	0.527	1.614

续表

变量	组别	Mean	Std. Deviation	Minimum	Maximum	Median	Range	四分位距	变异系数
EQUNOT	1	0.041	0.200	0	1	0	1	0	4.847
	2	0.060	0.239	0	1	0	1	0	3.999
	3	0	0	0	0	0	0	0	0
	4	0.2	0.414	0	1	0	1	0	2.070
QUICK	1	1.228	0.908	0.013	5.259	1.083	5.246	0.614	0.740
	2	1.427	2.025	0.104	15.745	1.071	15.641	0.576	1.419
	3	1.099	0.493	0.412	2.144	1.019	1.732	0.764	0.448
	4	0.784	0.513	0.108	1.802	0.659	1.694	0.693	0.655
BANK	1	0.440	0.219	0	0.856	0.458	0.856	0.275	0.498
	2	0.437	0.228	0	0.885	0.402	0.885	0.404	0.521
	3	0.501	0.184	0.208	0.803	0.471	0.595	0.287	0.368
	4	0.553	0.159	0.152	0.769	0.586	0.617	0.175	0.287
BAD	1	0.540	2.784	0.019	27.586	0.149	27.567	0.358	5.152
	2	0.242	0.236	0	0.985	0.164	0.985	0.24	0.975
	3	0.247	0.196	0.001	0.741	0.182	0.740	0.263	0.796
	4	0.772	1.763	0.013	7.051	0.196	7.038	0.697	2.285
CL	1	0.082	0.625	0	6.149	0	6.149	0.01	7.586
	2	0.175	0.947	0	6.530	0	6.530	0.001	5.423
	3	0.006	0.013	0	0.043	0	0.043	0.005	2.035
	4	0.046	0.136	0	0.529	0	0.529	0.013	2.963
DB	1	0.068	0.134	0	0.770	0	0.770	0.071	1.982
	2	0.083	0.475	0	3.894	0	3.894	0.037	5.742
	3	0.148	0.283	0	0.999	0.033	0.999	0.138	1.911
	4	0.505	1.207	0	4.393	0.026	4.393	0.165	2.392
IMPR	1	0.078	0.200	0	1.594	0	1.594	0.089	2.563
	2	0.093	0.387	0	3.075	0	3.075	0.05	4.150
	3	0.071	0.153	0	0.585	0.000	0.585	0.09	2.150
	4	0.236	0.430	0	1.405	0	1.405	0.432	1.820
LITI	1	0.474	0.502	0	1	0	1	1	1.058
	2	0.522	0.503	0	1	1	1	1	0.963
	3	0.65	0.489	0	1	1	1	1	0.753
	4	0.667	0.488	0	1	1	1	1	0.732
LOSS	1	0.454	0.500	0	1	0	1	1	1.103
	2	0.552	0.501	0	1	1	1	1	0.907
	3	0.55	0.510	0	1	1	1	1	0.928
	4	0.933	0.258	0	1	1	1	0	0.277

续表

变量	组别	Mean	Std. Deviation	Minimum	Maximum	Median	Range	四分位距	变异系数
RETUM	1	-0.051	0.194	-0.463	0.590	-0.055	1.053	0.215	3.778
RETUM	2	-0.117	0.149	-0.525	0.345	-0.127	0.870	0.17	1.269
RETUM	3	-0.069	0.167	-0.406	0.234	-0.085	0.639	0.258	2.426
RETUM	4	-0.123	0.135	-0.343	0.129	-0.108	0.472	0.232	1.099
VIOL	1	0.175	0.382	0	1	0	1	0	2.181
VIOL	2	0.149	0.359	0	1	0	1	0	2.405
VIOL	3	0.2	0.410	0	1	0	1	0	2.052
VIOL	4	0.267	0.458	0	1	0	1	1	1.717
MS	1	0.062	0.242	0	1	0	1	0	3.915
MS	2	0.015	0.122	0	1	0	1	0	8.185
MS	3	0	0	0	0	0	0	0	
MS	4	0.067	0.258	0	1	0	1	0	3.873
GROW	1	2.058	19.311	-1	190.219	0.045	191.219	0.418	9.386
GROW	2	0.361	2.095	-0.883	12.358	0.034	13.240	0.453	5.805
GROW	3	0.010	0.397	-0.778	0.740	-0.018	1.518	0.63	41.655
GROW	4	-0.217	0.406	-0.894	0.541	-0.220	1.435	0.593	1.877
GQL	1	0.443	0.499	0	1	0	1	1	1.126
GQL	2	0.537	0.502	0	1	1	1	1	0.935
GQL	3	0.75	0.444	0	1	1	1	0.75	0.592
GQL	4	0.533	0.516	0	1	1	1	1	0.968
GQH	1	0.247	0.434	0	1	0	1	0.5	1.753
GQH	2	0.269	0.447	0	1	0	1	1	1.662
GQH	3	0.15	0.366	0	1	0	1	0	2.442
GQH	4	0.133	0.352	0	1	0	1	0	2.639
COMP	1	5.662	2.516	2.516	17.2	4.667	14.684	2.464	0.444
COMP	2	4.763	1.391	2.625	8.125	4.418	5.5	1.425	0.292
COMP	3	5.469	1.715	2.867	7.889	5.002	5.022	3.35	0.314
COMP	4	5.210	1.671	3.048	9.929	5	6.881	2.173	0.321
IMPO	1	0.053	0.114	0.001	1	0.029	0.999	0.043	2.138
IMPO	2	0.040	0.036	0.000	0.137	0.026	0.137	0.049	0.894
IMPO	3	0.079	0.219	0.007	1	0.019	0.993	0.034	2.764
IMPO	4	0.032	0.039	0.004	0.158	0.019	0.153	0.027	1.226
BIG	1	0.103	0.306	0	1	0	1	0	2.965
BIG	2	0.179	0.386	0	1	0	1	0	2.157
BIG	3	0.300	0.470	0	1	0	1	1	1.567
BIG	4	0.133	0.352	0	1	0	1	0	2.639

注：1＝无保留加强调段，2＝保留，3＝保留加强调段，4＝无法表示意见。

参考文献

中文部分：

[1] [美] 阿尔文·A·阿伦斯，詹姆斯·K·洛布贝克著．石爱中，李斌，柳士明译．审计学——整合方法研究．中国审计出版社，2001

[2] [美] C.W.尚德尔著．汤云为、吴云飞译．审计理论（第一版）．中国财政经济出版社，1992

[3] [美] 罗伯特·K·莫茨，[埃及] 侯赛因·A·夏拉夫著．文硕等译．审计理论结构．中国商业出版社，1990

[4] 杰里·D·沙利文等著．《蒙哥马利审计学》翻译组译．蒙哥马利审计学（第十版）．中国商业出版社，1989

[5] [美] W·罗伯特·克涅科著．程悦译．审计：增信服务与风险（第二版）．中信出版社，2007

[6] [美] 伊克利斯等著．叶鹏飞等泽．价值报告革命：远离盈余游戏．中国财政经济出版社，2004

[7] 财政部．中国注册会计师审计准则（1993~2006），http://www.mof.gov.cn

[8] 财政部注册会计师考试委员会办公室编．审计．经济科学出版社，2006

[9] 中国证监会首席会计师办公室．谁审计中国证券市场——2005年证券期货相关审计市场分析．中国证券报，2006年9月28日

[10] 中国证券监督管理委员会首席会计师办公室．谁审计中国证券市场：审计市场分析（1997~1999）．中国财政经济出版社，2001

[11] 中国证券监督管理委员会首席会计师办公室．谁审计中国证券市场：审计市场分析（2000）．中国财政经济出版社，2001

[12] 中国证券监督管理委员会首席会计师办公室．注册会计师说"不"——中国上市公司审计意见分析．中国财政经济出版社，2002

[13] 曹玉俊．审计独立性影响因素的实证研究．审计研究，2000（4）：

39-51

[14] 蔡春,杨麟,陈晓媛,陈钰泓.上市公司审计意见类型影响因素的实证分析——基于沪深股市 2003 年 A 股年报资料的研究.财经科学,2005 (1): 95-102

[15] 陈关亭.利用说明段变通审计意见的实证分析.审计与经济研究,2005.1, 14-22

[16] 陈希孺.广义线性模型 (1-10).数理统计与管理,2002.5-6, 2003.1-6, 2004.1-2

[17] 陈正林.审计风险、审计师风险及制度风险.审计研究,2006 (3) 88-92

[18] 丁平准.中国注册会计师:世纪末的回眸(改革卷).东北财经大学出版社,2001

[19] 董卉娜,陈峥嵘,朱志雄.上市公司内部控制缺陷披露现状研究.证券市场导报,2012 (8)

[20] 佟岩,冯红卿,吕栋.市场集中控制权特征与内部控制鉴证报告披露.会计研究,2012 (6)

[21] 方军雄,许平,洪剑峭.CPA 职业声誉损害经济后果性研究——来自银广夏事件的初步发现和启示.南方经济,2006 (6): 90-101

[22] 方军雄,洪剑峭,李若山.我国上市公司审计质量影响因素研究:发现和启示.审计研究,2004 (6): 35-43

[23] 方宝璋.试论审计重要性水平.审计研究,2004 (4): 19-21

[24] 胡春元.审计风险研究.东北财经大学出版社,1997

[25] 胡春元.风险基础审计.东北财经大学出版社,2001

[26] 胡奕民,金洪飞.证券分析师关注自己的声誉吗?世界经济,2006 (2): 71-81

[27] 黄世忠.分业经营抑或混业经营——美国注册会计师行业市场定位的嬗变及其监管启示.财会通讯.2003 (10)

[28] 何卫东.深交所上市公司治理调查分析报告.深圳证券交易所综合所研究报告,2003

[29] 李爽,吴溪.中国证券市场中的审计报告行为:监管视角与经验证据.中国财政经济出版社,2003

[30] 李爽,吴溪.审计师变更研究:中国审计市场的初步证据.中国财政

经济出版社，2002

[31] 李爽，吴溪. 审计定价研究：中国审计市场的初步证据. 中国财政经济出版社，2004

[32] 李爽，吴溪. 后中天勤时代的中国证券审计市场. 会计研究，2005 (6)：10-15

[33] 李爽，吴溪. 审计意见变通及其监管：经验证据. 中国会计与财务研究，2002 (4)：1-28

[34] 李补喜，王平心. 上市公司年报审计意见影响因素实证研究. 山西大学学报（哲学社会科学版），2006 (1)：67-71

[35] 李明辉，何海，马夕奎. 我国上市公司内部控制信息披露状况的分析. 审计研究，2003 (1)

[36] 李维安，王新汉，王威. 盈余管理对审计意见的影响. 财经论丛，2005 (1) 78-85

[37] 李若山. 审计失败与COSO报告——谈企业创新与内部控制变化. 审计与经济研究，2005 (3)：3-7

[38] 李若山. 审计案例——国际审计诉讼案例. 辽宁人民出版社，1998

[39] 李若山，周勤业，方军雄. 注册会计师：经济警察吗. 中国财政经济出版社，2003

[40] 李树华. 审计独立性的提高与审计市场的背离. 三联书店，2000

[41] 廖洪，白华. 美国注册会计师审计收费研究. 中国注册会计师，2001 (8)：62-64

[42] 李增刚. 行为经济学和实验经济学的基础——2002年诺贝尔经济学奖获得者思想介评. 经济评论，2002 (6)：82-84

[43] 李启明，申立银. 风险管理中的风险效应——行为决策模型及分析. 系统工程理论与实践，2001 (10)：1-8

[44] 刘骏. 会计信息质量研究. 中国财政经济出版社，2005

[45] 刘燕. 会计师民事责任研究：公众利益与职业利益的平衡. 北京大学出版社，2004

[46] 刘燕. 注册会计师民事责任研究：回顾与展望. 会计研究，2003 (11)：34-38

[47] 刘峰，许菲. 风险导向型审计·法律风险·审计质量—兼论"五大"在我国审计市场的行为. 会计研究，2002 (2)：21-27

[48] 刘峰,林斌. 会计师事务所脱钩与政府选择:一种解释. 会计研究,2000 (2):9-15

[49] 刘峰,张立民,雷科罗. 我国审计市场制度安排与审计质量需求. 会计研究,2002 (12):22-27

[50] 刘峰. 制度安排与会计信息质量——红光实业的案例分析. 会计研究,2001 (7):7-15

[51] 林斌,饶静. 上市公司为什么自愿披露内部控制鉴证报告? 会计研究,2009.2

[52] 刘玉廷,王宏. 提升企业内部控制有效性的重要制度安排——关于实施企业内部控制注册会计师审计的有关问题. 会计研究,2010 (7):3-10

[53] 鹿小楠,傅浩. 中国上市公司财务造假问题研究. 上海证券交易所研究中心研究报告,2002

[54] 罗培新等. 证券违法违规惩戒实效与制度成本研究. 上证联合研究计划第十三期课题报告,2005

[55] 韩小芳. 实际控制人对内部控制信息披露的影响. 山西财经大学学报,2012.12

[56] 马永强. 审计模式改进与 CPA 行业监管创新研究. 深圳证券交易所综合所研究报告,2005

[57] 邵瑞庆,崔丽娟. 对我国上市公司持续经营不确定性审计意见的分析. 审计与经济研究,2006 (3):27-31

[58] 宋建波,陈华昀. 我国注册会计师审计与上市公司盈余管理研究. 财经问题研究,2005 (3):87-90

[59] 宋明哲. 风险管理. 中华企业管理发展中心影印本,1984

[60] 孙铮,王跃堂. 审计报告说明段与变更审计意见之实证分析. 中国内部审计,1996 (6):10-15

[61] 唐跃军,左晶晶. 上市公司年报非标准审计意见的比较研究——基于2000~2003 年数据的经验分析. 财经问题研究,2005 (7):64-71

[62] 田高良,李留闯,齐保垒. 内部控制鉴证报告的信号失灵和甄别. 南开管理评论,2011 (4):109-117

[63] 王英姿. 审计职业判断差异研究——一项关于上市公司 2000 年年报的案例分析. 审计研究,2001:27-31

[64] 王光远、刘秋明,公司治理下的内部控制与审计——英国的经验与启

示［J］．中国注册会计师，2003，(2)：17-21

［65］文建秀．证券市场信息披露中注册会计师的法律责任．法律出版社，2003

［66］吴联生．审计意见购买：行为特征与监管策略．经济研究，2005 (7)：66-75

［67］吴益兵．内部控制审计、价值相关性与资本成本．经济管理，2009 (9)：64-69

［68］文硕．世界审计史．企业管理出版社，1996

［69］夏立军．审计师行业专长与审计市场研究综述及启示．外国经济与管理，2004 (7)：39-44

［70］夏立军．盈余管理计量模型在中国股票市场的应用研究．中国会计与财务研究，2003 (6)：94-154

［71］夏立军，鹿小楠．上市公司盈余管理与信息披露质量相关性研究．当代经济管理，2005 (5)：145-150

［72］肖作平．公司治理结构对资本结构类型的影响——一个 Logit 模型．管理世界，2005 (9)：137-163

［73］萧英达，张继勋，刘志远．国际比较审计（第一版）．立信会计出版社，2000

［74］谢荣．市场经济中的民间审计责任．上海社会科学出版社，1994

［75］谢荣．2003，论审计风险的产生原因、模式演变和控制措施．审计研究，2003 (4)：24-29

［76］谢识予．经济博弈论．复旦大学出版社，1997

［77］谢志华．会计的逻辑——以会计信息为基础整合企业信息体系．会计研究．2003 (6)：11-17

［78］邢精平．企业财务危机中相关利益人行为研究．经济研究，2004 (8)：57-63

［79］徐政旦等主编．审计研究前沿．上海财经大学出版社，2002

［80］游士兵，吴圣涛．中国证券违法犯罪的实证研究．证券市场导报，2001 (6)：16-20

［81］余剑梅．不确定性条件下个人选择实验研究——"阿莱悖论"式偏好逆转客观条件和范围探析．浙江大学博士学位论文，2002

［82］余津津．国外声誉理论研究综述．经济纵横，2003 (10)：60-63

[83] 于泽,黄淳. 风险决策理论的新进展. 经济理论与经济管理,2004 (9):69-74

[84] 于亦铭. 论审计风险与审计重要性的关系. 审计研究,2000 (4): 63-65

[85] 于忠泊,田高良. 内部控制评价报告真的有用吗. 山西财经大学学报, 2009(10):110-118

[86] 原红旗,李海建. 会计师事务所组织形式、规模与审计质量. 审计研究,2003(1):32-37

[87] 张弘. 上市公司违规特征及处罚有效性研究. 深圳证券交易所综合所研究报告,2006

[88] 张继勋. 审计判断研究. 东北财经大学出版社,2002

[89] 张玲. 心理因素如何影响风险决策中的价值运算?——兼谈 Kahneman 的贡献. 心理科学进展,2003(11):274-280

[90] 章立军. 上市公司盈余管理与审计质量的相关分析. 财贸经济,2005 (4):33-39

[91] 张立民,管劲松. 我国 A 股审计市场的结构研究——来自 2002 上市公司年度报告的数据. 审计研究,2004(5):31-36

[92] 张龙平,王泽霞. 美国舞弊审计准则的制度变迁及其启示. 会计研究, 2003(4):61-64

[93] 张龙平,聂曼曼. 试论重要性审计准则的运用问题(上、下). 审计月刊,2006(10):11

[94] 张龙平,王军只,张军. 内部控制鉴证对会计盈余质量的影响研究. 审计研究,2010(2)83-90

[95] 张然,王会娟,许超. 披露内部控制自我评价与鉴证报告会降低资本成本吗? 审计研究,2012(1):96-102

[96] 张维迎. 博弈论与信息经济学. 上海三联书店,1996

[97] 张维迎. 产权、政府与信誉. 生活·读书·新知三联书店,2001

[98] 张晓岚,张文杰,鲁晓岚. 上市公司持续经营审计判断差异评价,中南财经政法大学学报,2006.6,124-129

[99] 张晓岚、张文杰、张超、何莉娜,"重大疑虑事项"为审计判断证据的差异性研究——《中国注册会计师审计准则第1324号——持续经营》实施效果预测. 当代经济科学,2006(7):96-104

[100] 张仁寿．对注册会计师审计意见行为模式的调查．统计与决策，2006 (8)：125 – 127

[101] 张艳．论事务所规模化与审计质量保证．审计与经济研究，2007 (3)：34 – 38

[102] 张艳，钟文胜．以事项会计构建财务报告模式的适用性探讨．审计与经济研究，2006 (3)：58 – 60

[103] 朱红军，夏立军，陈信元．转型经济中审计市场的需求特征研究．审计研究，2004 (5)：53 – 62

[104] 朱小平，叶友．"审计风险"概念体系的比较与辨析．审计与经济研究，2003 (5)：11 – 15

[105] 钟麒汴．审计职业判断研究介绍．中国注册会计师，2006 (7)：32 – 35

[106] 周志诚．注册会计师法律责任——中国海峡两岸案例比较研究．上海财经大学出版社，2001

[107] 周学峰．公司审计与专家责任．中国政法大学博士学位论文，2004

英文部分：

[1] Allen, Robert D., Hermanson, Dana R., Kozloski, Thomas M., Ramsay, Robert J. 2006. Auditor Risk Assessment: Insights from the Academic Literature. Accounting Horizons, Vol. 20 Issue 2：157 – 177

[2] Andrew D. Cuccia, Karl Hackenbrack and Mark W. Nelson. 1995. The Ability of Professional Standards to Mitigate Aggressive Reporting. The Accounting Review, Vol. 70, No. 2, April, 1995：227 – 248

[3] Ann Gaeremynck and Marleen Willekens. 2003. The endogenous relationship between audit-report type and business termination: evidence on private firms in a non-litigious environment. Accounting and Business Research. Vol. 33, No. I. pp. 65 – 79

[4] Antle, R. and B. Nalebuff. 1991. Conservatism and auditor-client negotiations. Journal of Accounting Research 29 (Supplement)：31 – 59

[5] Arieh Goldman and Benzion Barlev. 1974. The Auditor-Firm Conflict of Interests: Its Implications for Independence. The Accounting Review：707 – 718

[6] Ashbaugh-Skaife, Hollis, Daniel W Collins, William R. Kinney Jr. and Ryan LaFond, 2008, The Effect of Internal Control Deficiencies and Their Remediation on Accrual Quality [J], The Accounting Review 83 (1)：217 – 250

[7] Audrey A. Gramling, Dan N. Stone. 2001. Audit Firm Industry Expertise: A Review and Synthesis of the Archival Literature. Journal of Accounting Iiterature, Vol. 20: 6 – 10

[8] Bandyopadhyay, S. and Jennifer. L. Kao. 2004. Market Structure and Audit Fees: A Local Analysis, Contemporary Accounling Research. Vol. 21, No. 3, pp. 529 – 61

[9] Barry E. Cushing and James K. Loebbecke. 1983. Analytical Approaches to Audit Risk: A Survey and Analysis. Auditing: A Journal of Practice & Theory, Vol. 3, No. 1, Fall: 23 – 41

[10] Bartov. E., F. A. Gul, T. S. L. Tsui, 2001. Discretionary Accruals Models and Audit Qalifications. Journal of Accounting and Economics, (30): 421 – 452

[11] Bell, T. B. and R. H. Tabor. 1991. Empirical Analysis of Audit Uncertainty Qualifications, Journal of Accounting Research, Vol. 29, No. 2: 350 – 70

[12] BEN-HSIEN BAO AND DA-HSIEN BAO. 2004. Income Smoothing, Earnings Quality and Firm Valuation. Journal of Business Finance &Accounting, 31: 1525 – 1557

[13] Beneish, Messod Dan iel, Mary Brooke Billings and Leslie D. Hodder, 2008, "Internal Control Weaknesses and Information Uncertainty" [J], The Accounting Review, 83 (3): 665 – 703

[14] BONNER, S. E.; Z. PALMROSE; AND S. YOUNG. . 1998. Fraud Type and Auditor Litigation: An Analysis of SEC Accounting and Auditing Enforcement Releases. The Accounting Review 73/4: 503 – 32.

[15] Carcello, Joseph V. , Palmrose, Zoe-Vonna. 1994. Auditor Litigation and Modified Reporting on Bankrupt Clients. Journal of Accounting Research, Supplement, Vol. 32 Issue 3: 1 – 30

[16] CARCELLO, J. AND Z. - V. PALMROSE. 1994. Auditor Litigation and Modified Reporting on Bankrupt Clients. Journal of Accounting Research 32 (Supplement): 1 – 38

[17] Chan, D., A. Ferguson, D. Simunic and D. Stokes. 2001. A spatial analysis and test of oligopolistic competition in the market for audit services. Working paper. University of British Columbia

[18] Chen, Kevin C. W. Church, Bryan K. 1992. Default on Debt Obligations and the Issuance of Going-Concern Opinions. Auditing. Vol. 11 Issue 2: 30 – 49

[19] Cris E. Hogan, Debra C. Jeter. 1999. Industry Specialization by Auditors, Auditing: A Journal of Practice& Theory, Vol. 18, No. 1: 1 – 17

[20] C. Janie Chang and Nen-Chen Richard Hwang. 2003. The Impact of Retention Incentives and Client Business Risks on Auditors. Decisions Involving Aggressive Reporting Practices. AUDITING: A JOURNAL OF PRACTICE & THEORY, Vol. 22, No. 2: 207 – 218

[21] CONNIE L. BECKER, MARK L. DEFOND, JAMES JIAMBALVO, K. R. SUBRAMANYAM, 1998. The Effect of Audit Quality on Earnings Management, Contemporary Accounting Research Vol. 15, No. 1: 1 – 24

[22] Craswell, Allen; Stokes, Donald J.; Laughton, Janet. 2002 Auditor independence and fee dependence. Journal of Accounting & Economics, Vol. 33 Issue 2: 253 – 275

[23] Criteria of Control Board, 1995, Guidance on control

[24] Dan A. Simunic and Michael. T Stein. 2003. Audit risk in client portfolio context. Contemporary Accounting Research, Vol. 6, No. 2: 329 – 343

[25] DAVID C. HAY, W. ROBERT KNECHEL, NORMAN WONG, 2006, Audit Fees: A Meta-analysis of the Effect of Supply and Demand Attributes. Contemporary Accounting Research Vol. 23, No. 1: 141 – 91

[26] De Belde, I. 1997. An exploratory investigation of industry specialization of large accounting firms. International Journal of Accounting, 32: 337 – 355

[27] DeAngelo, L. E. Aug. 1981. Auditor independence, "low bailing", and disclosure regulation. Journal of Accounting and Economics 3 (2): 113 – 127

[28] DeAngelo, L. E. Dec. 1981. Auditor size and audit quality. Journal of Accounting and Economics 3 (3): 183 – 199

[29] DECHUN WANG. . 2006. Founding Family Ownership and Earnings Quality. Journal of Accounting Research. Vol. 44, No. 3, June: 619 – 656

[30] DECHOW, P., AND I. DICHEV. 2002. The Quality of Accruals and Earnings: The Role of Accrual Estimation Errors. The Accounting Review 77: 35 – 59

[31] DeFond, M. L. and Jiambalvo, J. Spring 1993. Factors related to auditor-client disagreements over income-increasing accounting methods. Contemporary Accounting Research 9 (2): 415 – 431

[32] DeFond, M. L., T. J. Wong and S. Li. 2000. The Impact of Improved Audi-

tor Independence on Audit Market Concentration in China', Journal of Accounting and Economics, Vol. 28: 269 - 305

[33] DENNIS M. O'REILLY, ROBERT A. LEITCH, BRAD TUTTLE, 2006. An Experimental Test of the Interaction of the Insurance and Information-Signaling Hypotheses in Auditing. Contemporary Accounting Research Vol. 23, No. 1: 267 - 89

[34] Deis Jr., Donald R.; Guiroux, Gary A. 1992. Determinants of Audit Quality in the Public Sector. Accounting Review, Vol. 67 Issue 3: 462 - 479

[35] Dietrich, J. R. and Kaplan, R. S. Jan. 1982. Empirical analysis of the commercial loan classification decision. The Accounting Review 57 (1): 18 - 38

[36] Dopuch, N., Holthausen, R. W. and Leftwich, R. W. July 1987. Predicting audit qualifications with financial and market variables. The Accounting Review 62 (3): 431 - 454.

[37] Doyle, J., Weili Ge, and Sarah McVay, 2007, Accrual quality and internal control over financial reporting [J]. The Accounting Review 82 (5): 1141 - 1170.

[38] Dye, R. 1993. Auditing Standards, Legal Liability and Auditor Wealth. Journal of Political Economy, Vol. 101: 887 - 914

[39] Edward J. Joyce; Gary C. Biddle. 1981. Are Auditors' Judgments Sufficiently Regressive? Journal of Accounting Research, Vol. 19, No. 2: 323 - 349

[40] Fearnley, Stella; Beattie, Vivien A.; Brandt, Richard. 2005. Auditor Independence and Audit Risk: A Reconceptualization. Journal of International Accounting Research, Vol. 4 Issue 1: 39 - 71

[41] Fisher, M. H., 1990. The Effects of Reporting Auditor Materiality Levels Publicly, Privately, or Not at All in an Experimental Markets Setting, Auditing: A Journal of Practice & Theory, Vol. 9: 184 - 223

[42] Francis, J. R., D. Wang and A. Nikitkov. 2002. The Effect of Legal Environment on Big Five Auditor Conservatism Around the World. Working Paper

[43] Frankel, R. M., M. F. Johnson and K. K. Nelson. 2002. The relation between auditors' fees for nonaudit services and earnings management. The Accounting Review (Supplement): 71 - 106

[44] Fogarty, John A.; Graham, Lynford; Schubert, Darrel R. 2006. Assessing and Responding to Risks in a Financial Statement Audit. Journal of Accountancy,

Vol. 202 Issue 1: 43 -49

[45] George W. Taylor and Mark P. Becker. 1998. Increased efficiency of analyses: cumulative logistic regression vs ordinary logistic regression. Community Dentistry and Oral Epidemiology; 26: 1 -6

[46] Gary Kleinman, Dan Palmon and Asokan Anandarajan, 1998. Auditor independence: a synthesis of theory and empirical research, Research in accounting regulation, Vol. 2

[47] Goldman A. and B. Barlev. 1974. The auditor-firm conflict of interests: Its implications for independence. Accounting Review (October): 707 -18

[48] Gopal V. Krishnan, Gnanakumar Visvanathan. 2007, Reporting Internal Control Deficiencies in the Post-Sarbanes-Oxley Era: The Role of Auditors and Corporate Governance [J], International Journal of Auditing, Vol. 11, Issue 2: 73 -90

[49] Hammersley, Jacqueline S. , Linda A. Myers and Catherine Shakespeare, 2008, Market Reactions to the Disclosure of Internal Control Weaknesses and to the Characteristics of Those Weaknesses under Section 302 of the Sarbanes Oxley Act of 2002 [J], Review Accounting Studies 13: 141 -165

[50] Hans Blokdijk, Fred Drieenhuizen, Dan A. Simunic, and Michael T. Stein, 2003. Factors Affecting Auditors. Assessments of Planning Materiality. AUDITING: A JOURNAL OF PRACTICE & THEORY. Vol. 22, No. 2: 297 -307

[51] Holstrum, G. L. and W. F. Messier. 1982. A review and integration of empirical research on materiality. Auditing: A Journal of Practice & Theory 2 (Fall): 45 -63

[52] Hopwood, W. , J. McKeown and J. Mutchler. 1989. A Test of the Incremental Explanatory Power of Opinions Qualified for Consistency and Uncertainty, The Accounting Review, Vol. 64: 28 -48

[53] Houston, Richard W. ; Peters, Michael F. ; Pratt, Jamie H. 1999. The Audit Risk Model, Business Risk and Audit-Planning Decisions. Accounting Review, Vol. 74 Issue 3: 281 -298

[54] Hsueh Ju Chen, Shaio Yan Huang, Kuang-Hsun Shih, 2006. An Empirical Examination of the Impact of Risk Eactors on Auditor's Risk Assessment. International Journal of Management Vol. 23, No. 3: 515 -528

[55] HUSS, H. F. , AND F. A. JACOBS. 1991. Risk Containment: Exploring

Auditor Decisions in the Engagement Process. Auditing: A Journal of Practice & Theory: 16 - 32

[56] Icerman, Rhoda Caudill; Hillison, William A. 1991. Disposition of Audit-Detected Errors: Some Evidence on Evaluative Materiality. Auditing, Vol. 10 Issue 1: 22 - 34

[57] Irving, Jams H. II. , 2006, The Information Content of Internal Controls Legislation: Evidence from Material Weakness Disclosures [D], Doctoral dissertation, University of North Carolina at Chapel Hill

[58] Jan Barton. 2005. Who Cares about Auditor Reputation? [J]. Contemporary Accounting Research. 22: 549 - 86

[59] Janet L. Colbert. 1987. Audit Risk—Tracing the Evolution. Accounting Horizons, September: 49 - 57

[60] JANE F, MUTCHLER, V1LLI. \ M HOPWOOD, AND JAMES M. McKEOWN. 1997. The Influence of Contrary Information and Mitigating Factors on Audit Opinion Decisions on Bankrupt Companies. Journal of Accounting Research, Vol. 35, No. 2: 295 - 310

[61] JANE F. MUTCHLER. 1985. A Multivariate Analysis of the Auditor's Going-Concern Opinion Decision. Journal of Accounting Research Vol. 23, No. 2: 668 - 682

[62] James J. Tucker, III. 1989. An Early Contribution of Kenneth W. Stringer: Development and Dissemination of Audit Risk Model. Accounting Horizons, June: 28 - 37

[63] JERE R. FRANCIS, DONALD J. STOKES AND DON ANDERSON. 1999. City Markets as a Unit of Analysis in Audit Research and the Re-Examination of Big 6 Market Shares. ABACUS, Vol. 35, No. 2: 185 - 206

[64] JERE R. FRANCIS, JAGAN KRISHNAN, 1999. Accounting Accraals and Auditor Reporting Conservatism. Contemporary Accounting ResearchNcii. 16 No. 1: 135 - 65

[65] Jennifer Francisa, Ryan LaFondb, Per Olssona, Katherine Schipperc. 2005. The market pricing of accruals quality. Journal of Accounting and Economics 39: 295 - 327

[66] Jerry R. Strawser. 1991. Examination of the Effect of Risk Model Components on Perceived Audit Risk, Auditing: A Journal of Practice & Theory, Vol. 10, No. 1,

Spring: 126 – 135

[67] J. Krishnan, 1994, Auditor Switching and Conservatism, The Accounting Review, Vol. 69: 200 – 216

[68] J. Krishnan and R. G. Stephens. 1995. Evidence on Opinion Shopping from Audit Opinion Conservatism. Journal of Accounting and Public Policy, 14, 179 – 201

[69] J. Krishnan and R. Stephens. 1996. The Simultaneous Relation Between Auditor Switching and Auditor Opinion: An Empirical Analysis, Accounting and Business Research, Vol. 26: 224 – 36.

[70] J. Krishnan. 1996. The Role of Economic Trade-Offs in the Audit Opinion Decision: An Empirical Analysis.

[71] JENNIFER C. IRELAND. 2003. An Empirical Investigation of Determinants of Audit Reports in the UK. Journal of Business Finance & Accounting, 30 (7) & (8), September/October: 975 – 1015

[72] Johnstone, Karla M.; Sutton, Michael H.; Warfield, Terry D. 2001. Antecedents and Consequences on Independence Risk: Framework for Analysis. Accounting Horizons, Vol. 15 Issue 1: 1 – 18

[73] Johnstone, Karla M.; Bedard, Jean C.; Biggs, Stanley F. 2002. Aggressive Client Reporting: Factors Affecting Auditors' Generation of Financial Reporting Alternatives. Auditing, Vol. 21 Issue 1: 47 – 65

[74] Karl Hackenbrack, Mark W. Nelson. 1996. Auditors' Incentives and Their Application of Financial Accounting Standards. The Accounting Review, Vol. 71. No. 1, January: 43 – 59

[75] Katherine Schipper and Linda Vincent. 2003. Earnings Quality. ACCOUNTING HORIZONS. Supplement: 97 – 110

[76] Krishnan, J. Jan. 1994. Auditor switching and conservatism. The Accounting Review 69 (1): 200 – 215

[77] Kala M. Johnstone. 2000. Client-Acceptance Decisions: Simultaneous Effects of Client Business Risk, Audit Risk, Auditor Business Risk, and Risk Adaptation. Auditing: A Journal of Practice & Theory, Vol. 19, No. 1: 1 – 25

[78] KARLA M. JOHNSTONE AND JEAN C. BEDARD. 2004. Audit Firm Portfolio Management Decisions. Journal of Accounting Research, Vol. 42, No. 4: 659 – 690

[79] KenT. Trotman. 1999. Audit judgment research overview and opportunities

for research in china. 中国会计与财务研究, (1): 49-64

[80] Kin-Yew Low. 2004. The Effects of Industry Specialization on Audit Risk Assessments and Audit-Planning Decision. The Accounting Review, Vol. 79, No. 1: 201-219

[81] Kinney, William R. 2005. Twenty-Five Years of Audit Deregulation and Re-Regulation: What Does it Mean for 2005 and Beyond? Auditing, Supplement, Vol. 24: 89-109

[82] Khurana Inder K. and Raman K. K. 2004. Litigation Risk and the Financial Reporting Credibility of Big 4 versus Non-Big 4 Audits: Evidence from Anglo-American Countries [J]. The Accounting Review 79: 473-495

[83] Lauren K. Newton. 1977. The Risk Factor in Materiality Decisions. The Accounting Review, Vol. 52, No. 1: 97-108

[84] Lennox, C. 1999. Audit Quality and Auditor Size: An Evaluation of Reputation and Deep Pockets Hypotheses [J]. Journal of Business Finance & Accounting, 26: 779-805

[85] Lennox, C. S. 1999, The Accuracy and Incremental Information Content of Audit Reports in Predicting Bankruptcy, Journal of Business, Finance &Accounting, Vol. 26 (May-June): 757-70

[86] Lennox, C. S. 2000. Do Companies Successfully Engage in Opinion Shopping? Evidence from the UK, Journal of Accounting and Economics, Vol. 29 (June), No. 3: 321-37

[87] Levitan, A. S. and J. A. Knoblett 1985, Indicators of Expectations to the Going-Concern Assumption, Auditing: A Journal of Practice and Theory, Vol. 5, No. 1: 26-39

[88] Lord, Alan T. 1992. Pressure: A Methodological Consideration for Behavioral Research in Auditing. Auditing, Vol. 11 Issue 2: 89-108

[89] Louwers, T. J. 1998, The Relation Between Going-Concern Opinions and the Auditor's Loss Eunction, Journal of Accounting Research, Vol. 36, No. 1: 143-56

[90] Maddala, G. S. 1991. A Perspective on the Use of Limited-Dependent and Qualitative Variables Models in Accounting Research. Accounting Review, Vol. 66 Issue 4: 788-807

[91] Mark E. Zmijewski. 1984. Methodological Issues Related to the Estimation lf Financial Distress Prediction Models. Journal of Accounting Research, (22): 75 - 97

[92] Mark W. Nelson, Steven D. Smith, Zoe-Vonna Palmrose. 2005. The Effect of Quantitative Materiality Approach on Auditors' Adjustment Decisions. THE ACCOUNTING REVIEW, Vol. 80, No. 3: 897 - 920

[93] MartyButler. Andrew J. Leonea, Michael Willenborg. 2004 An empirical analysis of auditor reporting and its association with abnormal accruals, Journal of Accounting and Economics 37: 139 - 165

[94] McKelvey, R. D. and Zavoina, W. Summer 1975. A statistical model for the analysis of ordinal level dependent variables. Journal of Mathematical Sociology 4 (1): 103 - 120

[95] Menon, K. and K. B. Schwartz. 1987. An Empirical Investigation of Audit Qualification Decisions in the Presence of Going-Concern Uncertainties. Contemporary Accounting Research (Spring): 302 - 15

[96] Menon, K. and D. Williams. 1991. Auditor Credibility and Initial Public Offerings. The Accounting Review, Vol. 66: 313 - 32.

[97] Melumad N. D and Amir Ziv. 1997. A Theoretical Examination of the Market Reaction to Auditors Qualifications. Journal of Accounting Research, Vol. 35, No. 2 Autumn: 239 - 256

[98] Monroe, G. and S. Teh. 1993. Predicting Uncertainty Audit Qualifications in Australia Using Publicly Available Information, Accounting and Finance. Vol. 33, No. 2: 79 - 106

[99] Moore, Giora; Scott, William R. 1989. Auditors' legal liability, collusion with management, and investors' loss. Contemporary Accounting Research, Vol. 5 Issue 2: 754 - 774

[100] Moore, Giora; Ronen, Joshua. 1990. External Audit and Asymmetric Information. Auditing, Supplement, Vol. 9: 234 - 242.

[101] Mutchler, J. F. 1984. Auditors' Perception of the Going-Concern Opinion Decision, Auditing: A Journal of Practice and Theory, Vol. 3, No. 2: 17 - 30

[102] Mutchler, J. F. Autumn. 1985. A multivariate analysis of the auditor's going-concern opinion decision. Journal of Accounting Research 23 (2): 668 - 682

[103] Mutchler, J. F. 1986. Empirical Evidence Regarding the Auditor's Going-

Concern Opinion Decision, Auditing: A Journal of Practice and Theory, Vol. 6, No. 1: 148 - 63

[104] Mstsumura. E. M. , K. R. Subramanyam, R. R. Tucker. 1997. Strategic Auditor Behavior and Going—Concem Decisiorts [J]. Journal of Business Finance & Accounting, (3): 727 - 758

[105] Newman, D. Paul; Patterson, Evelyn; Smith, Reed. 2001. The Influence of Potentially Fraudulent Reports on Audit Risk Assessment and Planning. Accounting Review, Vol. 76 Issue 1: 59 - 80

[106] Nelson, M. , J. Elliott, and R. Tarpley. 2002. Evidence from auditors about managers' and auditors' earnings-management decisions. The Accounting Review (Supplement): 175 - 202

[107] Nichols, Donald R. ; Price, Kenneth H. 1976. The Auditor-Firm Conflict: An Analysis Using Concepts of Exchange Theory. Accounting Review, Vol. 51 Issue 2: 335 - 346

[108] NIKOS VAFEAS, 2005. Audit Committees, Boards, and the Quality of Reported Eamings. Contemporary Accounting Research Vol. 22, No. 4: 1093 - 1122

[109] Palmrose, Zoe-Vonna. 1997. Audit Litigation Research: Do the Merits Matter? An Assessment and Directions for Future Research. Journal of Accounting & Public Policy, Vol. 16 Issue 4: 355 - 378

[110] Palmrose, Zoe-Vonna. 1987. Litigation and Independent Auditors: The Role of Business Failures and Management Fraud. Auditing, Vol. 6 Issue 2: 90 - 104

[111] Pattillo, J. W. , 1976. The Concept of Materiality in Financial Reporting. Financial Executives Research Foundation.

[112] Paul K. Chaney and Kirk L. Philipich. 2002. Shredded Reputation: The Cost of Audit Failure. Journal of Accounting Research. Vol. 40, No. 4. pp: 1221 - 1245

[113] Paul M. Healy, Krishna G. Palepu. 2001. Information asymmetry, corporate disclosure, and the capital markets: A review of the empirical disclosure literature. Journal of Accounting and Economics 31: 405 - 440

[114] PCAOB. 2004. Auditing Standard No. 2—An Audit of Internal Control Over Financial Reporting Performed in Conjunction with An Audit of Financial Statements [OL], www. PCAOB. com

[115] PCAOB. 2007. Auditing Standard No. 5—An Audit of Internal Control Over

Financial Reporting that is Integrated with An Audit of Financial Statements [OL], www. PCAOB. com

[116] PCAOB Board Issues Report on Initial Implementation of Auditing Standard No. 2 [OL], www. PCAOB. com

[117] PING ZHANG. 1999. A Bargaining Model of Auditor Reporting. Contemporary Accounting Research Vol. 16, No. 1: 167 – 84

[118] Pieter T. Elgers, Ray J. Pfeiffer Jr, Susan L. Porter. 2003. Anticipatory income smoothing: a re-examination. Journal of Accounting and Economics 35: 405 – 422

[119] Pierre, Kent St. ; Anderson, James A. 1984. An Analysis of the Factors Associated with Lawsuits Against Public Accountants. Accounting Review, Vol. 59 Issue 2,: 242 – 263

[120] Pratt, Jamie; Stice, James D. 1994. The Effects of Client Characteristics on Auditor Litigation Risk Judgments, Required Audit Evidence, and Recommended Audit Fees. Accounting Review, Vol. 69 Issue 4: 639 – 656

[121] Ronen, Joshua; Berman, Arnold. 2004. Musings on Post-Enron Reforms. Journal of Accounting, Auditing & Finance, Vol. 19 Issue 3: 331 – 342

[122] Ray Balla, Lakshmanan Shivakumar. 2005. Earnings quality in UK private firms: comparative loss recognition timeliness. Journal of Accounting and Economics 39: 83 – 128

[123] RAY. BALL AND LAKSHMANAN SHIVAKUMAR. 2006. The Role of Accruals in Asymmetrically Timely Gain and Loss Recognition. Journal of Accounting Research. Vol. 44, No. 2 May: 207 – 242

[124] Richard B. Dusenbury, Jane L. Reimers, and Stephen W. Wheeler. 2000. The Audit Risk Model: An Empirical Test for Conditional Dependencies among Assessed Component Risks. Auditing: A Journal of Practice & Theory, Vol. 19, No. 2, Fall: 105 – 117

[125] Simunic, D. A. and M. T. Stein. 1990. Audit risk in a client portfolio context. Contemporary Accounting Research 6 (2): 329 – 343

[126] Steven Mong, Peter Roebuck. 2005. Effect of audit report disclosure on auditor litigation risk. Accounting and Finance, 45: 145 – 169

[127] Stringer, K. W. , 1961. Some Basic Concepts of Statistical Sampling in

Auditing. Journal of Accountancy. November: 63 – 69

[128] Shirley J. Daniel. 1988, Some Empirical Evidence about the Assessment of Audit Risk in Practice, Auditing: A Journal of Practice & Theory, Vol. 7, No. 2, Spring: 174 – 181

[129] S. P. Kotharia, Jowell S. Sabinob, Tzachi Zach 2005. Implications of survival and data trimming for tests of market efficiency. Journal of Accounting and Economics 39: 129 – 161

[130] S. P. Kotharia, _ , Andrew J. Leoneb, Charles E. Wasley. 2005. Performance matched discretionary accrual measures. Journal of Accounting and Economics 39: 163 – 197

[131] Steven Mong, Peter Roebuck. 2005. Effect of audit report disclosure on auditor litigation risk. Accounting and Finance 45: 145 – 169

[132] Stella Fearnley, Vivien A. Beattie, and Richard Brandt. 2005. Auditor Independence and Audit Risk: A Reconceptualization. Journal of International Accounting Research, Vol. 4, No. 1: 39 – 71

[133] St Pierre, K. and J. Anderson. 1984. An Analysis of the Factors. Associated with Lawsuits against Public Accountants', The Accounting Review, Vol. 59: 242 – 63

[134] Stice, James D. 1991. Using financial and market information to identify pre-engagement factors associated with lawsuits against auditors. Accounting Review, Vol. 66 Issue 3: 516 – 533

[135] TIMOTHY B. BELL, WAYNE R. LANDSMAN, AND DOUGLAS A. SHACKELFORD. 2001. Auditors' Perceived Business Risk and Audit Fees: Analysis and Evidence. Journal of Accounting Research, Vol. 39 issue. 1 June: 35 – 43

[136] THOMAS LYS * AND ROSS L. WATTS. 1994. Lawsuits against Auditors. Journal of Accounting Research Vol. 32, Supplement: 65 – 93

[137] Trotman, 1998. Audit judgment research-Issue addressed, research methods and future directions, Accounting and Finance: 115 – 156

[138] Todd DeZoort a, Paul Harrison b, Mark Taylor. 2006. Accountability and auditors' materiality judgments: The effects of differential pressure strength. on conservatism, variability, and effort, Accounting, Organizations and Society 31: 373 – 390

[139] Vlek, CAJ, PJ Stallen. 1981. Rational and personal aspects of risk. Act a

Psychological, 45: 273 – 300

[140] Watts, R. and J. Zimmerman. 1983. Agency Problems, Auditing, and the Theory of the Firm: Some Evidence. Journal of Law and Economics: 613 – 633

[141] William R. Kinney, Jr. 1989. Achieved Audit Risk and the Audit Outcome Space. Auditing: A Journal of Practice & Theory, Vol. 8, Suppl: 67 – 84

[142] Williamson, O. E. 1983, Organizational Form, Residual Claimants and Corporate Control [J], Journal of Law and Economics, 26: 351 – 366

[143] WAYNE GUAY. 2006. Discussion of The Role of Accruals in Asymmetrically Timely Gain and Loss Recognition. Journal of Accounting Research Vol. 44, No. 2, May: 243 – 255

[144] Wallace N. Davidson III, Pornsit Jiraporn, Peter DaDalt. 2006. Causes and Consequences of Audit Shopping: An Analysis of Auditor Opinions, Earnings Management, and Auditor Changes. Quarterly Journal of Business & Economics, Vol. 45, No. 1 – 2: 69 – 87

后 记

长期以来，我一直对资本市场信息披露及审计研究领域抱有极大的兴趣。我国股票市场经过二十多年的发展，如今在规模上已居于全球第二，在面对规模快速扩展的背景下，市场在资源配置上的效率却让人置疑。资本市场作为一种典型的柠檬市场，通过各种信息披露制度的建设和完善，解决信息不对称，发挥信息的定价功能和引导资源的正确配置是资本市场健康发展的核心环节，然而上市公司信息造假的泛滥长期以来都难以有效遏制，审计作为保障资本市场信息可靠性的最后一条"马其诺防线"也屡屡被突破，虽然如此，在上市公司因两权分离产生的代理关系背景下，审计作为第三方鉴证仍然是解决委托人和代理人双方代理冲突的一种有效机制。因此，对现有审计制度的运行缺陷加以审视并提出改革的途径将是理论研究者的长期目标。

本书很大部分内容延续了我的博士论文研究主题，在此书出版之即，我不禁又回想起自己当年在暨南大学攻读博士学位的那三年美好的时光，如同一幅幅栩栩如生的照片，值得深藏。我的导师王华教授气质内敛胸怀大度，一直是我所钦佩的表率。在暨南学府，我有幸遇到了一群学识渊博、个性鲜明的博导们，宋献中教授、胡玉明教授、石本仁教授、刘国常教授、谭跃教授、熊剑教授……还有与我一同奋斗的同窗们，在此我对你们真诚地说声"谢谢你们！"。

最后，我还要特别感谢经济科学出版社、感谢经济科学出版社的漆熠老师和侯晓霞老师，是你们的大力支持和认真负责的工作，才能使本书最终得以出版。同时这本书的出版得到了湖南省哲学社会科学基金项目和湖南商学院学术著作出版基金的资助，在此一并致以最诚挚的谢意。

天行健，君子以自强不息！在今后为人、治学的道路上将以此自勉！

张 艳

2013 年 4 月